«Unter den Giganten des Komischen nach Karl Valentin bzw. im letzten Halbjahrhundert erscheint mir Heinz Strunk nach Heino Jaeger, Gerhard Polt und Helge Schneider zwar der noch unbekannteste, aber keineswegs mindeste Bruder, sondern heute schon ein inter pares.» (Eckhard Henscheid)

Heinz Strunk (alias Jürgen Dose) wurde am 17. 5. 1962 in Hamburg geboren und kurz darauf auf den Namen Mathias Halfpape getauft. Nach Abitur und Musikstudium war er als Musiker und Komponist in einem stilistischen Spektrum tätig, das von Howard Carpendale bis zu den Ärzten und *Fettes Brot* reichte. Er war Schauspieler, Comedian, Autor/Hauptdarsteller einer TV-Kampagne für Eistee, Gründungsmitglied von *Studio Braun* und hatte auf VIVA eine eigene Show namens *Fleischmann*. Über sein letztes Album Einz schrieb der Rezensent der *Titanic*, es enthalte «das Kaputteste, Kränkeste und freilich auch Komischste, was ich seit langem gehört habe». «Fleisch ist mein Gemüse» ist ein Erinnerungsbuch aus dem Schattenreich der Tanzmusik: ohne Drogen, ohne Sex, stattdessen mit den größten Hits der 70er, 80er und 90er Jahre.

Heinz Strunk

Fleisch ist mein Gemüse

Eine Landjugend mit Musik

Rowohlt Taschenbuch Verlag

Der Dame Peters

20. Auflage November 2006

Originalausgabe
Veröffentlicht im
Rowohlt Taschenbuch Verlag,
Reinbek bei Hamburg, Oktober 2004
Copyright © 2004 by
Rowohlt Verlag GmbH,
Reinbek bei Hamburg
Umschlaggestaltung any.way,
Andreas Pufal (Foto: Getty Images)
Satz Quadraat PostScript bei
Pinkuin Satz und Datentechnik, Berlin
Druck und Bindung
Druckerei C. H. Beck, Nördlingen
Printed in Germany
ISBN 13: 978 3 499 23711 9
ISBN 10: 3 499 23711 3

Inhalt

1985 Im Zwergenhaus | 7
Ich mach ein glückliches Mädchen aus dir | 16
Viel Afrika und wenig Bavaria | 22
Eiappetit | 36
Sozialamt Hamburg-Harburg | 39
Lehrjahre sind keine Herrenjahre | 40
Acne Conglobata | 44
Fleisch ist mein Gemüse | 48

1986 Zeit der Prüfungen | 55
Revolutionäre Massen | 59
Schorsch | 79
Papperlapub | 82
Uniformen Heinemann | 88
Willen und Knochen, beides wird gebrochen | 90
Merkur disc 2 | 94

1987 Synaptischer Spalt | 101

1988 Deutsches Haus | 117
Irgendwie traurig | 122
Die Jungschützenkönigin | 124
Schutzfohlen | 129

1989 Stars | 133
Wiedervereinigung in Brunsbüttel | 138

157 | Glawes   **1990**
161 | Der Pate
166 | Wachablösung

171 | Die Bombe   **1991**

175 | Alle anderen ja, ich nein   **1992**

183 | Faslam   **1993**
191 | Maxipower
193 | Peter Black

197 | Geisterstadt   **1994**
200 | Aussichten
206 | Frisches Blut

213 | Swingtime is good time   **1995**
216 | Mama

223 | Marek   **1996**
225 | Das weiße Hemd
230 | Jens im Glück
232 | Taubenplage

245 | Sag zum Abschied leise Servus   **1997**
251 | Auf Wiedersehen, bleib nicht zu lange fort!

1985 *Im Zwergenhaus*

Ich hatte Mutter versprochen, endlich unseren winzigen Rasen zu mähen, und nun mühte ich mich an diesem brüllend heißen Augustnachmittag 1985 mit den Kanten ab. Bevor ich mir die gesamte Fläche vornahm, trimmte ich immer zuerst penibel die Rasenkanten. So richtig toll wurde es nicht, aber das war nicht meine Schuld, sondern die meines verstorbenen Großvaters, der zu Lebzeiten jede handwerkliche Eigeninitiative seines Enkels mit der Bemerkung *Zwei linke Hände und lauter Daumen* zu ersticken pflegte. Der alte Despot hatte lieber alles selber gemacht, weil es ihm bei mir zu langsam ging. Die Spätfolgen seiner pädagogischen Konzeptlosigkeit konnte er jetzt posthum besichtigen. Es war ein Trauerspiel.

Das Blut schoss mir über der harten körperlichen Arbeit in den Kopf und weiter in jeden einzelnen meiner Pickel. Ich war dreiundzwanzig und litt seit nunmehr elf Jahren an *Acne Conglobata*, der schlimmsten Form dieser elenden Hauterkrankung, die unbehandelt auch NIEMALS besser wird. Pusteln mit oder ohne Eiterhaube, Mitesser und tief in der Haut verankerte Flechten bedeckten Gesicht, Nacken, Rücken und Schulter. Die Pickel wirkten irgendwie gar nicht mehr wie Pickel, sondern wie etwas viel Schlimmeres, sie wirkten wie eine unbekannte Weltraumkrankheit. Ich sah aus wie eine Versuchsperson, bei der die Tests schief gelaufen waren. Im Sommer sah es immer besonders schlimm aus, da ich mich vor Scham schon seit Jahren nicht mehr der Sonne ausgesetzt hatte und komplett ausgeblichen war. Die roten Aknehörner setzen sich auf meiner kalkweißen Haut deutlich ab und waren schon von weitem gut zu erkennen. Nach einer erfolglosen Endlosschleife im therapeutischen Bermudadreieck Vitamin-A-Säure, Breitbandantibiotika und Eigenblutbehandlung hatte ich die Akne als Schicksal angenommen und wartete einfach mal so ab. Vielleicht würde sich alles ganz plötzlich und unerwartet ändern, denn das Leben schlägt ja die tollsten Kapriolen. Bis dahin hieß es geduldig ausharren und weiterhin fleißig Rasen mähen und Hecke stutzen. Ich war gerade fertig mit den elenden Kanten, als das Telefon klingelte. Mein entfernter Bekannter Jörg.

«Kurze Frage, kurze Antwort, ich hab ne Anfrage fürs übernächste Wochenende, hast du da Zeit?»

«Weiß ich im Moment nicht so genau, da muss ich in meinen Kalender gucken, wart mal einen Augenblick.»

Ich blätterte ein bisschen im Telefonbuch.

«Um was geht's denn überhaupt?»

«Ne Tanzband aus Lüneburg, *Tiffanys* heißen die, die brauchen für übernächstes Wochenende noch nen fünften Mann.»

Jörg war ein ziemlich dröger Zeitgenosse. Sein Phlegma wirkte ansteckend, und schnell verfiel ich in denselben, monotonen Sprachrhythmus.

«Ich weiß im Moment auch nicht genau, du kannst denen ja meine Nummer geben.»

«Wart mal eben einen Augenblick, da kommt gerade ein Kunde.»

Jörg arbeitete in einem kleinen Musikgeschäft mit dem Namen *Ohrenschmaus*. Viele junge Männer, die in Musikaliengeschäften arbeiten, wären eigentlich lieber richtige Musiker und begreifen solche Tätigkeiten lediglich als Interimslösung. Doch meist reicht die Begabung nicht aus, und sie bleiben in diesen Jobs stecken bis zum Sankt-Nimmerleins-Tag, ein Schicksal, das auch Jörg drohte. Er hatte sich ausgerechnet die Bassgitarre ausgesucht, dass vermutlich unspektakulärste Instrument der Welt. Jeden Abend nach der Arbeit hockte er in seinem verschwitzten Jugendzimmer (er wohnte noch zu Hause) und versuchte, Kontrolle über den störrischen Viersaiter zu erlangen. Wenn es zum Gitarristen nicht langte, dann wurde man Bassist. Bei den Girls konnte man damit natürlich nicht punkten.

«Hallo, bist du noch dran?» Jörg hatte den Kunden offenbar erfolgreich vergrault.

«Ich hab die Nummer hier. Du sollst den selber mal anrufen, der Typ heißt Gurki.»

«Was ist denn das für ein Name? Das klingt ja so wie Goofy in doof. Der heißt doch sicher auch richtig!»

«Mann, ich weiß auch nicht, wie der richtig heißt, ich soll das nur ausrichten. Ich hab jetzt auch keine Zeit. Soll ich dir die Nummer geben oder nicht? Mir ist das doch egal.»

Seine Stimme klang kraftlos und aggressiv zugleich.

«Ja, dann sag mal.»

Kaum hatte ich aufgelegt, fing ich an, albern im Flur rumzuhüpfen. Lieber Gott, danke, danke, danke! Die Nachfrage nach meiner Arbeitskraft tendierte im Allgemeinen gegen null, und Tanzmusik war schließlich besser als nix. Vor Aufregung rauchte ich erst einmal zwei Zigaretten hintereinander und wählte dann mit feuchten Händen die Telefonnummer mit der Lüneburger Vorwahl.

«Musikhaus *Da Capo*, Beckmann, guten Tag.»

Statt *Ohrenschmaus* nun also *Da Capo*.

«Hallo, Heinz Strunk hier. Ich ruf an wegen der Mucke, ich würde gern Gurki sprechen.»

«Der ist am Apparat.»

«Ach so. Ich hab die Nummer von Jörg vom *Ohrenschmaus*.»

«Schön, dass du anrufst. Also, das geht um ein Schützenfest in Moorwerder, die wollen da dieses Jahr fünf Mann haben, am liebsten mit Saxophon.»

«Ich spiel auch Flöte.»

«Super. Der Mann ist gut, das hör ich schon, hehehe.»

«Ja, hoffentlich.»

«Und, Sonnabend und Sonntag, geht das bei dir?»

«Da ist gerade was ausgefallen, und jetzt kann ich wieder», log ich.

«Alles klärchen. Sonnabend sind sieben Stunden, von acht bis drei Uhr, und sonntags nochmal fünf Stunden, von acht bis eins.»

«Normal.»

«Kennst du dich aus? Hast du schon mal Tanzmusik gemacht?»

Die Frage konnte ich bejahen. Ich hatte meine ersten Erfahrungen schon mit neunzehn in der Kapelle *Holunder* gesammelt. Meine vier Kollegen waren sympathisch abgehalfterte Typen um die vierzig. Jens, der Organist, Weinbrandtrinker alter Schule, hatte ein Gesicht, wie es nur hochprozentiger Alkohol im Laufe vieler Jahre zu schnitzen vermag. Er war einer der letzten reinen *Organisten*, d. h., er spielte keine Synthesizer und Keyboards, sondern eine wunderschöne alte Hammond B3 mit dem dazugehörigen Leslie. Geprobt wurde einmal die Woche in einem ehemaligen Luftschutzbunker. Er war wie alle Bunker auf der ganzen Welt dunkel, feucht und roch nach verlorenem, altem Krieg. Der Übungsraum lag im fünften Stock. Dort schafften wir uns *Deine Spuren im Sand*, *Hello*, *Mary Lou* oder auch ein *Walzermedley mit den schönsten Melodien von Johann Strauß* drauf. Nach Feierabend aßen wir in der Kneipe gegenüber meist noch Currywurst mit Kartoffelsalat. Stumm wie ein Fisch saß ich im Kreis meiner erwachsenen Kollegen und hielt den Mund, wie es sich für junge Leute gehört. Wir hatten fast jeden Samstag einen Job und mussten dann immer unsere tonnenschwere Anlage die engen Treppen des Bunkers nach unten und morgens um fünf oder sechs wieder nach oben wuchten. Ich hatte große Angst um meine Wirbelsäule, denn ich war ja noch im Wachstum. Hans, der Schlagzeuger, fuhr das Bandauto, einen maroden Mercedes mit Anhänger. 99 Prozent aller schrottreifen Mercedesse mit Hänger, die am Wochenende die Autobahnen blockieren, sind mit Tanzbands besetzt, die gerade auf dem Weg zur Mucke sind. Auf jeder Rückfahrt war Hans besoffen; ein Wunder, dass wir nie erwischt wurden. Bei meiner allerersten Mucke im Herbst 1981 staunte ich nicht schlecht, als plötzlich Kinder zum Bühnenrand kamen und nach Autogrammen fragten. Da brat mir doch einer nen Storch, die kennen mich gar nicht, und ich muss hier schon Autogramme geben! Ich schätzte daraufhin unseren Prominentenstatus falsch ein, denn es sollten die ersten und letzten Autogramme bleiben, die ich während meiner gesamten Tanzmusiklaufbahn geben musste. Nachdem wir ein Set mit *When the saints* beendet hatten, gingen die Kollegen zum Tresen, während ich unschlüssig auf der Bühne stehen blieb. Ein dickes Mädchen kam zur Bühne getrottet, blieb direkt vor mir stehen und beobachtete mich, ohne ein Wort zu sagen. Mir fiel auch nichts ein. Das eine Auge ihrer bunten Kinderbrille war mit einem Pflaster verklebt. Es vergingen sicher zwei Minuten, dann sagte sie: *«Holunder, Holunder, die Welt wird immer runder.»* Sie drehte sich um und schob ab.

Das Mädchen sollte Recht behalten. Wegen irgendwelcher Zwistigkeiten löste sich *Holunder* ein Jahr später auf, und ich blieb erst mal ohne weitere Engagements.

Ich sagte Gurki, dass ich bereits in drei Tanzbands gespielt hätte.

«Klingt doch gut. Wir probieren das einfach mal aus. Es gibt für beide Tage sechshundert, ist das in Ordnung für dich?»

Meine Güte, sechshundert Mark, ein Geldregen!

«Ja, ist okay.» Ich bemühte mich, möglichst gleichgültig zu klingen.

«Alles klar, dann Sonnabend in einer Woche in Moorwerder

auf dem Festplatz, das findest du schon. Kannst du gegen sechs Uhr da sein?»

«Äh, das ist gerade ein bisschen schwierig mit dem Hinkommen.»

«Wieso, hast du kein Auto oder was?»

Ich hatte noch nicht einmal einen Führerschein, aber das wollte ich nun wirklich nicht zugeben. Mucker ohne Auto, so was gibt's gar nicht.

«Doch, natürlich, aber mein Lappen ist gerade weg, die haben mich mit 150 in ner Autobahnbaustelle geblitzt.»

Geschwindigkeitsübertretung schien mir das Beste zu sein. Ich war eben ein Mensch, der es eilig hatte. Ich hätte natürlich auch sagen können: «Ich bin bei Rot über ne Ampel gefahren, und da stand noch jemand. Aber ich kann nichts dafür, weil ich besoffen war.» Na ja, besser nicht.

«Pass auf, dann wirst du vor dem Soundcheck abgeholt, so gegen halb sechs.»

«Alles klar. Und wie ist es mit Klamotten?»

«Wenn du schwarze Hose, schwarze Schuhe und weißes Hemd mit Stehkragen mitbringen könntest, wär gut. Sakko und Fliege kriegst du von uns. Also dann, bis Samstag, frisch rasiert und gut gelaunt, hahaha.»

«Hahaha, ja logisch. Tschööööös.»

Es gibt Orte, die sollte man früh verlassen, wenn man noch etwas vorhat im Leben. Der Hamburger Stadtteil Harburg liegt am falschen, dem südlichen Ufer der Elbe. Das schöne, große, eigentliche Hamburg ist auf der anderen Seite. In jeder Stadt gibt es richtige, weniger richtige und falsche Bezirke, und wenn man im falschen wohnt, sollte man damit nicht hausieren gehen.

Das weithin sichtbare Wahrzeichen Harburgs sind die 1856 gegründeten Phoenix-Gummiwerke. Wo andere Städte eine

Burg oder einen Dom haben, steht mitten in Harburg dieses riesige Industrieareal. Schon als Kind hat mich die Phoenix fasziniert. Sie war irgendwie unwirklich und erinnerte an Fabriken in Stummfilmen von Fritz Lang. Der Weg zum Kindergarten führte mich jeden Tag an den geheimnisvollen Gemäuern vorbei, und ich habe mich oft gefragt, was da drinnen wohl vor sich geht.

Harburg ist der langweiligste Ort der Welt, aber das ist ja auch schon wieder Quatsch, denn die Kasseler oder die Ulmer beanspruchen das zu Recht auch für ihre Städte. In den siebziger Jahren eröffnete McDonald's in Harburg eine der ersten Filialen in Deutschland, die sich sofort zum zentralen Treffpunkt sozial auffälliger Jugendlicher entwickelte. Kinder aus normalen Verhältnissen trauten sich schon bald nicht mehr dort hin, denn zum Cheeseburger gab's von den halbstarken Schlägerbanden gleich noch gratis eins auf die Nuss, mindestens. Dann soll angeblich irgendwo das legendäre Harburger Schloss existieren, das aber noch nie ein Mensch zu Gesicht bekommen hat.

«Sag mal, das *Harburger Schloss*, wo ist das denn eigentlich nun genau?»

«Weiß ich auch nicht. Aber irgendwo soll das sein.»

Weltberühmt geworden ist Harburg durch die Terroranschläge des elften September. Wer hätte das für möglich gehalten? In den Häusern, in denen ich jahrelang ein und aus gegangen war, hatten also die Top-Terroristen gewohnt! Mohammed Atta, Marwan al-Shehhi, Ramzi Binalshib und wie sie alle hießen waren in den mir bekannten Straßen einfach so herumgelaufen und hatten bei Schlecker oder Eurospar wie jeder andere auch Seife oder Butter gekauft. Die Technische Universität, Harburger Chaussee Nr. 115, Marienstraße 54 und die Wilhelmstraße 30! Hier hat der Chef Mohammed Atta, ein guter Koch, wie kolportiert wird, für sich und seine Mordbuben orientalische Spezialitäten gebrutzelt. Aber selbst diesen Ruhm musste Harburg abtreten, denn bald hieß es vereinfachend nur noch, die Terroristen hätten ihre Anschläge von Hamburg aus geplant.

In einem der Außenbezirke bewohnte ich zusammen mit meiner Mutter ein nur sechzig Quadratmeter großes Reihenhaus. Die Straßen der in den fünfziger Jahren erbauten Siedlung waren ausschließlich nach niedersächsischen Provinzkäffern benannt: *Walsroder Ring*, *Celler Weg*, *Luhdorfer* Stieg. Noch nicht mal Hannover war dabei! Wir wohnten im *Bispinger Weg* 7b. Irgendwie war alles eng und winzig. Straßen, Gärten, Häuser, ja selbst Bäume, Pflanzen und Haustiere wirkten eine Nummer kleiner als anderswo.

Auch meine Kinderfreunde Peter Barsties und Walter Scherwath waren hier kleben geblieben. Peter hatte bereits mit zwanzig geheiratet und bewohnte mit seiner Frau ein eigenes Zwergenhaus. Er und Walter waren immer noch gut miteinander befreundet; ich hingegen wurde gemieden. Es herrschte damals in der Siedlung die einhellige Meinung, aus mir würde nichts Rechtes mehr werden. Peter und Walter hatten schon längst ihre Ausbildung beendet und standen erfolgreich im Berufsleben.

Die Harburger Walter und Peter hatten eine auffällige Ähnlichkeit mit den echten Walter und Peter, den Söhnen des ewigen Oppositionsführers Dr. Helmut Kohl, der sich mit Hilfe seines Erfüllungsgehilfen Genscher nun doch noch zum Bundeskanzler hochgemobbt hatte. Wie das die ersten Jahre immer klang: *Bundeskanzler Kohl!* Das passte irgendwie nicht, denn eigentlich hieß der Bundeskanzler doch Schmidt, Helmut Schmidt! Allen war klar, dass Helmut Kohl nur ein Übergangskanzler sein konnte. Doch für den Moment hatte er zusammen mit Hannelore und den beiden Söhnen das Sagen.

Meine Situation war ausgesprochen verfahren. Ich war bereits nach einem Monat bei der Bundeswehr ausrangiert worden, weil ich den rüden Ton nicht vertrug. Eine Falte im Bettzeug, und sofort wurde man niedergebrüllt. Einerseits war ich ungeschickt, andererseits verstand ich vieles auch einfach nicht. Was zum Beispiel war eigentlich genau das Koppelschloss?

«SANITÄTSSOLDAT STRUNK, HÄNDE VORS KOPPELSCHLOSS!»

Nie wusste ich, was ich machen sollte, und ruderte deshalb hilflos mit den Armen. Ich war über 500 Kilometer entfernt von meiner norddeutschen Heimat in der Universitätsstadt Marburg stationiert worden. Das Straßenbild dominierten dort zwei Gruppen junger Leute: coole Studenten vornehmlich der Geisteswissenschaften, die sich rauchend und Weißwein trinkend in Cafés herumfläzten und sich über die andere Gruppe, die uncoolen Bundeswehrasis aus der Tannenbergkaserne, lustig machten. Nach Dienstschluss stürzten die durch Stiernacken und Pisspottschnitt stigmatisierten Rekruten in der Stadt aus lauter Verzweiflung schnell noch ein paar Halbe hinunter, um dann vor Erschöpfung und Angst halb wahnsinnig bereits gegen einundzwanzig Uhr in einen komatösen Schlaf zu fallen. Wir armen Sanitätssoldaten waren Menschen zweiter Klasse, Mörder in Uniform, stumpfe Prolls ohne politisches Bewusstsein. Wer nicht verweigerte, war das Letzte. Ich hatte aus Faulheit alle Fristen für die lästige Gewissensprüfung versäumt und musste mich nun ins Unvermeidliche fügen. Ein einziger Albtraum war jeden Sonntag die endlos lange Bahnfahrt vom ungefähr drei Subkontinente entfernten Harburg in die Kaserne zurück. Schrecklich, schrecklich, schrecklich, furchtbar, furchtbar, furchtbar. Ich war ein einziger Schweißausbruch. Im stets überfüllten Zug hockten im Gang die Soldatenzombies auf ihren unförmigen Reisetaschen und dämmerten mit toten Augen einer neuen Folterwoche entgegen. Je näher wir dem Quälcamp kamen, desto heftiger wurden meine Panikattacken. Die Tannenbergkaserne betrat ich jedes Mal als ein vor Todesangst schlotterndes Bündel Mensch, das seiner Auslöschung entgegensieht. Hier gehörte ich doch nicht hin! Obwohl ich schon nach drei Wochen vollkommen am Ende war, hielt ich noch eine vierte Woche durch, bis mir schließlich beim morgendlichen Stubenappell die Tränen über die Wangen pullerten. Anstatt mich auf der Stelle zu erschießen, schickte mich der Zugführer zum Stabsarzt, und bereits drei Tage später durfte ich mit dem Befund *endogene Depression* für alle Zeiten dienstuntauglich die Tannenbergkaserne verlassen.

Ich mach ein glückliches Mädchen aus dir

Tatsächlich litt ich bereits seit längerem unter Angst und Panikzuständen. Ausgelöst worden waren diese durch ein unausgegorenes Drogenexperiment mit achtzehn. Es hatte mich immer gewurmt, dass ich noch nicht einmal richtig stoned gewesen war, während sich meine damaligen Freunde mit den abenteuerlichsten Drogenerfahrungen übertrumpften. Nie konnte ich mitreden, denn die Joints schlugen bei mir einfach nicht an. In meiner Not ließ ich mich schließlich vom Drogenpapst der Schule zu einem riskanten Selbstversuch überreden: Ich löste eine große Portion Hasch in einer noch größeren Portion starken Bohnenkaffees auf und quälte mir die abscheulich schmeckende Plörre in großen Schlucken hinein. Nach ungefähr einer Stunde setzte schlagartig die Wirkung ein: Herzklopfen, Brustschmerz, Schwindel und Erstickungsanfälle. Die typischen körperlichen Symptome einer Angstpsychose. Viel schlimmer jedoch waren die sekundären Folgen: Todesängste, Furcht vor Kontrollverlust und das Gefühl, wahnsinnig zu werden. Nie wieder habe ich derartige Höllenqualen erlitten. Nachdem ich mehrere Stunden überzeugt gewesen war, endgültig den Verstand verloren zu haben, ließ die akute Wirkung in den frühen Morgenstunden nach. Doch offensichtlich war da ernsthaft etwas durcheinander geraten, denn ich wurde noch Monate später von abscheulichen Flashbacks heimgesucht. Daher meine Empfehlung: Hasch und Bohnenkaffee sollten unbedingt getrennt voneinander genossen werden!

Auch meine Mutter schlug sich seit längerem schon mit einer schweren seelischen Erkrankung herum. Bei dieser so genannten schizo-affektiven Psychose wechselten sich manische mit depressiven Phasen ab, wobei die Ausschläge im Laufe der Jahre immer heftiger wurden. Hatte die manische Phase ihren Höhepunkt erreicht, schlief Mutter oft tagelang nicht mehr, litt unter starken halluzinatorischen Wahnerlebnissen, psychomotorischen und kognitiven Störungen. In diesem sich exponenziell beschleunigenden Irrsinn brannte sie wie eine Supernova, um schließlich im unendlich verdichteten schwarzen Loch der Depression zu implodieren. Trotz kiloweise Psychopharmaka und Elektroschocks blieb sie oft monatelang im Kokon der Depression stecken. Die Psychose hatte sich im Laufe der Jahre als eigenständiges Krankheitsbild verfestigt und war inzwischen unheilbar, obwohl das natürlich niemand zugeben wollte. Erbarmungslos verrichtete sie ihr Zerstörungswerk. Achgottachgott, und jetzt ich. Alles erblich. Vom Vater die Akne und von der Mutter das Verrückte. Meiner genetischen Bestimmung würde ich nicht entrinnen können. Dabei war ich doch noch so jung. Irgendwo hatte ich mal gelesen, dass bis vierzig jeder durchhalten muss, dann kann er sich frei entscheiden. Aber wie sollte das gehen? Das hatte ich ja noch fast zwanzig Jahre vor mir!

Unsere Siedlung war offenbar der Humus, in dem psychische Defekte aller Art hervorragend gediehen, denn der nächste hoffnungslose Fall wohnte gleich nebenan, im Zwergenhaus zur Rechten. Rosemarie hauste dort seit dem Tod der Eltern zusammen mit ihrem Bruder Werner. Werner war das, was man landläufig grenzdebil nennt. Er hatte meines Wissens noch nie eine Freundin gehabt und sah aus, als ob man ihm über viele Jahre hinweg mit stumpfen Gegenständen unablässig auf den Kopf gehauen und seinen Schädel zusätzlich noch für mindestens zwei Jahre in einen Schraubstock gespannt hätte. Rosemarie teilte das Schicksal meiner Mutter: Seit Jahren arbeitsunfähig, vegetierte sie in ihrem Zimmer vor sich hin, rauchte filterlose Reval und hörte deutsche Schlager, insbesondere die ihres Lieblingsinterpreten Chris Roberts.

Ich bin verliebt in die Liebe, sie ist okay, hey, für mich, ich bin verliebt in die Liebe und vielleicht auch in dich.

Du kannst nicht immer siebzehn sein, Liebling, das kannst du nicht, aber das Leben wird dir noch geben, was es mit siebzehn dir verspricht.

Ich mach ein glückliches Mädchen aus dir, jeden Tag und jede Nacht, was du dir wünschst, das bekommst du von mir, jeden Tag und jede Nacht. Das hättest du dir im Traum nicht gedacht, was man aus Liebe so macht, ja glaub mir, ich mach ein glückliches Mädchen aus dir, jeden Tag und jede Nacht.

Diejenigen, die dauernd die blöde Frage stellen, wer denn um Himmels willen eigentlich deutsche Schlager hört, wissen es nun endlich: Rosemarie. Regelmäßig wurde sie in die psychiatrische Klinik Hamburg-Ochsenzoll verbracht und nach ein paar Wochen wieder ungeheilt entlassen. Mit gerade mal sechsunddreißig war sie durch Psychopharmaka und Kuchen der Saison so grotesk aufgeschwemmt, dass sie das Haus nur noch verließ, um Zigaretten zu holen. Die Augen vor panischem Entsetzen geweitet, kreiselte sie ihren unförmigen Rosemariekörper zum Zigarettenautomaten und zurück.

Ich konnte mir keinen Menschen auf der ganzen Welt vorstellen, der mehr raucht als Rosemarie. Sie verbreitete eine Dunstglocke mit einem Radius von ungefähr fünf Metern, und ihre Haut war sattgelb. Im Sommer saß sie manchmal quarzend in der Hollywoodschaukel. Man konnte bei ihr dann oben von unten nur noch dadurch unterscheiden, dass oben Rauch rauskam. In ihrem Zimmer hielten es selbst Ohrenkneifer oder anderes zählebige Ungeziefer nicht lange aus. Irgendwann sah sie aus wie eine Wasserleiche, die man bei niedriger Temperatur tagelang gedünstet hat. Nachts schrie sie manchmal bei geöffnetem Fenster leise vor sich hin. Der Ekel und das Entsetzen vor der Welt und sich fanden ihren Ausdruck in diesen nicht enden wollenden, leisen Schreien. Eines Nachts wurde ich von einem Chris-Roberts-Medley geweckt. *Ich mach ein glückliches Mädchen aus dir, jeden Tag und jede Nacht.* Ganz entgegen ihrer Gewohnheit hatte sie die Musik sehr laut aufgedreht. Ich dachte mir nichts weiter dabei, aber am nächsten Morgen war sie tot. Sie hatte Gift geschluckt und sich zusätzlich noch die Pulsadern aufgeschnitten.

Es gab noch mindestens drei weitere Fälle schwerer psychischer Defekte in unserer Zwergensiedlung. Wahrscheinlich würde ich ewig hier wohnen bleiben, Mutter unten in der Stube und ich oben im ausgebauten Speicher, wo der Regen so gemütlich aufs Dach prasselte. In meinem süßsauren Jugendzimmer bewahrte ich immer noch die schlampig zusammengekleisterten Kriegsspielzeugmodelle von Airfix auf. Ich war jahrelang ein großer Fan des Zweiten Weltkriegs gewesen, den die Deutschen meiner Meinung nach nur verloren hatten, weil sie mit der Entwicklung ihrer Geheimwaffen nicht zügig genug vorangekommen waren. Ärgerlich!

Ich hatte gehofft, dass sich in den eineinhalb Jahren meiner Bundeswehrzeit irgendetwas *ergeben* würde, aber jetzt musste ich mir wohl oder übel etwas *einfallen* lassen. Eigentlich wollte ich ja schon die ganze Zeit Musiker sein, am besten mit eigenen Hits reich werden wie alle anderen auch, denn das schien damals pipieierleicht. Die Neue Deutsche Welle lag Mitte 83 zwar schon in den letzten Zügen, aber ich hatte die Zeichen der

Zeit noch nicht erkannt und träumte trotz Akne und anderer unübersehbarer Handikaps von einer Karriere im Pop-Business. Von Musik verstand ich schließlich was. Meine ganze Kindheit und Jugend über hatte ich unter der Ägide von Mutter, die selbst Musiklehrerin gewesen war, geübt, geübt und nochmals geübt. Jetzt galt es, endlich die Ernte einzufahren. Dass ich Popmusiker werden wollte, konnte ich Mutter natürlich nicht erzählen, denn sie hielt Popmusik für ausgesprochenen Quatsch. Trotz ihrer Erkrankung hatte Mutter immer noch große Macht über mich. Also tat ich harmlos.

«So, Heinz, was soll denn jetzt mit dir werden?»

«Weiß nicht. Ich dachte, Musik studieren.»

«So, dachtest du. Aber dann musst du erst mal die Aufnahmeprüfung schaffen. Und wovon willst du bis dahin leben?»

«Ach so.»

«Das ist keine Antwort. Entweder du suchst dir wie alle anderen auch einen Job, oder du musst zum Sozialamt gehen. Ich verdiene nicht genug für uns beide.»

Mein Antrag auf Sozialhilfe wurde ohne Murren bewilligt, und so stand ich die nächsten beiden Jahre unter der väterlich-strengen Obhut von Herrn Sommer, einem Mittdreißiger mit irritierend unstetem Blick.

Mein bester Freund Niels wusste zum Glück ebenso wenig wie ich, was er mit seinem Leben anfangen sollte. Ein Tagedieb alter Schule. Wir trafen uns meist bei mir, tranken Bier und saßen einfach nur so rum. Wenn das Fernsehprogramm zu Ende war – damals gab es noch Sendeschluss –, hörten wir das Radionachtprogramm, bevorzugt das Südfunk-Tanzorchester Stuttgart unter der Leitung von Erwin Lehn, das uns mit heiteren, jedoch niemals banalen Klängen erfreute. Manchmal fingen wir aus heiterem Himmel hysterisch an zu lachen über das Schauspiel unserer traurigen Jugend, die da so sinnlos verstrich. Andere trampten nach Asien, hingen in Diskotheken rum oder machten sonst wie was aus ihrem Leben. Und wir? Wir waren eben Privatpersonen. Kontakte zum anderen Geschlecht gab es auch nicht. Die einzige Frau, die ich jemals halbwegs nackt gesehen hatte, war Mutter gewesen. So schien es auch weiterzugehen. Ich hatte mir von den *Holunder*-Ersparnissen ein winzig kleines Tonstudio angeschafft, in dem ich tage- und nächtelang Playbacks ohne klaren Verwendungszweck zusammenschraubte. Da mir lediglich eine unfassbar kompliziert zu bedienende Drum-Maschine, der analoge Synthesizer JX 3P und einer der ersten Vierspurkassettenrecorder zur Verfügung standen, klangen die Stücke alle ziemlich ähnlich. Gewisse Übereinstimmungen mit Jack Nicholson im Psychoschocker *Shining*, in dem er den immer gleichen Satz in seine Reiseschreibmaschine hämmert: *Was du heute kannst besorgen, das verschiebe nicht auf morgen!*, waren unverkennbar. Playbacks schrauben, trinken, Sozialamt, Mutter, Niels, Rasen mähen. Bis vierzig soll man durchhalten? Und wie wär's mit dreißig? Ich konnte mir nicht vorstellen, unter den gegebenen Umständen auch nur dieses Alter zu erreichen. Noch acht Jahre! Wahrscheinlich würde irgendwann einfach mein Herz stehen bleiben, weil der Körper nicht mehr mitmachte.

Auch mit Mutter ging es rapide bergab. Sie aß und trank kaum noch etwas und glich immer mehr einem verschrumpelten Vogel, den seine Eltern aus dem Nest gepickt haben. Sie wollte sich zu Tode hungern. Auch nach der nächsten Zwangseinweisung ins Krankenhaus besserte sich ihr Zustand trotz härtester Medikation überhaupt nicht. Wenn ich sie besuchte, lag sie fast immer auf dem Bett und machte ihren Mund auf und zu wie ein Karpfen. Der Körper war irgendwie ganz verbogen, und in ihren Augen spiegelte sich die nackte Panik. Was kann ein Mensch eigentlich ertragen? Meine Vogelmutter ertrug es schließlich nicht mehr und sprang aus dem Fenster, hinaus in die Freiheit. Doch die Erlösung blieb ihr verwehrt. Sie durfte nicht sterben, immer noch nicht, ihr Martyrium sollte in der nach oben offenen Spirale des Leidens weitergehen. Nun würde sie erst recht für lange Zeit im Krankenhaus bleiben müssen, anschließend Rehaklinik, und dann? Hilflos wie eine Schildkröte, die man auf den Rücken gedreht hat, wartete ich darauf, dass irgendetwas passierte.

Viel Afrika und wenig Bavaria

Im Keller hatte ich noch aus *Holunder*-Zeiten eine schwarze Bundfaltenpluderhose, ein weißes Hemd mit Vatermörderkragen und ein Paar ausgelatschte schwarze Schuhe aufgetrieben. In welche Richtung das Programm von *Tiffanys* wohl ging? Wahrscheinlich die übliche Mischung aus Oldies, Evergreens, Schlagern, Volksmusik und ein paar aktuellen Titeln. Ich war den Umgang mit fremden Menschen nicht mehr gewohnt, da mich meine nunmehr zweijährige Reihenhauseremitage bereits etwas kauzig gemacht hatte. Im Spiegel überprüfte ich noch einmal mein Aussehen. Im rechten Mundwinkel hatte sich ein schmerzhafter Pickel mit gelber Haube eingenistet, der gerade seinen Zenit erreichte. Pickel am Mund nie ausdrücken, das ist gefährlich (Blutvergiftung)! Egal, sollten sie ruhig erst einmal einen Schrecken kriegen. Ich war schließlich zum Musikmachen engagiert, und davon verstand ich etwas.

Punkt halb sechs klingelte es. Vor der Tür standen zwei junge Männer: Der eine war rotblond und untersetzt, der andere sicher eins neunzig und wirkte etwas steif in den Hüften. Beide schienen ungefähr in meinem Alter zu sein. Der Kleinere, der einen ganz selbstbewussten Eindruck machte, eröffnete das Gespräch.

«Wir sollen hier den besten Saxophonisten Hamburgs abholen.»

«Ach so, ja, ich wäre dann so weit», entgegnete ich wenig

schlagfertig. Ich hatte meine Instrumentenbatterie, bestehend aus Tenor-, Alt-, Sopransaxophon und der Tasche mit Flöte und Stativen, vollständig im Flur aufgepflanzt, um sie zu beeindrucken.

«Kommt das alles mit?» Der Große stotterte ein wenig.

«Ja. Ich bin übrigens Heinz.»

Der Hüftsteife hieß Norbert und war maritim bekleidet mit einem Troyer, Karottenjeans und Camel-Boots. Torsten trug ein Sweatshirt mit Mickeymaus-Aufdruck und eine ausgebeulte Bundfaltenhose. Auf der Fahrt wurde ich mit der noch jungen Bandhistorie vertraut gemacht: *Tiffanys* gab es in der aktuellen Besetzung erst seit drei Monaten. Gurki, der Bandleader, mit bürgerlichem Namen Gundolf Beckmann, hatte sich mit der alten Besetzung überworfen, die daraufhin geschlossen ausgestiegen war. Norbert, Torsten und der dritte, Jens, hatten vorher als Trio *Lütt un Lütt* Schützenfeste, Feuerwehrbälle und Hochzeiten bespielt. Auf einer dieser Veranstaltungen tauchte Talentscout Gurki auf und engagierte prompt die ganze Truppe. *Lütt un Lütt* wurde so vollständig von *Tiffanys* absorbiert.

Das Moorwerdersche Schützenfest zählte zu den Größten im Landkreis und konnte sich eine Fünf-Mann-Kapelle ohne weiteres leisten. In der Mitte des Festplatzes stand, umsäumt von allen möglichen Buden, Kinderkarussell und Autoscooter, das Zelt, in dem das abendliche Tanzvergnügen stattfinden sollte. Die Aufteilung solcher Zelte ist immer gleich: links vom Eingang ein endloser Tresen und auf der anderen Seite die Bühne. Auf ihr verlegten zwei Männer gerade die letzten Kabel. Der eine kletterte von der Bühne, um mich zu begrüßen. Er war schon deutlich über dreißig und ziemlich schmächtig. Mir fielen die großen Wasserflecken auf seinen Collegeschuhen auf. Das optische Zentrum seines Gesichts bildete ein akkurat getrimmter Riesenschnauzer.

«Hallo, ich bin der Gurki. Schön, dass du dabei bist.»

Das also war der Gurki. Ich versuchte, irgendeine Verbindung zwischen dem selten blöden Spitznamen und seinem Äußeren auszumachen, konnte aber auf die Schnelle nichts entdecken. Dann kam auch Jens herunter. Er war wie Norbert und Torsten um die zwanzig, hatte blondes, bereits leicht schütteres Haar und ebenfalls einen Schnäuzer, der allerdings so dünn war, dass man ihn erst bei ganz genauem Hinsehen wahrnahm. Als er mir die Hand gab, hatte ich das Gefühl, eine Art Stumpen anzufassen. Später am Abend habe ich mir seine Hände dann genauer angeguckt: Derjenige, der sich das Wort *Wurstfinger* ausgedacht hat, muss Jensens Hand vor Augen gehabt haben. Schwer vorstellbar, wie er damit die Tasten bedienen wollte. Auf dem Weg zurück zur Bühne fing er sofort an zu pfeifen. Nachdem ich ausgepackt hatte, begannen wir mit dem Soundcheck.

«Und, was spielen wir? Wie immer?», fragte Norbert.

Gurki schaute mich an.

«Hast du ein bestimmtes Stück?»

«Nö, nö, macht man ruhig, wie ihr immer macht.»

«Okay, dann *Hello Dolly*. Torsten, zähl an!»

Tacktacktacktack.

Im ersten Durchgang spielte Gurki das Thema auf der Gitarre. Schon nach wenigen Takten war mir klar, was die Stunde geschlagen hatte. Der Bandleader musste sich enorm konzentrieren, um die Melodie einigermaßen fehlerfrei zu spielen, außerdem hatte er überhaupt kein Rhythmusgefühl. Norberts Bass und Torstens Schlagzeug rumpelten, ohne Bezug aufeinander zu nehmen, unbeholfen vor sich hin. Dabei guckten sie sich die ganze Zeit angestrengt an und taten so, als ob es so richtig *grooven* würde. Jens hatte bei seinem Korg Polysix Synthesizer einen ganz abscheulich schrillen Streichersound eingestellt und griff mit seinen zu kurzen Fingern ständig daneben. Klöter klöter klöter, schrammel schrammel schrammel, matsch matsch matsch. Auch der Sound war eine Katastrophe.

Katzenmusik. Besonders überraschen konnte mich das nicht, *Holunder* hatten ähnlich geklungen. Und dem Publikum war es immer seltsam egal gewesen. Entweder, weil sie es nicht anders gewohnt waren, oder vielleicht auch, weil das dilettantische Geklöter bewies, dass die Band wirklich live spielte. Nach dem ersten Durchgang bedeutete mir Gurki durch Kopfnicken, zu übernehmen. Ich spielte das Thema auf der Flöte und improvisierte einen zweiten Durchgang. Dann griff ich zum Altsaxophon und gniedelte, was das Zeug hielt. Die neuen Kollegen waren beeindruckt.

«Super Saxsolo.»

«Ich fand die Flöte aber auch gut, fast noch besser.»

«Und jetzt mal einen mit der Rotzkanne.»

Mit der Rotzkanne war das Tenorsaxophon gemeint.

«Du hängst dich einfach rein!»

«Sie sind erstens sehr teuer, zweitens ganz neu, und drittens trägt so was kein anderer Boy ... blaue Wildlederschuh.»

Blue Suede Shoes in der Version von Paul Kuhn. Ich fand den deutschen Text lustig und hängte mich rein. *Tiffanys*: begeistert! Dann wurde der mir nicht geläufige Schlager *Der Morgen danach* von Tommy Steiner intoniert. In F-Dur.

«Der Morgen danach,
er wird es entscheiden,
wer von uns beiden, er oder ich?
Nur du kennst die Antwort auf diese Frage.
Ich wünsch mir,
dass du dich entscheidest für mich.»

Ich entschied mich für die Flöte. Pfeif, tirilier, Sechzehnteltriolen, Zweiunddreißigstel, ich wollte sie schwindlig spielen.

«Ein Leben mit dir, das möchte ich erleben, Tage voll Sonnenschein, an deiner Seite, da möchte ich leben, möchte ich lieben und noch viel mehr.»

Tiffanys: begeistert! Zu Recht. Schließlich hatte ich entscheidende Teile meiner Jugend dem Erlernen von Blasinstrumenten geopfert. Während sich meine Schulkameraden mit Alkoholexperimenten, Fußball und Heavy Petting die Zeit vertrieben, hatte ich in den Räumen des Seniorentreffpunkts Harburg-Rönneburg drei Stunden täglich Querflöte und Saxophon geübt. Mindestens. Manchmal auch vier oder fünf.

Alles, um jetzt mit *Tiffanys* in Moorwerder zu spielen. Alles für die Katz. Katz und Maus. Katzenjammer. Und wieder Refrain. *Der Morgen danach, er wird es entscheiden* ... In einiger Entfernung zur Bühne stand eine Rotte Schützenbrüder, die uns argwöhnisch beäugten. Aus ihren Reihen löste sich plötzlich ein schwitzender Talgbrocken und quoll uns erstaunlich behände entgegen.

«Sagt mal, *Klaus und Klaus*, das habt ihr ja wohl drauf!?»

Gurki setzte sofort sein Vertretergesicht auf und schüttelte dem sichtlich überraschten Rohling die Hand.

«Einen wunderschönen guten Abend, mein Name ist Beckmann, erst einmal meinen herzlichen Glückwunsch.»

Aha, ich begriff. Der neue Schützenkönig. Gurki sülzte weiter.

«Sie meinen doch bestimmt *An der Nordseeküste*. Natürlich haben wir das drauf, wir spielen das immer mit zwei Akkordeons, hahaha.»

Dieser letzte Teil der Information drang nicht mehr recht zur Majestät durch.

«Jaja, dann ist ja alles klar. Und nicht so laut. Einmarsch ist um halb neun, und ihr spielt erst mal auf jeden Fall nur zwei Tänze, damit alle rumkommen.»

Gurki nickte, und der grüne Mann trollte sich wieder.

«Alles klar, dann erst mal ein Bierchen!»

Endlich. Ich hatte schon befürchtet, bei *Tiffanys* herrsche Alkoholverbot. Wir gingen zum Tresen, und Torsten bestellte.

«Wirt, machst du mal fünf Stützbier fertig.»

Stützbier! Torsten schien sich auszukennen mit Trinkerhumor.

«Wenn der Abend so läuft wie der Soundcheck, dann mach ich mir keine Sorgen.»

«Prost!»

«Prost!»

«Prost!»

«Prost!»

«Prost!»

Das Bier war eine schauderhafte, dünne Plörre, von der man nicht richtig besoffen wurde. Und da kam schon der nächste Schützenbruder im Stechschritt auf uns zu.

«Guten Abend, mein Name ist Eggers, ich bin der zweite Zeugwart. Sie können jetzt zum Essen gehen. Spielbeginn ist Punkt zwanzig Uhr.»

Er klang so zackig wie ein Kommentator der Deutschen Wochenschau. Grußlos marschierte er wieder ab, wahrscheinlich Spinde kontrollieren und anschließend Jungschützen auspeitschen. Jens klatschte zweimal kurz in die Hände.

«Auf geht's, meine Herren.»

Hinter dem Tresen stand unser Essen, Kartoffelsalat und Würstchen. Ein paar Meter weiter vertilgten ein paar Schützen appetitlich aussehende Lachsbrötchen. Eine kulinarische Zweiklassengesellschaft. Torsten starrte missmutig auf die vom überlangen Wasserbad aufgerissenen Wiener.

«Die haben da ihre Gourmetsemmeln, und wir müssen Luftpumpen fressen.»

Luftpumpen, astrein. Kannte ich noch gar nicht. Der Junge schien ein Garant für originelle Ausdrücke zu sein. Dann ging es ab hinter die Bühne zum Umziehen. Verstohlen musterten wir gegenseitig unsere deformierten Körper. Gurki, typischer Leptosom mit dünnen Ärmchen und Beinchen, sah aus wie ein zerrupfter Truthahn. Bleich, unzählige Leberflecke, trotz schmächtiger

Erscheinung Schwimmring und Autofahrerbäuchlein. Norbert, jugendlich-straffe, leicht gebräunte Haut, jedoch als schweres Handikap ausladendes Becken; er war rhombenförmig. Jens, untersetzt, feist, vierschrötig, Typus Hummel. Torsten, Pykniker wie aus dem Lehrbuch, Rücken, Schultern und Brust stark verpickelt, Oberschenkel dick wie Fußgängerampeln, trotzdem fest, kompakter Gesamteindruck. Ich, weiß wie eine Wand, komplett zugepickelt, wenige unsymmetrische Haarinseln, Ansatz zur männlichen Fettbrust, den sog. Herrentitten, trotz Normalgewichts irgendwie eingefallen, schwabbelig wirkend.

Zentraler Blickfang der *Tiffanys*-Bühnengarderobe waren pinkfarbene Glitzerjackets, die mit einer farblich abgestimmten Fliege und schwarzen Bundfaltenhosen im Stil von Errol-Flynn-Piratenfilmen kombiniert wurden. Gurki hielt mir ein zerschlissenes und ungefähr zwei Nummern zu großes Ersatzsakko vor die Nase:

«Probier mal.»

Hier sollte ein Mensch gebrochen werden.

«Wir lassen demnächst neue maßschneidern.»

«Auch in Rosa?»

«Ja sicher, das muss doch zum Gesamtbild passen.»

Er deutete hinter sich in die Tiefe der Bühne, wo eine ungefähr drei Meter hohe Aluminiumjalousie stand, auf die eine Paulchen-Panther-Figur gesprüht war.

«Ach so, ja.»

Grotesk. Jetzt war ich also plötzlich mittendrin in der Welt von Kater Garfield, Diddlmaus und Paulchen Panther.

«Das Paulchen-Panther-Thema ist auch unsere Pausenmelodie», erklärte Norbert. «Aber nur der erste Teil. Dadapp, dadapp, dadappdadappdadapp dadappdadada dadapp und dann Abschlag. In E.»

Jens klatschte zweimal in die Hände.

«Auf geht's, es ist Punkt.»

Der Opener des Tanzabends war *Time is tight*, ein etwas debiles Instrumentalstück, dessen Thema lediglich die Brechung eines Sextakkords bildet. Als Zweites der von Jens gesungene romantische Schlager *Sommernacht in Rom* von G. G. Anderson. In G-Dur.

«*Sommernacht in Rom, und wir beide träumen,*
Sommernacht in Rom, dieser Traum wird bleiben.»

Niemand tanzte. Ich war überrascht von der Disziplinlosigkeit der jungen Schützengeneration.

«*Der Zauber der ewigen Stadt führte mich zu dir. Ich fliege zu den Sternen neben dir.*»

Knödel knödel. Jens sang irgendwie gepresst, aber mit Herz. Eigenartige Kombination. Intonation mangelhaft.

«*Sommernacht in Rom, sie geht nie zu Ende, Sommernacht in Rom, unsere Herzen brennen.*»

Tacktacktacktack, Paulchen-Panther-Melodie, Pause. Wir blieben mit gefalteten Händen auf der Bühne stehen. Bereits nach zwei Minuten ging es weiter.

«Auf geht's. Die Leute müssen in Schwung kommen. *Nordseeküste* und *Hello Dolly*.»

Bei den ersten Takten von *An der Nordseeküste* ging ein Ruck durchs Zelt. Es war offenbar der erste Trumpf, den wir da aus dem Ärmel schüttelten. Die Schützen waren von ihren Bänken aufgestanden, hatten sich eingehakt und sangen begeistert mit.

«*An der Nordseeküste, am plattdeutschen Strand,*
Sind die Fische im Wasser und selten an Land.»

Leadgesang Gurki. Trotz der einfachen Melodie ein Festival der schiefen Töne. Egal, die Schützen waren aus dem Häuschen und schnappten vor Begeisterung stumm nach Luft. Ansage Gurki, die gute Stimmung nutzend:

«Jaaaaaaaaaaaaa, liebe Freunde, und jetzt dem neuen Schützenkönig ein dreifaches Gut –»

«Schuss!», dröhnte es lautstark zurück.

«Gut –»

«Schuss!»

«Gut –»

«Schuss!»

Ich murmelte natürlich «Sieg Heil» vor mich hin.

Gurki euphorisch: «Jaaaaaa, liebe Freunde, und jetzt *Hello Dolly* aus dem Musical *Hello Dolly*.»

Hello Dolly aus dem Musical *Hello Dolly*. Wichtige Sachinformationen. Die Schützen hatten sich leider schon wieder hingesetzt. Sie waren nach dieser ersten Eruption kollektiv in sich zusammengesackt.

«It seems it never rains in Southern California, I often heard this kind of talk before.»

Gegen Ende des Stückes schlurfte ein verwitterter, steinalter Schützenbruder zusammen mit seiner Madame auf die Tanzfläche. Er war offensichtlich eine Art Alphatier, denn die Tanzfläche füllte sich auf einen Schlag. Endlich! Wir schoben *Rosamunde* nach. Ich griff mir ein Tamburin, was den Nachteil hatte, dass ich nun kein Mundstück mehr zwischen den Lippen hatte und mich folglich für einen Gesichtsausdruck entscheiden musste.

«Rosamunde, schenk mir dein Herz und sag ja, Rosamunde, frag doch nicht erst die Mama.»

Ich bewegte die Lippen und tat so, als ob. Bloß keinen schlecht gelaunten Eindruck machen. Den Schützen entgeht nichts.

«Jaaaaaaaaaa, liebe Freunde! Swingtime is good time, good time is better time.»

Hä? Was war das denn für eine Ansage? Tacktacktack. Paulchen-Panther-Pausenmelodie. Die Leute tapsten lustig wie Paulchen Panther von der Tanzfläche. Einige blickten feixend zu uns herüber und hoben den Daumen. Aufgeregt kam schon der nächste Würdenträger angedackelt.

«Gleich ist der Einmarsch des neuen Königs. Ihr wisst Bescheid!? Zeichen kriegt ihr von da drüben.» Er deutete auf den Zelteingang.

«Sie können sich auf uns verlassen.»

Habachtstellung. Es war erst halb neun, noch sechseinhalb Stunden bis zum Feierabend! Ich brauchte dringend etwas zu trinken. Zu den Klängen von *Auf der Lüneburger Heide* schritt der Schützenkönig nebst Gattin und den beiden Adjutanten, ebenfalls mit Frauen, in die Mitte der Tanzfläche. Die anderen Schützen bildeten einen Kreis um sie und klatschten rhythmisch in die Hände. Ansage Gurki:

«Und jetzt den Ehrentanz für unseren neuen Schützenkönig. Dazu haben wir einen besonders schönen Wiener Walzer für sie ausgesucht, aus der *Csárdásfürstin, Tanzen möcht ich*.»

Was für eine Fürstin? Kennt doch kein Mensch. Egal. Walzer. Mir schien das Sopransaxophon angemessen, das im Gegensatz zu den übrigen einen geraden Korpus hat. Den Leuten war nie begreiflich zu machen, dass ein Saxophon nicht krumm sein muss, und deshalb hatte Gurki das Instrument irgendwann der Einfachheit halber umbenannt:

«Unser Heinz spielt heute die goldene Klarinette.»

Nicht schlecht. Die goldene Klarinette. War bestimmt teuer. Obwohl der Pickel im rechten Mundwinkel immer noch nicht aufgeplatzt war und höllisch wehtat, spielte ich die goldene Klarinette mit besonders viel Herz. Für den neuen Schützenkönig! Er hatte am Hals ein Feuermal und erinnerte so automatisch an den neuen russischen Generalsekretär Gorbatschow. Das Zentralkomitee ließ jetzt die ganz Jungen ran. Michail Gorbatschow war deutlich unter achtzig; unter dem seligen Breschnew hätte er allenfalls Botengänge erledigen dürfen.

Nach dem ersten Refrain durften auch die Adjutanten tanzen und nach dem zweiten alle übrigen Gäste. Ganz Moorwerder bewegte sich zu den Klängen der *Csárdásfürstin*, und über allem schwebte der Klang der goldenen Klarinette. Nach dem Ehrentanz hielt der König eine holprige Rede, in der er auch uns erwähnte:

«... und die Musik kommt heute Abend von den *Tiffanys*.»

Wir verbeugten uns artig, aber die Kollegen kuckten säuerlich. «Mein Gott, das heißt nicht *Die Tiffanys*, sondern einfach nur *Tiffanys*.»

«*Schützenliesel, dreimal hat's gekracht, bumbumbum*
Schützenliesel, du hast mir das Glück gebracht,
ja, Schützenliesel, dafür dank ich dir!
Jetzt bin ich der Schützenkönig,
Und du bleibst bei mir!»

Begeistert wirbelten die grünen Männer ihre Frauen durchs Zelt.

«Ich habe eine gute Nachricht: Unsere Majestät gibt Marscherleichterung.»

Wie auf Kommando zogen alle Schützen ihr Sakko aus. Ich trank ein Bier und gleich noch eins hinterher und fühlte mich erleichtert.

«Dem neuen Schützenkönig ein dreifaches Gut –»
«Schuss!»
«Gut –»
«Schuss!»
«Gut –»
«Schuss!»

Immer dran denken! Der neue Schützenkönig war schließlich die Hauptperson.

Die Pflichttänze waren erledigt; jetzt hieß es nur noch Stimmung, Stimmung und nochmal Stimmung! Harte Klänge an der Grenze des Erlaubten: *Hello Josephine*, *Tutti Frutti* und *Surfin' in the USA*, allerdings in der entschärften deutschen Version der *Strandjungs*: *Und sie wollen alle surfen-surfen auf dem Baggersee*. Was war eigentlich aus den *Strandjungs* geworden? Egal.

Rock 'n' Roll. Alles Fälle für die Rotzkanne. Tröt tröt tröt, Dirty Dancing, Dirty Blowing. Ich hätte mir mal eine schwarze Sonnenbrille aufsetzen sollen, die Leute wären bestimmt noch begeisterter gewesen. *Kuck mal, der Saxophonspieler sieht ja aus wie einer von den Blues Brothers. Witzig.* Igittigitt. Was war eigentlich ekliger: Cats, Aktenzeichen XY Ungelöst oder die Blues Brothers? Schwer zu sagen. Wir spielten mittlerweile drei Titel pro Runde. Irgendwann musste ich mal. Im Toilettenwagen stand neben mir ein sehr, sehr, sehr alter Schützenbruder. Er stierte mich an und sagte mit unbewegter Miene: «Ach, die Musik.»

«Ja, genau.»

«Ja ja, die Musik.»

«Ja.»

Mir war nicht recht klar, was er wollte. Er machte noch eine sehr lange Pause, dann mümmelte er bedächtig: «Viel Afrika und wenig Bavaria.» Da muss man erst mal drauf kommen!

Tacktacktacktack, Anzählen. *An der Nordseeküste.* Schon wieder. Die Leute standen auf den Tischen und weinten fast vor Begeisterung. Ich trank jetzt in fast jeder Pause ein Glas Bier. Die Wirkung ließ aber nach wie vor sehr zu wünschen übrig. Zeltplörre. Ab und an kam jemand aus dem Publikum und äußerte einen Musikwunsch, meistens *An der Nordseeküste*. Ein Megahit, wir hätten ihn mal den ganzen Abend in einer Endlosschleife spielen sollen.

24 Uhr. Die Feier hatte ihren Höhepunkt erreicht, Zeit für Volksmusik.

«*Wenn ich einmal Hochzeit mach, dann immer nur mit dir, wenn ich mal mein Herz verschenk, dann immer nur an dich.*» Jetzt kam unser Carolin-Reiber-Medley.

«*Der alte Herr von Liechtenstein, jajaja, der wollte nicht alleine sein, nein, nein, nein.*» Balsam für die Schützen. «*Aus Böhmen kommt die Musik, zu Herzen geht jedes Lied.*» Genau, aus Böhmen. Böhmen spielt in der volkstümlichen Musik eine zentrale Rolle: «*Tief drin im Böhmerwald, wo meine Wiege stand.*» Da kommen wir her, und da gehen wir auch irgendwann wieder hin. Bei den mehr volkstümlichen Liedern und Walzern spielte ich die goldene Klarinette. Bei Schlagern Flöte und beim großen Rest Alt- oder Tenorsaxophon.

«Und jetzt dem neuen Schützenkönig ein dreifaches Gut –»
«Schuss!»
«Gut –»
«Schuss!»
«Gut –»
«Schuss!»

Nie vergessen! Dann endlich für die neue Majestät exklusiv das Lied der Lieder: «*Kennst du die Perle, die Perle Tirols, das Städtchen Kufstein, das kennst du wohl, umrahmt von Bergen, so friedlich und still, ja das ist Kufstein dort am grünen Inn, ja das ist Kufstein am grünen Inn.*» Dann Gejodel. Mir gefiel die dritte Strophe am besten. «*Und ist der Urlaub dann wieder aus, schade, dann nimmt man Abschied und fährt nach Haus usw.*» Dann Gejodel. «*Comment ça va, comme si, comme si, comme si, comme ça.*» Ein Titel der Gruppe The Shorts, steinzeitliche Vorläufer heutiger Boybands. Zwischen den Shorts und der Konkurrenztruppe The Teens tobte damals ein erbarmungsloser Kampf um die Pole Position. Das Stück war ein so genannter Discofox und eignete sich hervorragend zum Schwofen.

«*Mann, war das ein Mädchen, damals in Paris, ich ging mit ihr tanzen, ach, was war sie süß.*»

Es waren bis auf die Jungschützenkönige (Anwesenheitsheitspflicht) praktisch keine jungen Leute auf dem Saal. Hoffentlich stirbt der Nachwuchs nicht aus! Ich machte mir die Sorgen der Schützenzunft, immerhin meine Auftraggeber, bereits zu Eigen.

«*Sie lag so eng in meinen Armen. Ich sagte, komm, wir geh'n hier fort. Doch ihre Antwort war französisch, ich verstand kein Wort.*»

Beim Stichwort Französisch guckte mich Torsten an und steckte sich kurz einen Drumstick in den Mund. Mein lieber Scholli! Der hatte es wirklich faustdick hinter den Ohren.

«Und jetzt alle in die Sektbar, denn es ist noch Sekt da!»

«Auf den neuen Schützenkönig ein dreifach Gut –»

Gegen halb zwei leerte sich das Zelt. Am Tresen wurden nun einschlägige Lieder skandiert, das *Niedersachsenlied*, das *Horst-Wessel-Lied* und noch allerlei andere Weisen, die man erst singt, wenn es schon später ist.

«*Ein Prosit, ein Prosit der Gemütlichkeit, ein Prosit, ein Prohosit der Gemütlichkeit. Prost, Prost, Prost, jetzt geit dat wedder los, lalalalalalalalala (Text vergessen). Prost, Prost, Prost, jetzt geit dat wedder los. Auf der Lüneburger Heide, ZACK.*»

Wir spielten zum sechsten Mal *An der Nordseeküste*, und der Korn wurde direkt aus der Flasche getrunken. «*Oléoléoléolé*». Wir schalteten einen Gang herunter.

«*Manche Mädchen kann man sehn, die in langen Hosen gehen, doch Mary Lou hat damit nichts im Sinn, in ihrem hübschen bunten Kleid, ja da ist sie jederzeit schöner als die schönste Königin.*»

Swingtime is good time, good time is better time. Endlich wusste ich, was gemeint war. Ich hatte taube Lippen und musste mal groß. Der Pickel war immer noch nicht aufgeplatzt. Wenn ich ihn jetzt mit meinen vor Schmutz starrenden Fingern aufgepult hätte, wäre der Spuk zu Ende gewesen – Blutvergiftung.

«*Tanze mit mir in den Morgen, tanze mit mir in das Glück, in deinen Armen zu träumen ist so schön bei verliebter Musik.*»

Dann endlich das Abschlusslied, *Blue Spanish Eyes*, Jensens Paradestück. Er presste seine schmalen Lippen ganz dicht ans Mikrophon; es sah aus, als ob er es essen wolle. Später habe ich gesehen, dass sein Mikro, Marke Shure SM-58, komplett mit Speiseresten verklebt war. Aber funktioniert hat es die ganzen Jahre hindurch tadellos. Shure ist eine sehr gute Firma! Als nach dem zweiten Refrain mein Solo an der Reihe war, überkam mich plötzlich eine seltsame Lust zu spielen. Trööttrööttrööt, ich holte alles aus der Rotzkanne raus. Wie ein Affe bog ich meinen steifen Körper hin und her. Bei geschlossenen Augen hätte man denken können, da stehe der Saxophonist von Mooooaaarius Müller-Westernhagen oder Tina Turner auf der morschen Festzeltbühne. Mindestens. Mein Handwerk beherrschte ich. Die Kollegen guckten staunend zu mir herüber, und als ich mit dem Solo fertig war, bekam ich doch tatsächlich Szenenapplaus. Ich verbeugte mich. Was für feine Menschen die Schützen doch waren. Sollten sich andere über sie lustig machen, ich nicht.

«Kommen Sie gut nach Hause. Ich hoffe, wir sehen uns morgen wieder, und denken Sie daran: Auch Taxis sind Autos.»

Haha! Den kannte ich auch noch nicht. Feierabend! Gurki holte eine Runde Bier.

«Das war ja wohl echt spitzenmäßig.» Er meinte mich.

«Ja? Findest du? Mir hat's auch Spaß gemacht.»

«Ich hab in diesem Jahr noch ein paar Fünfmannmucken. Wenn du Zeit und Lust hast ...»

Ich hatte den Job!

Eiappetit

Am Sonntag spielten wir nur bis eins, wir mussten nach der Mucke ja noch selber die Anlage abbauen, da sich Tiffanys keine Roadies leisten konnten. Heutzutage wiegen Boxen und Mischpult nur noch einen Bruchteil dessen, was sie seinerzeit auf die Waage brachten. Damals war alles schwer, vor allen Dingen die riesigen Boxen und der von uns so genannte Sarg, ein monströser Flightcase, in dem sämtliche Stative verstaut wurden. Er schien aus massivem Industriestahl zu bestehen und konnte selbst von vier ausgewachsenen Männern nur unter Inkaufnahme hoher gesundheitlicher Risiken gewuchtet werden. Da ich weder wusste, wie man das Mischpult verkabelt, noch mit den Geheimnissen des Lichtaufbaus vertraut war, blieb mir nichts anderes übrig, als Hiwi-Tätigkeiten wie Schleppen und Kabelrollen zu übernehmen. Jedes der mehr als hundert Kabel musste einzeln gerollt werden. Sie starrten vor Dreck und waren mit Bier, Essensresten und toten Insekten verklebt. Die Kollegen packten derweil den ganzen, großen Rest zusammen und verstauten alles im Hänger. Der Abbau dauerte ungefähr eineinhalb Stunden. Nachdem wir in Winsen wieder ausgeladen hatten, wurde der Feierabend offiziell durch das Spiegeleierbraten eingeläutet. Wir machten immer gleich drei oder vier Pfannen heiß, in denen dann Spiegeleier gebraten wurden. Eier, Eier, Eier! Mucken war harte körperliche Arbeit, und die Kollegen hatten einen Bärenhunger. Ich auch, aber mehr als drei Eier brachte ich einfach nicht herunter. Haha, typisch Städter! Schwächlinge! Drei Eier. Lächerliche Spatzenportion! Dabei sind Eier doch das nach Fleisch wichtigste Nahrungsmittel. Der Mensch ist schließlich auch irgendwann mal aus Eiern entstanden. Vor vielen tausend Jahren. Eine Eiergeburt. Bloß dass das heute keiner mehr weiß. Jens schaffte bis zu acht Spiegeleier und dazu das gute Landbrot. Torsten und Norbert sechs und selbst der zwergwüchsige Gurki vier bis fünf. Das Eigelb verklebte die Zähne und tropfte im Eifer des Gefechts auf Finger oder Kleidung. Eihunger! Eihunger ist, wenn jede Pore des Körpers nach Eiern schreit. Ein Hunger, wie ihn nur Ei stillen kann. So wie auch Bierdurst nur durch Bier zu löschen ist. Satt und zufrieden ließ ich mich von Norbert nach Hause bringen.

Ich muckte nun fast jedes Wochenende mit *Tiffanys* und hatte bereits nach kurzer Zeit das Gefühl, als würde ich den Job schon Jahre machen. Man konnte sich darauf verlassen, dass nie etwas Unvorhergesehenes passierte: einladen, ausladen, aufbauen, Soundcheck, Essen, umziehen, sieben Stunden spielen, wieder umziehen, und nach dem nächtlichen Abbauen freute ich mich immer schon darauf, meine vom unappetitlichen Kabelrollen pechschwarzen Hände waschen zu können. Rückfahrt, Hänger ausladen und nach der Gagenauszahlung Spiegeleier satt!

Weiber waren leider totale Fehlanzeige, denn Tanzmucker bewegten sich mit ihrem Sozialprestige ungefähr auf dem Niveau von Aushilfskellnern. Und dass *Tiffanys* keine Profiband war, hörte ein Blinder mit Krückstock. Man wurde nicht als Musiker wahrgenommen, sondern als ganz armes Würstchen, das auf der Bühne herumhampeln muss, damit es finanziell irgendwie reicht. Hinzu kam, dass keiner von uns auch nur im Entferntesten attraktiv war. Linkische Käuze, die aus groben Gesichtern ins Unendliche starrten, picklige Harlekine im Clownsgewand, uncool und ohne einen Hauch von Charme. Zum Selbstschutz redete ich mir manchmal ein, dass selbst Patrick Swayze, der damals mutmaßlich schönste Mann der Welt, als Musiker bei *Tiffanys* keine Bräute abgeschleppt hätte. Aber ich ahnte, dass das so natürlich nicht stimmte. Na ja, egal. Ich war froh, dass überhaupt wieder etwas Zug in mein Leben kam.

Meine Tage verliefen immer gleich. Ich stand meist gegen drei Uhr nachmittags auf, kaufte die Alkoholvorräte für den Abend ein und fing gegen sechs Uhr an mit der Frickelei am Synthesizer und Vierspurgerät. So etwa zwei Stunden später machte ich das erste Bier auf, und dann ging's weiter bis drei, vier Uhr morgens. Eigentlich war ich ganz gern alleine. Es handelte sich meiner Meinung nach auch nur um eine Übergangszeit, denn mein Durchbruch als Hitproduzent stand ja unmittelbar bevor. Ich bastelte an meinen Songs immer ewig lange rum. Je länger ich bastelte, desto weniger wusste ich, ob sie überhaupt etwas taugten, und ich verlor mich stattdessen in den Untiefen von

Hihat-Programming und Keyboard-Voicings. Eigentlich waren die Hits ja auch nur halb fertig, gesungen werden mussten sie irgendwann auch noch und dann sicher nicht von mir (Akne und diverse andere Hinderungsgründe). All das wollte von langer Hand vorbereitet sein. Wenn die Musik stand, kam der Text an die Reihe. Ätzend, Texten war scheiße, und dann noch auf Englisch, denn Deutsch war nach dem Ende der Neuen Deutschen Welle für viele Jahre total out.

Sozialamt Hamburg-Harburg

«Wann kriegst du eigentlich deinen Lappen wieder?»

«Auf den Tag genau weiß ich das jetzt auch nicht, aber so ungefähr in vier Monaten.»

«Also Anfang nächsten Jahres?» Jens ließ nicht locker.

«Ja, so ungefähr.» Ich war in der Lügenfalle gefangen und nahm mir vor, jetzt endlich mit den Fahrstunden zu beginnen. Gurki hatte mir die Termine bis zum Jahresende durchgegeben: Sage und schreibe achtzehn Jobs! Meine Güte, so viel. Ich würde das Geld *säckeweise* nach Hause tragen! Ich beschloss, mich beim Sozialamt abzumelden, und fuhr ein letztes Mal zu meinem Herrn Sommer. Der würde Augen machen! Auf den Fluren hockte die übliche Mischung aus Pennern, Rentnern, allein erziehenden Müttern, Ausländern und Arbeitslosen, die stumm und apathisch auf den harten Bänken warteten. Ab und an rastete in den Sprechzimmern jemand aus. *«Natürlich brauch ich neue Schuhe! Dir ham sie wohl ins Gehirn geschissen! Ich kenn meine Rechte. Und ich kenn auch meine Linke!»* Die Sachbearbeiter mussten hart im Nehmen sein. Ich hatte mich natürlich im Griff! Von mir hatte mein Herr Sommer keine unschönen Szenen zu erwarten.

«Wie sieht's denn aus, was hat sich in der Zwischenzeit getan? Warten Sie mal!» Er schaute in seinen Unterlagen nach.

«Das letzte Mal haben Sie gesagt, dass Sie im Wintersemester zu studieren anfangen wollten.»

«Tja, steht noch nicht ganz fest, aber ich möchte die Sozialhilfe trotzdem abmelden. Ich hab da nämlich einen Job in Aussicht.» Er schaute mich interessiert an.

«Da bin ich aber gespannt.»

«Kennen Sie zufälligerweise Tiffanys?»

«Wie, Tiffanys? Was soll das denn sein?» Meine Frage war offenbar etwas unglücklich formuliert.

«Es gibt da eine sehr gute Galaband, die so heißt, und die wollen mich engagieren.»

«Soso.»

«Die sind sehr gut im Geschäft.»

«Aha.»

Herr Sommer schien mir nicht recht zu glauben.

«Die haben letztes Jahr über fünfzig Jobs gehabt, mit allem Drum und Dran; eigene Lichtanlage, Schlagzeug, Marschwalzer, das ganze Programm.»

Was redete ich da eigentlich. Herr Sommer guckte mich an, als ob ich bekloppt wäre.

«Also, ich kann Sie hier ab nächsten Monat streichen? Dann beziehen Sie von uns keine Leistungen mehr.»

«Ja, genau, nächsten Monat ist gut.»

«Dann hoffe ich, dass wir uns hier nicht schon in einem halben Jahr wieder sehen. Ich wünsche Ihnen erst mal alles Gute.»

Zum Abschied gab er mir noch nicht einmal die Hand.

Lehrjahre sind keine Herrenjahre

Mutter lag immer noch von oben bis unten eingegipst im Krankenhaus. Sie hatte bei ihrem Sprung ungefähr zwanzig Brüche erlitten, die einfach nicht heilen wollten. Einmal in der Woche besuchte ich sie. Ich war eigentlich ganz froh darüber, dass ich mich zumindest eine Zeit lang nicht um sie kümmern musste und mehr Zeit für meine Musik hatte. Dabei kam meine musische Ader doch von ihr. Als Musiklehrerin für Klavier, Blockflöte und musikalische Früherziehung hatte Mutter mich schon sehr früh im Flötenspiel unterrichtet. Mit zehn Jahren wurde es langsam Zeit, sich für ein Erwachseneninstrument zu entscheiden.

«So, Heinz, du bist jetzt alt genug, was würdest du gerne lernen?»

«Schlagzeug.»

Alle Jungen wollen Schlagzeug oder E-Gitarre spielen. Mutter blickte mich entgeistert an.

«Das geht hier aber doch nicht, im Reihenhaus. Der Lärm!»

«Dann eben E-Gitarre.»

«Das ist doch dasselbe.»

Meiner Mutter war nicht begreiflich zu machen, dass man einen Verstärker auch leise drehen kann.

«Gibt es denn kein *normales* Instrument?»

Normal, normal! Mir fiel keins ein.

«Wir haben doch noch meine alte Geige. Die klingt sehr gut. Und Unterricht könntest du bei Frau Fischer nehmen.»

«Ach, Geige, ich weiß nicht.»

«Frau Fischer kennst du doch. Die findest du doch auch nett.»

Frau Fischer war wie meine Mutter ein unverheiratetes Bildungsbürgermuttchen um die fünfzig. Manchmal trafen sich die beiden bei uns zu Hause zum gemeinsamen Musizieren. Frau Fischer schrammelte auf ihrer Violine, und Mutter begleitete sie dazu mit spitzen Fingern auf dem Klavier. Ich fand das immer irgendwie traurig. Es klang wie ein vertrockneter Balzgesang, der Männer anlocken sollte. Frau Fischer sah aus wie eine große, langsame Heuschrecke.

Mutter war ganz begeistert von ihrer Idee.

«Also, ich schlag jetzt mal was vor: Ich lass die Geige aufarbeiten, und du probierst das mal aus. Und wenn du keine Lust mehr hast, hörst du einfach wieder auf.»

So einfach würde das sicher nicht werden, aber ich war zu schwach, um Widerstand zu leisten.

«Ja, von mir aus. Aber erst nach den Sommerferien!»

«Aber du weißt, dass du dann auch üben musst, sonst bringt das nichts. Ich kenn dich doch!» Quatsch, nichts kennst du, gar nichts!

Es folgten verlorene Jahre lustlosen Gefiedels. Die Geige mochte mich nicht, und ich mochte die Geige nicht. Der Vietnamkrieg ging zu Ende, die Volljährigkeit wurde von 21 auf 18 Jahre heruntergesetzt, Helmut Schmidt als neuer Bundeskanzler vereidigt. Und ich begab mich jeden Dienstag um 16 Uhr in Frau Fischers Tretmühle. Außerdem musste ich täglich unter Beobachtung meiner Großmutter zwanzig Minuten üben. Meine arme Oma! Nach vier Jahren war ich immer noch nicht in der dritten Lage und konnte gerade mal den *Entertainer* spielen, eine erbärmliche Leistung. Irgendwann sah auch Mutter ein, dass es keinen Zweck hatte.

«Wenn du partout keine Lust zur Geige hast, dann musst du auch nicht.»

Ich war froh und gleichzeitig beleidigt.

«Dann spiel ich jetzt erst mal gar nichts mehr.»

«Hast du nicht vielleicht auf etwas anderes Lust? Klavier zum Beispiel?»

«Ja, mal sehen, aber erst mal nicht.»

Ah, herrlich, endlich der Fron der Fischerschen Geigenexerzitien entronnen, jetzt konnte gelebt werden. Ich begann mich für den Zweiten Weltkrieg zu interessieren, las eine Menge Bücher darüber und baute Kriegsspielzeug von Airfix zusammen. Eine unbeschwerte Zeit! Aber die Musik ließ mich nicht los. Ein halbes Jahr später hörte ich zum ersten Mal die britische Band Jethro Tull und war elektrisiert. Der Frontmann Ian Anderson hatte sich historische Verdienste um die Rockmusik erworben: Er war der erste Mensch der Welt, der in einer Rockband Querflöte spielte!

Auf einmal wusste ich, was ich wirklich wollte: Ich wollte sein wie Ian Anderson, und ich wollte Querflöte spielen. Das mit Ian Anderson sagte ich Mutter natürlich nicht. Ihr gegenüber tat ich wieder harmlos, und sie willigte auch sofort ein. («Aber du weißt, dass du dann auch üben musst, sonst bringt das nichts.» – «Jaja.») Weihnachten 1976 lag eine nigelnagelneue Querflöte von Yamaha unterm Tannenbaum. Tagelang bestaunte ich das wunderschöne Instrument, baute es zusammen und wieder auseinander und versuchte vergeblich, ihm Töne zu entlocken. So verbrachte ich die Zeit bis zum Unterrichtsbeginn damit, zu Jethro-Tull-Platten vor dem Spiegel zu posieren. Ich stand wie mein großes Vorbild einbeinig wie ein Storch vor dem Spiegel und tat so, als ob. Das war nämlich Ian Andersons Markenzeichen: einbeiniges Spiel. Genial! Ich fand, dass das die beste Performance seit Einführung des Showbusiness überhaupt war. Für meine Playbacks vor dem Spiegel hängte ich mir den guten Pelz von Oma um, denn Ian Anderson und seine Mannen hatten wirre, lange Haare und Bärte, und sie trugen Pelzmäntel. Richtige *Freaks*! Die hysterische Antipelzstimmung war damals noch weitgehend unbekannt. Für mich waren sie die größte Rockband aller Zeiten, scheiß auf die Beatles! Ich habe nie wieder jemandem so nachgeeifert wie dem zauseligen Storchenkönig und über Jahre nichts, aber auch wirklich gar nichts anderes gehört als Jethro Tull. Leider durfte ich mir die Haare nicht so lang wachsen lassen wie meine Vorbilder. Sobald die Spitzen die Ohren bedeckten, bekam der Blick meines Großvaters etwas Starres: «Du siehst ja schon wieder aus wie ein Beatle.» Und ab ging's zum Bahnhofsfriseur, ausgerechnet zum Bahnhofsfriseur! Meine Familie war einhellig der Meinung, dass der dort tätige Jugoslawe hervorragend Haare schneide. Opa und ich also hin zum Harburger Bahnhof, ein fragender Blick des serbischen Meistercoiffeurs und dann das Todesurteil meines Großvaters: «Fasson!» Ratzekahl wurde die Rübe abgeschabt, und ich sah so aus wie einer aus der geschlossenen Abteilung.

Trotzdem übte ich weiter begeistert Flöte. Nach einem Jahr begann ich auch noch mit Klavierstunden, da man Klavier für die Aufnahmeprüfung an der Musikhochschule braucht. Denn so viel stand fest: Ich würde Berufsmusiker werden! Mutter war zufrieden, nur meine Begeisterung für Rockmusik war ihr nach wie vor suspekt. («Hör doch mal richtig hin, Heinz, da wiederholt sich doch ständig alles, und dazu dieser monotone Rhythmus, immer nur bumbumbum, du bist doch musikalisch, du musst doch hören, dass das primitiv ist.») Ich übte wie ein Verrückter. Manchmal stand ich schon um vier Uhr morgens auf, um vor der Schule zwei Stunden zu flöten. Mit siebzehn kam noch das Saxophon hinzu. Und dann entdeckte ich den Jazz.

Jazz war viel anspruchsvoller als Rock. John Coltrane konnte tausendmal besser spielen als Ian Anderson, Ritchie Blackmore und Emerson, Lake and Palmer zusammen! Der Jethro-Tull-Frontmann gefiel sich immer noch in seiner Rolle als lächerlicher Rockstorch, doch ich war schon viel weiter als er, übte wie ein Irrer Jazzstandards, versuchte hinter das Geheimnis der alterierten Tonleiter zu kommen und wie man am elegantesten von f-Moll nach Des-Dur moduliert.

Acne Conglobata

Nach dem Tod meines Großvaters war es vorbei mit den Besuchen beim Bahnhofsfriseur. Ich pflegte mich von da an aus Kostengründen mit einem Haarschneideapparat für zwanzig D-Mark selbst zu frisieren. Das futuristisch anmutende Gerät, für das unter anderem in der Fernsehzeitung *Hör zu* geworben wurde, war angeblich für die US-Marines oder gar den Weltraum entwickelt worden. Die Menschen, die es in der Werbung benutzten, sahen danach ganz manierlich aus. Ich dagegen sah aus wie jemand, der kein Geld hat, um zum Friseur zu gehen. Na egal, ich hatte es sowieso nicht so mit schicken Frisuren und modischer Kleidung. In den Jahren meiner geschmacklichen Prägung waren meine Großeltern mit der Verwandtschaft in der Ostzone einen Pakt eingegangen: Meine Oma schickte alle paar Wochen Pakete mit Nahrungsmitteln ins ostzonale Ilsenburg; retour kamen Hosen, Pullover, Hemden und Mäntel. Die Sachen passten mir immer wie angegossen, und so gab es denn auch kein Entrinnen: «Nun stell dich nicht so an, das sieht doch gut aus!» Schon in den Siebzigern lag der Nabel der Modewelt nicht im Osten. Ich weiß gar nicht, wo die Verwandtschaft die ganzen Sachen immer auftrieb, aber der Strom brauner Stoffhosen von drüben schien nie zu versiegen. Ich war der einzige Junge in der ganzen Gegend, der geduldig Kleidung aus dem Einflussgebiet des Warschauer Pakts auftrug. Irgendwann überließ mir meine mitleidige Cousine eine abgetragene Wranglerjeans. Das war der modische Höhepunkt meiner Pubertät. Doch leider hielt die Hose nicht lange, und es hieß für mich wieder ab in die geheimnisvolle Welt der Synthetic-Textilien aus volkseigener Produktion.

Mein größtes Problem war jedoch die Akne, denn ich hatte nicht irgendeine harmlose Teeny-Akne, die ganz normal irgendwann von alleine wieder verschwindet, sondern die Erwachsenen-Akne, Acne Conglobata. Akne, Akne, Akne. Zeitweilig hatte ich das Gefühl, zu ungefähr fünfzig Prozent aus eitriger Masse zu bestehen. Die stolzesten Beulen wurden groß wie Seepocken und hatten eine Halbwertszeit von ungefähr zehn Tagen. Dann bildete sich die Entzündung zurück, und das Biest verschwand. Kurze Zeit hatte ich Ruhe, bis zum nächsten Schub, der bereits in den Startlöchern lauerte.

Nun stand ich schon mein halbes Leben unter dem Regiment der gelben Brüder, und meine Gegenwehr war erlahmt. Ich hatte im Laufe der Jahre natürlich alle einschlägigen Medikamente ausprobiert, vom rezeptfreien Quatsch aus der Fernsehwerbung bis zu richtigen Bomben wie Vitamin-A-Säure, die als unerwünschte Nebenwirkung die Gesichtshaut wegätzt, sodass man aussieht wie ein Verbrennungsopfer mit Akne. Dann gehörten noch Breitband-Antibiotika zum Programm, und der Höhepunkt der fruchtlosen Therapieversuche war eine von Mutter privat finanzierte Eigenblutbehandlung bei einem dürren Heilpraktiker namens Korleis. Einmal die Woche nahm er mir in seiner Praxis große Mengen Blut ab, bereitete sie auf und reinjizierte sie mir beim nächsten Besuch. Nach einem halben Jahr fragte ich den Meister, wann denn wohl erste Behandlungserfolge zu erwarten wären, woraufhin er entgegnete, dass bei solch schweren Fällen wie meinem *vieeeel* Geduld erforderlich sei. Mutter schmiss dem ätzenden Parasiten noch ein weiteres halbes Jahr das Geld in den Rachen, bevor wir aufgaben. Ich traute mich vor Scham nicht mehr in die Sonne, weshalb ich im Laufe der Jahre auch noch komplett ausblich und aussah wie eine Made oder etwas anderes ekliges Weißes. Einmal trat ich mit entblößtem Oberkörper auf unsere Terrasse, wo Mutter und Großeltern friedlich bei einem Stück Kuchen beieinander saßen. Sie hielten sich die Hände vor Augen, so sehr blendete sie mein kalkweißer Körper im Sonnenschein.

Mein erster Hautarzt hatte Dr. von Trotha geheißen. Der Mittfünfziger war nur ungefähr einen Meter vierzig groß und außerdem bucklig. Ein richtiger Zwerg, wie aus dem Märchen! Dr. von Trotha galt als Koryphäe, obwohl ich mir nicht recht erklären konnte, warum; mir hat die mehrjährige Behandlung bei ihm überhaupt nicht geholfen, und das bei einer vermeintlichen Allerweltserkrankung. Bei meinem allerersten Besuch verordnete er mir unter anderem, mein fettiges Gesicht in Geschirrspülwasser zu baden, um die Akne *auszutrocknen*. Wieder zu Hause, tunkte ich meinen Talgkopf mehrere Minuten in eine Schüssel mit Pril, was lediglich zur Folge hatte, dass mir die Haut später in Fetzen herunterhing und sich die Akne in den folgenden Tagen noch verschlimmerte.

In der Praxis von Dr. von Trotha gab es ein normales Sprechzimmer und etwa fünfzehn winzige Zellen, in denen die Patienten meist halb entkleidet mit ihren offenen Geschwüren, Flechten und Ekzemen darauf warteten, dass der Winzling anrückte und sie abfrühstückte. Er kam mit seinem aus zumeist überirdisch schönen, jungen Arzthelferinnen bestehenden Hofstaat herangehuscht, schaute auf die Karteikarte und begutachtete, ohne mich zu begrüßen oder mir gar die Hand zu geben, mein Gesicht. Dann wandte sich der Hautspezialist an die Runde. «Der arme Junge!» Na bravo! Das saß. Endlich spricht das mal jemand aus. Nachschlag gefällig? Er instruierte die Schönste der blutjungen Schönheiten mit nur einem Wort: «Sticheln!» Und weiter ging's zur nächsten Kabine. Zeit ist Geld. Die vielleicht siebzehnjährige Prinzessin blieb und stach mir, ohne ein Wort zu sagen, mit einer Spezialnadel in die größten Pusteln, dass das Blut nur so herausspritzte. Aua, aua, das tat weh. Trotz der Schmerzen musste ich mich beherrschen, um nicht ihre wunderschönen Brüste zu küssen, die sie mir ins Gesicht hielt. Danach klebte sie mich mit Pflastern zu, die bereits auf dem Weg zur Bushaltestelle durchsuppten. Dann saß ich im Bus, blutete aus allen Rohren und starrte verzweifelt wahlweise aus dem Fenster oder auf den Boden. Ein jugendlicher Schwerverbrecher, der gerade eine mehrstündige Schlägerei hinter sich hat. Es kam, wie es kommen musste.

«Mami, der Mann da, warum blutet der so?» Der *Mann*! Ich war vierzehn.

«Das weiß ich auch nicht, nun starr da nicht so hin.»

Der ganze Bus guckte verstohlen in meine Richtung.

Überflüssig zu erwähnen, dass die Stichelei überhaupt nichts brachte. Im Gegenteil, die Hörner entzündeten sich nur noch mehr. Irgendwann gab ich den Kampf gegen die Akne auf und schmierte mich nur noch mit einer Abdeckcreme ein. Das sah zwar unnatürlich aus, aber besser als die roten Pusteln. Im Hochsommer hatte ich einen Grund mehr, drinnen zu bleiben, da mir die nach Chemie riechende Tunke in der Sonne immer in dünnen Rinnsalen aus dem Gesicht pullerte.

Fleisch ist mein Gemüse

Jens und Norbert lebten in der zwischen Hamburg und Lüneburg gelegenen Kleinstadt Winsen an der Luhe und befanden sich beide in der Ausbildung zur gehobenen Beamtenlaufbahn. Winsen war der Stützpunkt von *Tiffanys*. Norberts Eltern bewirtschafteten hier einen Bauernhof, und in einem der vielen Räume durften wir üben und unsere Anlage unterstellen.

«Winsen ist eingebunden in eine Landschaft der Kontraste zwischen Marsch und Heide. In der Stadt leben heute gut 32 600 Menschen. Nach stetigem Wachstum präsentiert sich Winsen heute als pulsierende niedersächsische Landstadt, die sich bei allen Fortentwicklungen ihren ursprünglichen Charakter bewahrt hat» (Info Gemeindeverwaltung). Der ganze Stolz des Winsener Schützenvereins war ihr Mitglied Cisco, Gitarrist, Sänger und vor allen Dingen Aushängeschild der dienstältesten deutschen Countryband *Truck Stop*. Bei seiner Rede zum alljährlichen Königsball brach der Vorsitzende immer förmlich in Tränen der Rührung aus, wenn er auf «unseren Schützenbruder Cisco, unseren lieben Schützenbruder Cisco» zu sprechen kam. Für ihn war die freiwillige Mitgliedschaft des Countrygottes so unbegreiflich und wunderbar, als wäre der Papst jeden Mittwoch zum Schießen angerückt.

Norbert und mich verband die Solidarität des Underdogs.

Während mein windschiefer Körper mit Pickeln und Geschwüren zugewachsen war, hatte sich Norbert mit seinem dicken Po und außerdem mit einem Sprachfehler rumzuschlagen. Linkisch stolperten wir durch Fußgängerzonen, U-Bahnen und Supermärkte und waren froh, wenn wir uns endlich wieder in die vertraute Umgebung unserer kleenexbestückten Jugendzimmer verkriechen konnten. Man sah uns tausend Meilen gegen den Wind an, aus welch hölzernem Holz wir geschnitzt waren. Das Leben spielte Tontaubenschießen mit uns. Nie wären wir auf die Idee gekommen, ein Szene-Café oder gar eine Diskothek aufzusuchen. Wir hätten uns vor lauter Aufregung in die Hosen geschissen oder wären gar nicht erst hineingekommen. Mangels solcher Gelegenheiten blieb uns also nichts anderes übrig, als den Mädchen heimlich auf den Po oder sonstwohin zu starren. Große Starrer waren wir. Von den Futtertrögen des Lebens unüberbrückbar weit entfernt, verdammt zum ewigen Starren. Wie Zecken hingen wir im Gebüsch und warteten, aufrecht erhalten von der unbestimmten Hoffnung, dass wir vielleicht auch irgendwann mal an der Reihe sein würden. Bis dahin hieß es ausharren und regelmäßig entsaften. Wir sprachen sehr viel über das große Einmaleins der Wichsstrategien, diskutierten aber auch die Möglichkeit, uns triebhemmende Mittel verschreiben zu lassen, um der entsetzlichen Gewaltherrschaft des Sexus wenigstens zeitweise zu entrinnen. Daneben beschäftigte uns die Frage, ob man sich nun besser mehrmals täglich abmelken solle oder lieber nur einmal die Woche raus damit. Solche Gespräche schweißen zusammen, und wir freundeten uns behutsam miteinander an.

Jens war von ganz anderem Schlag, ein Mann der Sachthemen. Über Privates sprach der patente Jungbeamte nur selten. Sein Vater war gleichfalls Beamter, und auch sein jüngerer Bruder Andreas wollte einer werden. Jens war leidenschaftlicher Fleischesser und hielt mit seiner Einstellung in dieser Sache nicht hinter dem Berg. So pflegte er oft mahnend zu sagen: «Der Mensch ist kein Beilagenesser.» Von ihm gab es viel zu lernen. Obst ist ein Nahrungsmittel für Bewohner subtropischer und tropischer Regionen; Gemüse dient in erster Linie der farbenfrohen Auflockerung des mit verschiedenen Fleischsorten bestückten Tellergerichts. Deshalb mit Obst und Gemüse sparsam umgehen, weil es sonst schnell zu einer unerwünschten Vorsättigung kommt! Eine schöne heiße Suppe mit Klößen ist allemal besser als fader Salat und weich gekochte Eier – auf jeden Fall schmackhafter als ein Müsli, an dem man ewig zu kauen hat. Nachdem sich Jens einmal bei einer Hochzeitsfeier seinen Teller so richtig mit Braten, Würstchen und Koteletts und den dazugehörigen Soßen voll geladen hatte, brach es plötzlich mit Macht aus ihm heraus: *«Fleisch ist mein Gemüse!»*

Außerdem war Jens ein großer Pfeifer. Er pfiff beim Auf- und Abbauen, beim Autofahren, auf der Toilette, ja sogar beim Essen zwischen zwei Happen. Seinen schmalen Lippen entfloss ein steter Strom unbekannter Melodien, denn man konnte nie ausmachen, welches Stück er gerade zum Besten gab. Er hatte sich pfeifmäßig freigeschwommen und fühlte sich schon längst nicht mehr dem starren Korsett von Takt und Tonart unterworfen. Ständig quoll diffuses Geflöte aus dem forschen Blondschopf. Vielleicht war das ewige Pfeifen mit ein Grund dafür, dass auch er noch keine Herzensdame gefunden hatte. Manchmal machten Norbert und ich uns respektlose Gedanken über sein Pfeifverhalten in intimen Situationen. Gut möglich, dass er im Zustand höchster Erregung unwillkürlich ein kleines Konzert anstimmte. Aber aus uns sprach nur der Neid der Besitzlosen.

Mit seinen achtzehn Jahren war Torsten unser Benjamin. Er vermied es, mit der übrigen Band mehr zu tun zu haben als unbedingt nötig. In den Pausen blieb er fast immer schwitzend hinter seiner Schießbude sitzen und las unauffällig die Bunte.

Er hatte nach der Realschule eine Ausbildung in einem Möbelhaus begonnen und machte keinen Hehl daraus, dass es ihm ausschließlich darum ging, möglichst schnell möglichst viel Geld zu verdienen. Er wollte Karriere machen und so bald als möglich die Tanzmusik an den Nagel hängen. Obwohl er aus eher einfachen Verhältnissen kam, hatte er Anschluss an eine Landpopperclique gefunden. Seine aus Bauunternehmer- oder Getränkegroßhändlerfamilien stammenden Kumpel fuhren schon mit Anfang zwanzig Porsche 911 Cabriolet, gingen teuer essen, knoteten sich in Manier von Syltarschlöchern die Pullover übers Polohemd und machten regelmäßig Abstecher auf die Balearen. Um da mithalten zu können, musste Torsten eben Tanzmusik machen; das Lehrlingsgehalt reichte natürlich nicht für solche Kapriolen.

Auch Gurki wollte Karriere machen, doch im Gegensatz zum bauernschlauen Torsten war er ein Mann der Vergangenheit. Schon seit Jahren strampelte der bald vierzigjährige Riesenschnauzbartträger in seinem Lüneburger Musikladen ums Überleben. Für seine Träume fehlten ihm sämtliche Voraussetzungen. Gern wäre er ein innovativer Geschäftsmann mit frischen Ideen gewesen, in dessen Wortschatz sich Vokabeln wie Synergie, Portfolio, Cashflow, Wertschöpfungskette und Produktpipeline die Klinke in die Hand geben. Stattdessen war er ein immer eine Spur zu devoter Provinzmusikalienhändler mit Mickeymaus-Schlips und Billigsakko, der Blockflöten, Wandergitarren und Fleisch fressende Synthesizer an seine kleinbürgerliche Klientel zu bringen versuchte. Ein Blick auf die traurige Figur in Bundfaltenhose hinter dem Verkaufstresen sprach Bände. Das Leben war für ihn eine einzige Kostenlawine: Alimente für drei Kinder von drei verschiedenen Frauen, Miete für Wohnung, Laden und Schule, Versicherungen, Steuern, Essen, Trinken, Kleidung, Auto, Urlaub, Garten, Hobbys, Geschenke, Diverses. Seine Sprache war so arm wie er selbst. Mit einem erbärmlichen Repertoire von wenigen Versatzstücken bestritt er die gesamte private und geschäftliche Konversation. Die seltenen Gelegenheiten, bei denen er auf den Mucken mal mit einem weiblichen Gast ins Gespräch kam, versiebte er jedes Mal zuverlässig durch sein unsägliches Vertretervokabular. Einmal stand ich bei einer Hochzeit an einem Stehtisch, als sich Gurki mit zwei Gläsern Sekt zu einer am Nachbartisch stehenden Blondine gesellte, mit der er sich offenbar verabredet hatte.

Gurki: «So, zwei Sektchen. Prost.»
Frau: «Danke. Prost.»
Gurki: «Das ist aber eine schöne Veranstaltung.»
Frau: «Ja, finde ich auch.»
Pause
Gurki: «Und, was machst du so?»
Frau: «Ich wohne mit meiner Schwester zusammen in Klecken.»
Gurki: «Ach, mit deiner Schwester. Das ist ja schön. Ich fahr oft durch Klecken durch.»
Frau: «Ach so.»
Pause
Gurki: «Der Sekt ist schön trocken. Von halb trockenem kriegt man am nächsten Tag immer so einen Schädel.»
Er zeigte so einen Schädel.
Frau: «Ich mag's eigentlich ganz gern, wenn der Sekt süß ist.»
Gurki: «Ach so.»
Frau: «Wo wohnst du denn?»
Gurki: «In Lüneburg. Das ist im Sommer sehr schön. Was man hat, das hat man.»
Frau: «Wie meinst du das?»
Gurki: «Die Hauptsache ist doch immer noch, dass man sich wohl fühlt.»
Frau: «Und bist du viel unterwegs?»

Gurki: «Immer gut zu tun. Nützt ja nix. Ich muss abliefern, du musst abliefern, alle müssen abliefern. Manchmal ist das schön, manchmal ist das nicht so schön. Am Ende fragt man dich doch nur, ob du geil abgeliefert hast.»
Frau: «Ja. Ich geh dann mal wieder zu meiner Schwester.»
Gurki: «Ach so. Dann können wir ja nachher nochmal was trinken.»
Frau: «Wir sehen einfach mal.»
Gurki: «Ja, schön, sehr schön.»
Frau: «Also, bis später.»
Gurki: «Ja, genau.»

86 Zeit der Prüfungen

Ich konnte mich nun offenbar als reguläres Mitglied bei Tiffanys betrachten. Die Raumfähre Challenger explodierte, und meine Führerscheinprüfung musste wegen erwiesener Ungeschicklichkeit um einen weiteren Monat verschoben werden. Es wurde immer schwieriger, die Kollegen zu beschwichtigen, die mich jedes Mal abholen und wieder nach Hause bringen mussten. «Im Februar ist es jetzt echt so weit! Ich hab mich vertan, tut mir Leid. Wenn ich den Lappen wiederhab, geb ich auch richtig einen aus.»

An einem kalten Wintertag Anfang März war endlich meine praktische Prüfung angesetzt, um neun Uhr morgens. Ich pflegte mich nach wie vor von sechs Uhr abends bis um vier oder fünf Uhr in der Frühe in den Schlaf zu trinken; vor zwei Uhr nachmittags stand ich nie auf. Eher um drei. Um neun Uhr morgens eine wie auch immer geartete Prüfung abzulegen schien mir ausgeschlossen. Ich wollte allerdings auch nicht, dass mein Fahrlehrer mitbekam, was für ein kaputter Typ ich war, und so unternahm ich keinen Versuch, den Termin umzulegen. Irgendwie musste ich es doch schaffen, mich am Abend vorher allerspätestens um Mitternacht ins Bett zu legen. Und trinken durfte ich auch nicht viel. Höchstens drei, vier Bier, als Schlummertrunk. Ich saß auf der Wohnzimmercouch und versuchte krampfhaft, das erste Bier möglichst lange herauszuzögern, als überraschend mein lieber Freund Niels klingelte. Ich klärte ihn über den Ernst der Lage auf, aber er sagte nur: «Ach was, kein Problem, spätestens um elf hau ich ab.»

Irgendwann hatten wir uns müde gequatscht und folgten unserer lieb gewordenen Gewohnheit, der gemeinsamen Radionacht der ARD-Länderanstalten, am liebsten jedoch den heiteren Klängen Erwin Lehns und seines Südfunk-Tanzorchesters Stuttgart zu lauschen. Ich hatte mich in der Wahl meiner Biermarke jetzt endgültig festgelegt: dunkles Starkbier, Einbecker Urbock dunkel. An diesem Abend trank ich zur Feier des Tages noch Sekt und später ein paar Gläschen des hervorragenden Kräuterschnapses Kümmerling. Gegen vier Uhr fingen wir an, alte Lieder zu singen, und zwischen fünf und sechs dösten wir irgendwann ein. Ich wachte gegen acht Uhr auf dem Sofa auf und erlitt gleich die der Situation angemessene Panikattacke. Nebenan im Sessel schnarchte Niels. Schwankend stand ich auf und stieß dabei gegen den Tisch. Mein Freund machte kurz die Augen auf.

«Du kannst jetzt deinen Führerschein nicht machen.»

«Das werden wir ja sehen. Ich muss da unter allen Umständen hin. Wenn ich das nicht schaff, muss ich sterben.»

Ich stopfte mir mehrere Streifen Kaugummi in den Mund und torkelte los. Vielleicht roch man ja meine Fahne nicht, wenn ich beim Sprechen auf den Boden oder zur Seite guckte und den Mund nicht allzu weit öffnete. Anderthalb Promille, mindestens. Bei der Fahrschule warteten schon mein Fahrlehrer, der Prüfer und ein weiterer Prüfling namens Ute, eine etwas doof aussehende Teenysexbombe mit großem Busen und etwas zu dicken Oberschenkeln. Ihre drallen Kartoffelstampfer machten mich fast noch rasender als das Dekolleté. Außerdem hatte sie abstehende Ohren. Abstehende Ohren bei Frauen waren für mich das Größte. Ich schmolz dahin! Zuerst musste sie auf den heißen Stuhl.

«Fahren Sie jetzt bitte geradeaus und die Nächste gleich wieder links.» Ute löste die ihr gestellten Aufgaben souverän. Außerdem roch sie unglaublich gut und glich mögliche intellektuelle Defizite durch Ausstrahlung aus. Ihre strammen Beine drückten abwechselnd Gas und Bremspedal, während ihre kleine Hand fest den Schaltknüppel umklammerte. Eine Glocke des Begehrens hing über dem Ford Escort. Der Prüfer, mein Fahrlehrer und ich, wir alle hätten sie wahrscheinlich auf der Stelle geheiratet. Ute, Ute, Ute! Fahren konnte sie auch noch. Eine Göttin! Das Ding schien sie im Kasten zu haben. Abends würde sie sich wahrscheinlich zur Belohnung von ihrem Freund die gut durchbluteten Beine massieren lassen. Ute, bitte steig nicht aus, ich liebe dich doch!

Nach einer halben Stunde war ich dran. «So, wir wechseln dann mal.» Ich zitterte derart, dass ich fürchtete, beim Umsteigen auf den Fahrersitz zusammenzubrechen. Mein Gott, wieso roch denn niemand meine Fahne? Was für ein verwahrlostes Stück ich doch war. Angst ergriff mich. Selbst für Utes Segelohren hatte ich keine Augen mehr. Was, wenn ich jetzt einfach laut losgebrüllt hätte? Wahrscheinlich wäre ich lebenslang für ungeeignet erklärt worden, am Straßenverkehr teilzunehmen, und der Spuk hätte endlich ein Ende gehabt.

«An der nächsten Kreuzung bitte rechts und gleich wieder rechts.» Jaja. Egal. Mir war nun auch noch speiübel, und ich machte einen Fehler nach dem anderen. Nach zwanzig Minuten endlich forderte mich der Prüfer auf, an einer Parkbucht zu halten. Schade um das schöne Geld. Er wandte sich als Erstes an Ute.

«Das mit dem Einparken muss sicherer werden. Üben Sie das bitte noch einmal separat.»

Dann gab er ihr den Führerschein. Ich wartete darauf, dass sie sich küssten.

«Und nun zu Ihnen.»

Ich zuckte zusammen. Er zählte eine ganze Latte von Fehlern auf. Halt endlich dein blödes Maul, du Fickspecht, dachte ich, ich will pennen. Doch dann händigte er auch mir den Lappen aus. Gibt's doch nicht! Der Mann war offenbar betrunken, haha.

Im Zwergenhaus machte ich erst einmal ein Bierchen auf. Das hatte ich mir ja wohl verdient! Im Fernsehen lief eine Tennisübertragung, Steffi Graf gegen das lange Elend Claudia Kohde-Kilsch mit ihren einschläfernden Zeitlupenbewegungen. In diesen ersten Begegnungen hatte Claudia manchmal noch die Nase vorn, aber das sollte sich bald ändern, denn die Zukunft gehörte der jungen Brühlerin. Claudia Kohde-Kilsch sah aus wie Frau Fischer in flott. Sie verhielt sich zu Steffi wie Gundolf zu Torsten, fiel mir außerdem auf. Nach dem vierten Bier schlief ich auf dem Wohnzimmersofa ein.

Mein erstes Auto war ein ockerfarbener Kadett B, Baujahr 72, den mir ein Freund meines Cousins andrehte. Ich hatte keine Ahnung von Autos und war froh, dass mir von einem Mann des Fachs für nur zweitausend Mark ein fahrbarer Untersatz auf dem Silbertablett serviert wurde.

«Der ist vom Werk aus noch dreimal lackiert, das gibt's heute gar nicht mehr, der hält ewig, weißt, wie ich mein. Mit dem Wagen ist nix, den kannst du fahren, bis du in Rente gehst, weißt, wie ich mein.» Er beendete jeden Satz grundsätzlich mit «weißt, wie ich mein». Gegen den vor Selbstbewusstsein strotzenden Schraubertypen hatte ich keine Chance. Am Ende des Verkaufsgespräches war ich nur noch dankbar. Wahrscheinlich hätte er ihn auch für 1500 Mark verkauft, aber mit mir konnte man es ja machen. Recht so! Die Limousine hatte 50 PS und einen ungefähr zwei Meter langen Schaltknüppel. Heutzutage ist so ein Opel Kadett B ja cool, damals galt er allerdings als üble Seniorenschleuder. Mein Umfeld versicherte mir jedoch, der Wagen passe sehr gut zu mir. Witziger Typ, witziges Auto oder so ähnlich. Beunruhigend. Na ja, egal, endlich brauchten mich die Kollegen nicht mehr abzuholen, und ich gab, wie versprochen, einen aus. In den kommenden Jahren war ich genau wie *Holunder*-Hans auf jeder Rückfahrt besoffen, und ich hatte enormes Glück, dass die Polizei mich nie kontrollierte.

Revolutionäre Massen

Ostern 1986 gab es die erste von insgesamt achtzehn Mucken, die uns nach Klein Eilstorf führte. Jeweils am ersten Weihnachtsfeiertag und am Ostersonntag veranstaltete die Dorfjugend im *Landgasthof Peters* ein Fest ohne Namen. Ein achtzehnstündiger Parforceritt, der damit begann, dass ich meinen Rentnerkadett gegen ein Uhr Mittags auf dem Hof von Norberts Eltern parkte.

«Na, Heinzer, wo geiht? Hast die Kanne schön geölt?» Sie nannten mich jetzt immer *Heinzer*. Das klang zwar irgendwie wie der Spitzname des Dorfdeppen, war aber nicht böse gemeint und immer noch besser als Gurki. Auch nach mittlerweile einem halben Jahr hatte ich immer noch keine Erklärung für seinen Spitznamen. Ob er als Kind Gewürzgurken im Übermaß verzehrt hatte? Vielleicht war aber auch eine sehr schlechte Haltung ausschlaggebend, krumm wie eine Gurke hatte er hinter seinem Schülerpult gekauert und musste, Höhepunkt einer traurigen Jugend, für mehrere Jahre zum orthopädischen Turnen.

Unser Bandleader und der spitznamenlose Rest der Mannschaft saßen mit Norberts Eltern in der bäuerlichen Wohnküche und tranken Kaffee.

«Na, wo geit dat heute drauflos?», fragte Herr Holzhauer immer.

«Nach Klein Eilstorf.»

«Na, dann man to.»

«Danke schön, Herr Holzhauer.»

Ich war bereits jetzt erschöpft. Außerdem holte die Akne offenbar zum finalen Schlag aus, denn neben mehreren schmerzenden Pickeln auf Schultern und Rücken und den üblichen sechs oder sieben Gesichtspusteln hatte sich eine ungefähr drei mal drei Zentimeter große Eiterflechte unterhalb des rechten Auges gebildet, die vermutlich noch in dieser Nacht ihren Ausbruch erleben würde. Das Blut pochte schmerzhaft in der entzündeten Riesenschwellung, doch das Ekligste waren drei oder vier einzelne Eiterhauben, die aus dem Ekzem herauswuchsen. Es hatte keinen Sinn, die Hauben aufzustechen, da sie sich erfahrungsgemäß nach ein paar Stunden neu bildeten. Außerdem wäre ein solcher brachialer Akt zu gefährlich gewesen, wegen Blutvergiftung. Das würde heute wohl mal zur Abwechslung nichts werden mit den Weibern, haha. Die Kollegen guckten pietätvoll weg. Nachdem wir gegen halb drei losgekommen waren, zuckelten wir erst zehn Minuten über die Landstraße, bevor Gurki unser Gespann auf die A7 Richtung Hannover einfädelte. Nach einer Stunde erreichten wir die Abfahrt Dorfmark. Dann nochmal eine halbe Stunde Landstraße, ich hatte das Gefühl, wir würden nie ankommen. Schließlich erreichten wir über einen kleinen Feldweg doch noch unser Ziel, den *Landgasthof Peters*. Es war das einzige Gebäude im Umkreis von mehreren hundert Metern. Verlorener konnte ein Haus kaum noch liegen. Hier war der Hund begraben. Ich habe den Ort Klein Eilstorf in zwölf Jahren nicht einmal zu Gesicht bekommen.

Auf der einen Seite des etwa 300 Quadratmeter großen Festsaals befand sich der Tresen, auf der anderen die einen Meter hohe Bühne, von der aus eine Treppe in einen mit Stühlen fast komplett zugestellten, rückwärtigen Raum führte. Backstage für Arme. Das Kabuff war bitterkalt und roch nach Verdorbenem. Nachdem wir die Anlage auf die Bühne gewuchtet hatten, blieb mir nichts weiter übrig, als mich irgendwo hinzusetzen und auf den Soundcheck zu warten. Jetzt begann die bleierne Zeit. Ich habe in meinem Leben nie wieder ein Gefühl von so absoluter

Sinnlosigkeit verspürt wie in den Stunden vor den Auftritten, in denen ich auf den harten Bänken irgendeines Festsaals hockte und einfach nur wartete. Zu lesen traute ich mich nicht, weil ich das den hart arbeitenden Kollegen gegenüber als unsolidarisch empfunden hätte. Ich rauchte eine nach der anderen, bis ich Magenschmerzen bekam. Über der Bühne des Peter'schen Festsaals war in Fraktur ein Spruch an die Wand gemalt:

Alter Wein aus alten Krügen
Und ein Lied aus alter Zeit
Lieb ich ferne von den Lügen
Der modernen Herrlichkeit.

Das sollte wohl bedeuten, dass früher alles besser gewesen war. Ich beschloss, mir den Spruch zu merken. Danach kam ich auf die Idee, mich einzuspielen, und suchte dazu die Toilette auf, den Ort, an dem ich vermutlich am wenigsten stören würde. Ich stellte mich vor den Spiegel und fing an zu spielen. Trööttrööttrööt. Einspielübungen bei Blasinstrumenten klingen nicht gut, sie sollen lediglich Mund und Halsmuskulatur kräftigen. Trööttrööttrööt. Immer im Spiegel den Ansatz kontrollieren! Ich beobachtete Flechte und Halsmuskulatur. Beides war in Bewegung. Plötzlich wurde die Tür aufgerissen, und herein stürmte ein vor rasender Wut knallrot angelaufener Hüne. Es verlangte offenbar seine ganze Beherrschung, mich nicht auf der Stelle totzuschlagen. Aus seinem Blick sprachen Ekel, Fassungslosigkeit und tiefste Verachtung. Es war der Wirt. «SAG MAL, HAST DU DEN LETZTEN SCHUSS NICHT GEHÖRT?» Spuckeflocken stoben aus seinem Mund, und einen Moment befürchtete ich, er könne vor Hass ohnmächtig werden. Dann stürzte er wieder hinaus. Zuerst wusste ich gar nicht, was er meinte, aber mein Typ war hier offenbar nicht gefragt. Ich packte mein Instrument wieder ein und begab mich in den Saal, wo ich stumm wie ein Fisch wartete.

Kurz vor dem Soundcheck wurde ich zum so genannten Ein-

rauschen kommandiert. Ich weiß nicht, wo Gurki den Unsinn aufgeschnappt hatte, mir jedenfalls erklärte er, durch das Einrauschen werde die Anlage auf die akustischen Gegebenheiten der jeweiligen Räumlichkeit justiert. Ich musste mich dazu mit einem Mikrophon in die Mitte des Saales stellen und es hochhalten. Eigentlich hätte man es auch auf ein Stativ schrauben können, aber das traute ich mich nicht zu sagen, ich hatte ja schließlich die ganze Zeit nur herumgesessen. Jetzt musste ich eben auch mal etwas tun! Dann drehte Gurki die Anlage auf, die lediglich *sehr laut* rauschte. Gurki machte sich am Equalizer zu schaffen. Minutenlang schraubte er an den Knöpfen herum und blickte dabei immer wieder misstrauisch in den Saal. Das Rauschen blieb völlig konstant. Gurki schraubte weiter. Das Rauschen war nach wie vor *sehr laut*, und mir taten langsam die Arme weh. Gurki schraubte und schraubte und schraubte. Unvermittelt hörte er auf. «Hast sehr gut gemacht, Heinzer. Spitzensound hab ich uns da gezaubert.»

Nach ungefähr zwei Jahren stellte er das Einrauschen von einem Tag auf den anderen ein. Seine überraschende Erklärung: «Braucht man gar nicht. Das ist in Wahrheit Quatsch.»

Nach dem Soundcheck ging es endlich zum Essenfassen. Wir betraten die Gaststube, hinter deren Tresen der Wirt Bier zapfte und bei meinem Anblick sofort wieder in äußerste Erregung geriet. «SAG MAL, SO WAS HAB ICH JA ÜBERHAUPT NOCH NICHT ERLEBT!»

Ich hatte die Kollegen noch nicht aufgeklärt.

«Wieso, was ist denn?»

«WAS IST, WAS IST! FRAG IHN DOCH MAL.» Angewidert deutete er auf mich.

«DER HAT DOCH DEN LETZTEN SCHUSS NICHT GEHÖRT.»

Ich war froh, dass er nicht noch irgendeine gemeine Bemerkung über meine Akne machte.

Es gab Zigeunerschnitzel mit Pommes und vorweg einen Wildsalat mit einer Art Gulasch. Eine dreifache Fleischmahlzeit! Fleisch im Fleisch im Fleisch. Auch in den kommenden zwölf Jahren sollten wir von der Küche dieses Hauses nicht durch unnötige Experimente verunsichert werden. Auf das *Gasthaus Peters* war kulinarisch zu einhundert Prozent Verlass. Lediglich in der Soße wechselte hin und wieder der Anteil an Paprika und Zwiebeln. Nach dem Essen folgte der zweite Höhepunkt des Abends: der *Zerhacker*. Ein Zerhacker ist ein verdauungsfördernder Schnaps, wie etwa der von Jens und Norbert präferierte Fernet Branca. Die andere, aus Torsten und mir bestehende Fraktion trank lieber Aquavit, meist wurde Jubi, der Jubiläumsaquavit, ausgeschenkt. Gurki hängte sein Mäntelchen in den Wind und trank mal dies, mal jenes. Jägermeister galt damals als ausgesprochenes Proletengetränk und wurde daher von uns verschmäht. Ouzo gibt's nur beim Griechen und ist kein Zerhacker. Metaxa ist auch kein Zerhacker! Und Sambuca auch nicht!

Zum Umziehen gingen wir in das Kabuff, wo sich, dem Geruch nach zu urteilen, schon viele tausend Menschen erbrochen hatten. Wie immer beäugten wir uns misstrauisch. Ob wohl wieder jemand dicker geworden war? Der körperliche Verfall schien unaufhaltsam. Meine Güte, was für ein ausladendes Becken Norbert doch hatte. Wenn die Weiber auf irgendwas nicht stehen, sind das dicke, breite Pos. Dicke Beine, na ja, dicker Bauch zur allergrößten Not vielleicht auch noch, aber ein hüftsteifer Brummkreiseltyp, unter keinen Umständen. Torstens mächtige Schenkel leuchteten fast so weiß wie meine. Wie Jens war er ein rotblonder Typ, der im Sommer nur schwer braun wurde. Beide gehörten sowieso nicht zu der Sorte Männer, die stundenlang nutzlos in der Sonne rumliegen. Gurki sah furchtbar aus mit seiner Fettplauze am ansonsten hageren Körper. Und dann die schlechte Haltung. Sein Spitzname hatte offenbar doch mit der

Körperform zu tun. Warum trieb er eigentlich nicht mal Sport? So brauchte doch keiner auszusehen! Na ja, ich war der Letzte, der sich hier aufregen durfte. Für meine durch fortgesetzten Bierkonsum bereits bedenklich gewachsenen Herrentitten würde ich in absehbarer Zeit wahrscheinlich einen Büstenhalter benötigen. Das Ekzem pochte bei jeder Bewegung.

Fröstelnd standen wir anschließend im natürlich ungeheizten Saal herum. Kein Wirt der Welt würde für eine Tanzkapelle die Heizung anstellen! Denen soll schließlich vom Arbeiten warm werden! Wir wollten uns gerade wieder in die mollig warme Gaststube verdrücken, als ein rundlicher Mittzwanziger auf uns zugewalzt kam. Er trug zum Holzfällerhemd eine hellgrüne Krawatte, auf der ein Koch vor einer Gulaschkanone zu sehen war. Über der Gulaschkanone stand ein witziger Spruch: *Es ist noch Suppe da.*

«Einen wunderschönen guten Abend, mein Name ist Beckmann, wie geht es Ihnen?»

Gurki hatte zwei Begrüßungen drauf, eine lockere für Freunde und Bekannte («Wo geiht?») und die offizielle für Geschäftspartner und Respektspersonen: «Einen wunderschönen guten Abend, mein Name ist Beckmann, wie geht es Ihnen?» Der Suppenfan fixierte ihn mit zusammengekniffenen Augen.

«Wolter, ich bin der erste Vorsitzende. Sie sind sicher die *Tiffanys*?»

«Ja, aber nicht *Die Tiffanys*, einfach nur *Tiffanys*.»

«Jaja. Sie sind ja heute das erste Mal hier. Sie sind uns empfohlen worden. Ich hoffe, Sie enttäuschen uns nicht. Spielbeginn acht Uhr, auf jeden Fall nur zwei Tänze am Anfang, und nicht so laut.»

Wir pflegten immer schon ein paar Minuten vor acht anzufangen, damit uns wegen eventuell falsch gehender Uhren nicht hinterher ein Strick gedreht werden konnte («Was ist los, ihr Affen, ich hab genau auf die Uhr geguckt, ihr habt erst vier Minuten nach acht angefangen, für jede Minute Verspätung spielt ihr entweder eine halbe Stunde länger, oder wir ziehen euch 400 Mark von der Gage ab»). Um drei Minuten vor acht also *Time is tight*, danach *Hello Dolly*. Aus dem Musical *Hello Dolly*. Eine Minute Pause.

«Country roads, take me home,
To the place I belong,
West Virginia, mountain mamma,
Take me home, country roads.»

Das vierte Stück des Tanzabends war meist vom total versauten Roland Kaiser.

«Manchmal möchte ich schon mit dir
Diesen unerlaubten Weg zu Ende gehen,
Manchmal möchte ich so gern mit dir
Hand in Hand ganz nah an einem Abgrund stehen,
Manchmal möchte ich so gern mit dir
Eine Nacht das Wort Begehren buchstabieren usw.»

Der Kaiser unter den Schlagerstars war der ungekrönte König der Schweinigeleien. Mein Lieblingstitel von ihm war Joanna, gesprochen Dschoänna:

«Joanna, geboren, um Liebe zu geben,
Verbotene Träume erleben,
Ohne Fragen an den Morgen danach,
Aha, aha, Joanna, dein Lächeln ist fordernd und flehend,
Mit dir all die Wege zu gehen,
Die ein Mann allein nie findet.»

Um halb neun hockten erst ungefähr fünfzig Landjugendliche lustlos an ihren Tischen. Niemand machte Anstalten zu tanzen, und es war immer noch kalt. Die Mädchen hatten sich ziemlich aufgebrezelt, während die jungen Männer so aussahen, als ob sie gerade vom Melken kämen. Die meisten trugen völlig ausgetretene Wildlederhalbschuhe, eher so eine Art Masse, eine Wildledermasse, die mit dem Fuß zusammengewachsen zu sein schien. Wurstfüße. Dazu hatten die meisten der Jungbauern Jeans oder Breitcordhosen in den Modefarben blau und braun angezogen, Holzfällerhemden und darunter weiße T-Shirts, eine hygienische Maßnahme, die den Schweiß absorbieren und so den Tanzpartnerinnen einen trockenen Griff gewährleisten sollte. Unsere Musikauswahl korrespondierte mit der unaufgeregten Atmosphäre im Saal. *Schiwagomelody, Tief drin im Böhmerwald, All my loving*. Die Landjugend schwieg, trank und würdigte uns keines Blickes. Gegen neun füllte sich der Festsaal langsam. Es mochten jetzt so zweihundert Leute sein. Ich schätzte die maximale Kapazität auf vierhundert, zweifelte jedoch, dass so viele kommen würden. Dann betrat endlich das erste Paar die Tanzfläche. Wir spielten *Take it easy* von Truck Stop. Ein schöner Swing. Bewährte Ansage Gurki:

«Swingtime is good time, good time is better time.»

Der junge Mann trug, passend zum Stück, eine Art Strickjacke mit Rauten und Zopfmustern. Die Ärmelschoner verliehen dem Janker einen strapazierfähigen Eindruck. Seine Partnerin, Typ lebensfrohe Metzger-Azubine, war mit einem rosa Bonbonkleid bekleidet, das farblich bestens mit der pinken Ästhetik von *Tiffanys* harmonierte. Sie hatte auffallend fleischige Oberarme – in Klein Eilstorf wird die Wurst noch von Hand geschnitten – und einen starken Unterbiss.

«Take it easy, altes Haus,
mach dir nichts draus und
schlaf dich erst mal richtig aus,
Morgenstund hat Gold im Mund,
doch damit siehst du auch nicht besser aus.»

Truck Stop hatten einfach magische Texte! Strickjacke flüsterte der breitkiefrigen Kaltmamsell während des Tanzens fortwährend etwas ins Ohr, worüber die, selbst auf der Bühne noch gut hörbar, meckernd lachte. Dem schweinischen Gesichtsausdruck nach zu urteilen, versuchte der Rauten-und-Zopf-Boy sie mit einem Bombardement an versauten Witzen weich zu kochen. Beide wirkten sexuell aufgestachelt. Vielleicht hatte ja auch Roland Kaiser Wirkung gezeigt. Ich stellte mir eine dunkle Kammer vor, morgens um vier. Strickjacke, völlig nackt, bis auf seine Strickjacke natürlich, vergreift sich schwer atmend an den wabbeligen Oberarmen der Fleischereifachkraft.

«*Take it easy, altes Haus,*
wer morgens länger schläft,
hält's abends länger aus.
Fang deinen Tag doch später an,
dann bleibst du abends länger dran.»

Das Pärchen begab sich nach diesem Titel leider gleich wieder an den Tisch zurück, und niemand machte Anstalten, nachzurücken. Jetzt waren wir gefragt. Die Leute mussten in Schwung gebracht werden!

«*Pipi ist kein Name und auch kein Getränk,*
mancher muss schon rennen, wenn er nur an Pipi denkt.
Liebling, lass und tanzen, das tut dem Blutdruck gut.»

Wir bemühten bereits jetzt *Moooaaaarius*, die Geheimwaffe gegen tanzunlustige Bauerntölpel. Der drahtige Rumpelrocker Marius Müller-Westernhagen war der unumstrittene King von ALLEM. «Ej, Musik, könnt ihr nicht ma ein von *Moooaaarius*?» Oder auch *Muuaaarioouus* ausgesprochen. Oder *Mooooooijus*. Trotz King war Marius ein Kumpeltyp. Doch noch waren die Leute nicht bereit für ihren Helden. Also *Klaus und Klaus*:

«*Nach Flut kommt die Ebbe, nach Ebbe die Flut,*
die Deiche, sie halten mal schlecht und mal gut.
An der Nordseeküste.»

Auch nicht. In der nächsten Viertelstunde verrichteten *Tiffanys* einen einsamen Job. Dann endlich war der Bann gebrochen: Wild tanzend enterte *Es ist noch Suppe da* die Tanzfläche. Mit nicht für möglich gehaltener Geschicklichkeit wirbelte er seine Partnerin durch den Saal: Wie ein wilder Stier zog, stieß und schüttelte er an der Gott sei Dank robust wirkenden Blondine herum, dass man es mit der Angst zu tun bekam. Jeder Knochen würde ihr am nächsten Tag wehtun. Aber vielleicht war sie ja auch kein Mensch, sondern ein Dummy oder eine Rotkreuz-Übungspuppe? Der Typ verrichtete Schwerstarbeit. Hochkonzentriert, mit starren Augen und puterrotem Kopf riss er an der armen Frau herum, verbrauchte in einer Viertelstunde mindestens 10 000 Kalorien und sang lauthals mit: «*Comment ça va, comme si, comme si, comme si, comme ça.*»

Das Fußvolk begab sich in die Startlöcher. Nachdem sie staunend die Ausnahmeleistung des Cheftänzers miterlebt hatten, gab es nun kein Halten mehr. Stramm gefüllt war das Parkett plötzlich! Am Tresen wurde bereits in drei Reihen angestanden. Es wurde heißer und die Luft immer schlechter. Ich hatte nach drei oder vier Bier Lust auf ein schönes Glas Weißwein. Je mehr Alkohol ich trank, desto mehr pochte das Blut in der Akneflechte. Halb elf, Phase zwei begann. Phase zwei dauerte immer ungefähr von zehn bis zwölf, hatte sich aber durch den lahmen Beginn nach hinten verschoben. In Phase zwei wurde zwischen primitiven Discoklassikern wie *It's a real good feeling* und Bums-Oldies auch schon mal auf die Stimmungstube gedrückt. Und Stimmung hat in Deutschland einen Namen: Roberto Blanco! Wir hatten ein Medley seiner beiden Hits *Ein bisschen Spaß muss sein* und *Wer trinkt schon gern den Wein allein* im Programm:

«*Ich traf ihn in der kleinen Bodega,*
Er saß allein vor einem Glas Wein.
Ich sagte: ‹Ay, Señor, was ist denn los mit dir?
Da kann doch etwas nicht in Ordnung sein.›
Am Tisch daneben saßen zwei Mädchen,
Und ihre Gläser waren schon leer.
Da hab ich nachbestellt und zu den Zwei'n gesagt:
‹Kommt setzt euch doch ein wenig zu uns her.›»

Mehr aus Versehen hatte Norbert einmal statt *Mädchen Neger* gesungen, was dem Text eine völlig andere Wendung gab. («Am Tisch daneben saßen zwei Neger, und ihre Gläser waren schon leer. Da hab ich nachbestellt und zu den Zwei'n gesagt: ‹Kommt setzt euch doch ein wenig zu uns her.›») Wir machten uns jahrelang eine Riesengaudi daraus, alle Mann hoch *Neger* ins Mikrophon zu brüllen, außer dem humorlosen Stiesel Gurki, der stoisch *Mädchen* sang. Ein subversiver Spaß, bei dem wir vor Vergnügen quiekten. Hier taten wir auch einmal etwas für uns. Und keiner hat es in den ganzen Jahren gemerkt!

Um 23 Uhr strömten immer noch unaufhörlich Leute in den Saal. Ich rückte meine Instrumente etwas vom Bühnenrand weg. Jetzt bitte keine Panikattacke! Außerdem begann es penetrant nach altem Fett zu riechen. Auf dem Weg zur Toilette sah ich, dass neben dem Saaleingang eine Pommesbude aufgebaut worden war, vor der sich eine lange Schlange gebildet hatte. Auf dem WC war jetzt schon das Papier ausgegangen, und die Ersten hatten sich übergeben. Im Spiegel betrachtete ich die Flechte. Fröhlich pochte sie vor sich hin; sie würde wahrscheinlich noch im Lauf der Nacht die Kontrolle über meinen Gesamtorganismus übernehmen. Die vier Eiterhauben schienen etwas größer geworden zu sein und sahen scheußlich aus. Halbherzig pulte ich an ihnen herum. Aua, aua. Keine Chance. Den Blick starr auf den Boden gerichtet, kämpfte ich mich zur Bühne zurück. Die Luft im Saal war nun ganz unerträglich, und wir drückten uns fast jede Pause im Kabuff herum, in dem es noch einigermaßen kühl war. Halb zwölf. Noch immer schoben sich die Massen in den Saal, der langsam völlig aus den Fugen geriet. 1100 zahlende Gäste waren an diesem Abend da, wie wir hinterher erfuhren!

«Ey, Musik, spielt jetzt mal den Marschwalzer.»

«Was ist jetzt, spielt ihr bald mal den Marschwalzer?»

«Macht mal den Marschwalzer, oder könnt ihr das auch nicht!»

Wir konnten uns dem Höhepunkt des Abends nicht länger

verweigern: *Der große Marschwalzer!* Dabei fassen sich die Frauen wie bei einer Polonaise an den Schultern, bilden einen Kreis und marschieren zu den Klängen eines Marsches rechts herum. Die Männer formieren sich auf dieselbe Art zu einem äußeren Kreis und marschieren in die entgegengesetzte Richtung. «*Anneliese, ach Anneliese, warum bist du böse auf mich ...*» Jetzt hieß es erst einmal im Stechschritt schön im Kreis herum, wie sich das gehört. Plötzlich wechselte die Band auf ein für das Publikum nicht erkennbares Zeichen in den Walzerrhythmus, und dann mussten der Mann und die Frau, die sich gerade zufällig gegenüberstanden, zusammen ein Tänzchen wagen. «*Kornblumenblau sind die Augen der Frauen beim Weine ...*» Dem Zufall wurde dabei gerne nachgeholfen, denn die Männer wollten natürlich nicht mit den hässlichen Trutschen, sondern mit den wenigen Dorfschönheiten tanzen. Sie stürzten sich wie die Heuschrecken auf die Sexbomben, während die Trullas beleidigt darauf warteten, dass sich das System Marschwalzer von selbst regulierte. Nach wenigen Sekunden war die Selektion beendet, und auch die letzte dicke Marie wurde zu Walzerklängen übers Parkett geschoben. «*... darum trinkt Rheinwein, Männer seid schlau, dann seid am Ende auch ihr kornblumenblau.*» Nach zwei Minuten wieder abrupter Wechsel in den Marsch und so weiter und so fort. Durch den Marschwalzer sind schon unzählige Ehen gestiftet worden, denn nirgendwo kann man sich schneller näher kommen. Und wieder Marsch und wieder Walzer, und wieder Marsch und wieder Walzer, zwanzig Minuten lang. Die Leute: begeistert! Zugabe, Zugabe! Wir bedienten an dieser Stelle den tobenden Mob immer mit dem Titel *Danz op de Deel*. Der Begriff Kult wurde damals bei weitem noch nicht so inflationär verwandt wie heute, aber auf diese plattdeutsche Hymne von Carla Lodders traf er zu:

«*Montag geht das ruhig los mit Skat,
Dienstag die Partei ist meistens fad,
Mittwoch ist der Landwirtschaftsverein,*

beim Kegeln, da haun wir ordentlich rein.
Freitagabend ist nicht gerade milde,
dor geiht dat rund in der Schützengilde.
Doch Sünnabend, da krieg wi dann die Wut,
die Woch wär gar nichts los, jetzt geiht das richtig ut.»
Refrain:
«Denn hüt is Danz op de Deel,
Danz op de Deel,
jümmers noch eenmol, quer so öbern Saal,
Ja hüt is Danz op de Deel,
Danz op de Deel,
jümmers noch eenmol so quer öbern Saal.»

Die Paare fegten an dieser Stelle in einer Art Squaredance wie wild geworden von einer Seite des Saales zur anderen. Für die bereits völlig durchgeschwitzte Band ein herrlicher Moment, da die enthusiasmierte Meute immer eine gehörige Portion Luft aufwirbelte, die uns ein bisschen kühlte. Die Tänzer wirkten nun schon ziemlich ausgepowert, aber jetzt war unsere Stunde gekommen, der Moment der Abrechnung, wir würden nichts unversucht lassen, sie in die Knie zwingen. Beim allerletzten Refrain zogen wir das Tempo deutlich an, und die Tänzer kamen mit dem Laufen nicht mehr hinterher. Wieder und wieder hetzten wir sie vom einen zum anderen Ende des Saales. Die Klein Eilstorfer Dorfjugend befand sich in der eisernen Umklammerung der Tiffanyschen Schraubzwinge, jetzt waren wir zur Abwechslung mal am Drücker! Die Leute konnten irgendwann nicht mehr und stürzten fast über ihre eigenen Füße, aber wir machten erbarmungslos weiter. Wer aufgibt, wird erschossen! Der Diener wird zum Herrscher, der Sklave wird zum Gott! Wir spielten so laut und schnell, wie wir konnten. Punk! Dann endlich der Abschlag, und Gurki entließ die jetzt wachsweiche Masse mit dem Kommando: «Alles in die Sektbar, denn es ist noch Sekt da!!!»

Mitternacht, wie von Zauberhand standen plötzlich ein Tablett mit belegten Broten und eine Riesenthermosbuddel Bohnenkaffee auf der Bühne. Ein guter Geist hatte auch an uns gedacht! Für kurze Zeit wähnten wir uns im Paradies. Die Graubrote waren ausschließlich mit Wurst belegt. Blut-, Mett-, Leber-, Tee- und Grützwurst. In der Mitte des Stilllebens thronte ein geschmackvoll drapiertes Stängelchen Petersilie, und überall waren noch kleine Gurkenscheiben verteilt.

«Guten Appetit.»

«Das habt ihr euch verdient.»

«Geil abgeliefert, haut rein, Jungs.»

Aber auch:

«Sag mal, wie rechnet ihr eigentlich die Pausen ab?!»

Halt bloß die Fresse, du Arschgeige, bevordutotgeficktwirst. Entschuldigung.

Mampfmampf spachtelspachtel schluckschluck und eine geraucht. Dann zweimal in die Hände geklatscht.

«Hopp hopp, aufi geht's, meine Herren.»

Als wir gegen 0 Uhr 30 mit dem Oldies-Medley loslegten, spottete die Luft jeder Beschreibung. Kriegszustand, hier wurden keine Gefangenen mehr gemacht. Sechzehn Oldies hatten wir für unser Medley verwurstet, das nach dem ersten Titel benannt war: *Yesterday Man*. Das große *Yesterday-Man-Medley*, eine Ansammlung der debilsten Stücke des Rockpops der sechziger Jahre. Kriterien waren leichte Spielbarkeit, und Gurki an der Gitarre durfte möglichst keine Rolle spielen.

Yummy Yummy Yummy, I got love in my tummy, Haha, said the Clown, Sweets for my Sweet, Sugar for my Honey, Wully Bully. Ein Stück war schlimmer als das nächste. Das Medley endete unausweichlich mit der Mitgrölhymne «*Na na na na, na na na na, hey hey hey, Goodbye*». Die Leute: begeistert! Völlig außer Rand und Band! Der ideale Zeitpunkt für das abscheulichste Lied der Welt, *Verdammt lang her* von BAP. «*Verdammt lang her, verdammt* lang, verdammt lang her.» Die stiernackigen Jungbauern reckten die Fäuste in die Luft und sangen den einfachen Refrain mit. Wasser auf ihre Mühlen. Alles verdammt lang her. Früher stand der Weihnachtsbaum noch in der Mitte. Verdammt lang her. *Alter Wein aus alten Krügen* ... Die humorlosen Mundarthippies aus Köln waren das Sprachrohr der Klein Eilstorfer. «*Verdammt lang her, verdammt lang, verdammt lang her.*» Gurki sang das Stück. Er war Klaus «Major» Heuser und Wolfgang Niedecken in Personalunion. Jetzt erst mal Strophe. Gurki versuchte sich lautmalerisch am rheinischen Idiom: «*Met gro so da wi do fre ko mo sa ledem froto, lu to fo ro ta de ro tu gi fotu re.*» Oder so ähnlich. Die Dorfjugend hörte dem wohlwollend zu. Dann endlich wieder Refrain «*Verdammt lang her, verdammt lang, verdammt lang her*». Gurki schaffte sich richtig rein. Jetzt fiel mir auch die Ähnlichkeit auf. Wolle und Gurki. Man musste sich nur Gurkis Riesenschnäuzer wegdenken und hatte praktisch eineiige Zwillinge vor sich. Vor meinem geistigen Auge erstand eine Diskussionsrunde: Wolfgang Niedecken, Antje Vollmer, Heinrich Böll und Gurki. Sie diskutieren über den Nato-Doppelbeschluss. Gurki keck: «Petting statt Pershing.» Antje Vollmer: «Ja, genau.» Sie hat den Witz nicht verstanden. Heinrich Böll nickt müde. Auch er hat sein ganzes Leben keinen rechten Zugang zum Humor gefunden, und jetzt ist er zu alt. Wolfgang Niedecken wird sauer. Humor ist bei dieser ernsten Angelegenheit nun wirklich fehl am Platz. Schließlich geht es um den Frieden. *Schnitt*. Gurki, Heinrich Böll und Wolfgang Niedecken sitzen als lebende Männerbarrikade aneinander gekettet in Mutlangen. Neben ihnen die Frauenbarrikade, Antje Vollmer, angekettet an die bekannte TV-Pastorin Odda-Gebine Holze-Stäblein und die damals noch halbwegs blutjunge Claudia Roth in ihrem ersten heißen Einsatz. Gurki brüllt in Richtung Bullen: «Gut –» Die Bullen: «Schuss!» Gurki: «Gut –» Bullen: «Schuss!» Gurki: «Gut –» Bullen: «Schuss!» Die Bullen sind verwirrt und erschießen alle. Und jetzt Schluss mit BAP. Das Stück ist eh zu Ende.

Die Stimmung kippte völlig in Hysterie um. «Zugabe, Zugabe. Mooooaaarius, Mooooaaarius.» Endlich. Die Massen waren bereit. Ein Dorfjugendball ohne die Hits von Marius Müller-Westernhagen war undenkbar. Moooaaarius war der Größte und hatte den Größten! Wir eröffneten den Mooooaaarius-Set wie immer mit dem Klassiker *Mit Pfefferminz bin ich dein Prinz*:

«*Draußen ist es grau,*
ich sitz mit dir hier, blau,
ob ich mir ein Küsschen klau,
Nun lass das doch, du alte Sau.
Liebling, lass uns tanzen, das tut dem Blutdruck gut.»

Mooooaaarius!! Ob Mooooaaarius weiß, was los ist, wenn irgendwo seine ollen Kamellen gespielt werden? Musik wie ein warmes Bad in einer Wanne aus geschmolzener Butter. Aber Marius geht es gar nicht gut. Einsam und verbittert hockt er in seiner Riesenvilla im Hamburger Milliardärsviertel Harvestehude und blickt mit trüben Augen auf die Alster. Ab und an sieht seine Frau Romney nach dem Rechten, traut sich aber nicht, ihn anzusprechen. Sie weiß, dass sie ihrem Mann jetzt nicht helfen kann, er muss alleine wieder aus seinem Loch hinaus. Vor wenigen Jahren noch stand der hagere Zappelphillip unangefochten an der Spitze von Musikdeutschland. Er hat Stadien gefüllt, Millionen von CDs verkauft und sogar das Bundesverdienstkreuz aus den Händen des Kanzlers entgegengenommen. Und jetzt? Getriezt, gepikt und abgemolken, mit Kübeln voller Spott und Häme wurde der spindeldürre Shouter übergossen und kann sich nun aus eigener Kraft nicht mehr helfen. Während er die ganzen Jahre im mit alter Eierpappe verkleideten Übungskeller zusammen mit seinen Uraltkumpels den ewigen Siebzigerjahre-Rumpelrock probte, hat sein Erzrivale Grönemeyer ihn rechts überholt. Musikalisch, textlich und überhaupt. Dabei verfügt

Westernhagen doch über so viele Talente, die Schauspielerei zum Beispiel. Wenn man nur mal an den Blockbuster *Theo gegen den Rest der Welt* oder die künstlerisch noch bessere *Aufforderung zum Tanz* denkt. Charmant und mit viel Esprit hat er dort seine Paraderolle gespielt, den ewigen Verlierer. In die Richtung muss die Reise gehen. Nötige Routine müsste er durch die Mitwirkung in einer gut eingeführten ZDF-Serie wiedererlangen, etwa in *Ein Fall für Zwei*, wo er den runzligen Sexgnom Matula endlich aufs verdiente Abstellgleis abschieben könnte, oder als Nachfolger von Förster Rombach in *Forsthaus Falkenau*. Aber nur maximal ein Jahr, denn dann ruft ohne Zweifel die große Leinwand. Und die Kraft dazu gibt ihm die Klein Eilstorfer Dorfjugend.

Er hätte mal die Reaktion auf seine nächste Hymne *Sexy* miterleben sollen:

«Sexy, was hast du bloß aus diesem Mann gemacht.
Sexy, das tut dem alten Mann doch weh!
Sexy, du lässt ihn deine hohen Stiefel lecken usw.»

Body tumulto! Schmelztiegel *Landgasthaus Peters*, hier wird verschmolzen, was zusammengehört. Aber auch, was nicht zusammengehört. Wildfremde Menschen liegen sich in den Armen, Hitze, Hysterie, Handgemenge, um nur drei Worte mit H zu nennen, Gewaltphantasien, sexuelle Energien, all das bricht sich endlich Bahn! Noch so ein Uptempo-Burner, und die Leute hätten höchstwahrscheinlich den Laden in Schutt und Asche gelegt. Und wer hätte Schuld gehabt: Natürlich *Tiffanys*! Um Regressforderungen abzuwenden, mussten wir die Notbremse ziehen: Moooaaarius' vielleicht schönste Ballade, *Freiheit*:

«Die Kapelle rumptata,
und der Papst war auch schon da! –
Freiheit, Freiheiheiiaeiiheiheiheihaheit
ist das Einzige, was zählt.»

Freiheit! Man sah, wie es in den endlich zu politischem Bewusstsein erwachten Klein Eilstorfern arbeitete. Wir hatten fast vierzig Minuten am Stück gespielt und flüchteten ins Kabuff, das mittlerweile fast genauso heiß war wie der Saal. Dem Geruch nach zu urteilen, waren die Klein Eilstorfer immer noch sehr hungrig. Zwanzig Jahre altes Bratfett lastete wie ein dichter Schleier über dem Saal. Das Klo konnte man nicht mehr betreten, wir pissten in leere Flaschen. Der Vorsitzende kam mit wehendem Schlips herangeeilt.

«Jungs, tut uns mal den Gefallen und spielt *Was wollen wir trinken*. Wenn ihr den draufhabt, dann seid ihr richtig gut.»

Diese Formulierung sollten wir im Lauf der Jahre noch oft hören: «Ihr seid ja gut, aber wenn ihr den und den draufhabt, dann seid ihr richtig gut.»

Der Titel *Sieben Tage* stammte von der holländischen Protestrockband *Bots*. Die *Bots* protestierten einfach gegen alles und jeden! Ihr bekanntestes Stück hieß *Aufstehen*: «*Alle, die für Frieden sind, sollen aufstehen.*» Gähn. Wie spielten ihren zweitgrößten Hit.

«*Was wollen wir trinken, sieben Tage lang,*
was wollen wir trinken, so ein Durst.»

Sofort wurde die Tanzfläche gestürmt. Freiheit! Die Dorfjugend fasste sich bei den Schultern, bildete einen großen Kreis und schwang rhythmisch die Beine vor und zurück. Ein Klassiker des modernen Protestsongs schien hier die ewige Hitparade anzuführen. Die heiligen *Bots* und die revoltierende Jugend Klein Eilstorf standen wie ein Mann zusammen. Gegen die Städter, den EU-Agrarterror, die Diktatur der ökologischen Landwirtschaft, höhere Dieselpreise und schlecht verarbeitete Gummistiefel. BSE und anderen neumodischen Quatsch gab es damals ja noch nicht. Gurki stierte auf das Textblatt und sang mit unbewegter Miene die brisanten Lyrics.

«*Es wird genug für alle sein,*
was wollen wir trinken, sieben Tage lang,
wir trinken zusammen, nicht allein.»

Der Saal war beseelt von revolutionärem Schwung. Dabei wählte Gurki in Wirklichkeit natürlich stramm CDU.

Halb drei. Ich ging auf die jetzt endgültig unbenutzbaren Toiletten, um mir den Stand der Dinge in meinem Gesicht anzugucken. Es hatte sich nichts getan. Die verbliebenen Dörfler hingen erschöpft am Tresen, als ein letztes Mal ein Ruck durch den Saal ging. Rufe wurden laut.
«Komm, Knut.»
«Komm, spiel. Spiel ihn.»
«Bitte, Knut, bitte bitte!»
Da braute sich etwas zusammen. Pfiffe und Klatschen. Völker, hört die Signale.
«Komm, mach schon.»
«Knut, spiel ihn uns.»
«Knut, spiel den Hamburger.»
Endlich löste sich ein Mann aus dem Pulk, auf den die Bezeichnung *Vogelscheuche* passte wie auf kaum einen zweiten. Er war spindeldürr und hatte den Bund seiner engen Cordhose vermittels eines Nietengürtels auf Höhe des Bauchnabels fixiert, wodurch sich seine riesigen Eier überdeutlich abzeichneten. Dazu trug er ein enges, weißes T-Shirt. Mit seiner herausgewachsenen Dauerwelle sah er aus wie der einzige Dorfschwule kurz vorm Coming-out. Ja, am nächsten Wochenende würde er es tun, er würde endlich in die Gay-Scene einer Großstadt abtauchen und im Rausch der Nacht zu sich selber finden. Knut sah mit anderen Worten unfassbar spackig aus.
«Entschuldigung, könnte ich mir mal ein Akkordeon leihen?»
Normalerweise verliehen wir keine Instrumente, aber in diesem Fall rückten wir die gute Hohner-Quetschkommode gern heraus. Hier stand etwas ganz Einmaliges bevor, das spürten wir. Knut intonierte das eingeforderte Stück, einen wohl nur

in dieser Region bekannten Klassiker mit dem Titel *Hamburger*. Der Instrumentaltitel war nicht simpel, sondern richtiggehend debil. Knut ließ seine dünnen, langen Finger über die Tastatur huschen. Die infantile Melodie schien auf die Dorfjugend einen magischen Reiz auszuüben. Wieder fassten sie sich bei den Schultern und führten einen beschwörenden Tanz auf, Voodoopriester Knut in der Mitte des Saales, rundherum die in Trance geratenen Eingeborenen. Vielleicht würde ja gleich ein Menschenopfer dargebracht und anschließend ins Klein Eilstorfer Moor geworfen werden. Hoffentlich nicht *wir*!

Knut spielte zehn Minuten den *Hamburger*, ohne dass ein Ende absehbar gewesen wäre. Fünfzehn Minuten. Die Uhr schien stehen zu bleiben. Der schwule Zeremonienmeister krümmte und stauchte Raum und Zeit. Quantenmechanik, schwarze Löcher, physikalische Prozesse, die der Mensch nie wirklich begreift, wurden hier zu den magischen Klängen des *Hamburgers* für einen flüchtigen Moment subjektiv erfahrbar. Endlich brach er ab und brachte uns erschöpft das Traditionsinstrument zurück. Dieses unwirkliche Schauspiel sollte sich fortan Jahr für Jahr exakt so wiederholen. Offensichtlich schaffte Knut den Sprung in die Großstadt doch nicht, oder er kehrte jedes Jahr allein für dieses Ritual in sein Heimatdorf zurück.

Wir spielten noch *Blue Spanish Eyes*, und dann war Feierabend. Der Pommes-Stand hatte immer noch auf. Norbert und ich genehmigten uns eine Portion mit allem Drum und Dran, während Torsten und Jens sich sofort umzogen und mit dem Abbau begannen. Eine Zeit lang hatte ich wegen meiner Haut jegliche Form von Junkfood gemieden, doch ob ich mich nun ausschließlich von gedämpftem Gemüse oder von Vierfachburgern ernährte, machte bei Acne Conglobata offenbar überhaupt keinen Unterschied. Gurki ging derweil mit *Es ist noch Suppe da* abrechnen. Er zog die Abrechnungen immer extra in die Länge in der Hoffnung, dass der Abbau dann schon vorbei war. Nach ungefähr einer dreiviertel Stunde kehrte er euphorisch zurück.

«Jungs, ich muss euch mal was sagen: Die waren total begeistert. Der Dicke hat gesagt, dass sie so 'ne Stimmung überhaupt noch nicht hatten. Weihnachten spielen wir hier auf jeden Fall wieder.»

Gegen fünf kamen wir los. Nach dem Scheiß-Ausladen und den Spiegeleiern gab es endlich des Abends Lohn: dreihundertfünfzig Deutsche Mark pro Nase.

Schorsch

Am Morgen danach (Tommy Steiner) wachte ich wie sonst auch gegen 15 Uhr auf und kam den ganzen Tag nicht mehr recht zu mir. Wie ein träges Insekt saß ich herum und verbrachte die Stunden in diesem ganz einzigartigen Zustand, den ich für mich Muckerstarre nannte. Früher hatte ich mich sonntags immer mit Niels getroffen, doch der hatte plötzlich eine Freundin. Aus dem Nichts! Eine richtige Freundin! Damit nahm er unserer Solidargemeinschaft die Grundlage. Ob er sich das auch gut überlegt hatte? Na ja, sollte er doch, jeder, wie er will. Die neue Freundin hörte auf den dubiosen Namen Tomke, und sie gluckten wie alle Pärchen ständig nur noch doof zu zweit herum. Typisch! Wir würden ja sehen, wer den längeren Atem hatte! Tomke, was für ein bescheuerter Name. So traf ich mich am heiligen Sonntag jetzt bevorzugt mit Norbert und Jens, die sich nicht zu schade waren, den beschwerlichen Weg von Winsen nach Harburg anzutreten, um mit mir meinen Stammgriechen aufzusuchen. Die *Taverna Stavros* war vom Zwergenhaus nur etwa zehn Minuten zu Fuß entfernt, aber nichts auf der Welt hätte Jens dazu gebracht, das Auto stehen zu lassen. Jeder Weg, der länger als hundert Meter war, *musste* mit dem Auto zurückgelegt werden. Als leidenschaftlicher Automobilist war Jens natürlich auch Mitglied des ADAC, dessen Ziele er bedingungslos unterstützte. Radarabzocke, LKW-Wahnsinn, Tempo-30-Zonen, Überholverbote! Der deutsche Autofahrer – ein verängstigtes und bereits waidwundes Wild, das von allerlei finsteren Mächten zu Tode gehetzt werden sollte. Die Grünen, der Staat, Mineralölkonzerne, dubiose Naturschutzverbände ohne Vereinsstatus und die fanatische Radfahrerlobby bildeten ein Kartell des blinden Hasses gegen die motorisierten Bürger. Der deutsche Autofahrer: getriezt, gepikt und abgemolken!

Vorne war die *Taverna Stavros* eine Kneipe mit Tresen und allem Drum und Dran. Das eigentliche Restaurant verlor sich irgendwo in den Untiefen des Gebäudes. Es war fast immer verwaist, denn die wenigen Stammgäste blieben vorne sitzen. Der Besitzer hieß Georgios, wurde von allen aber nur Schorsch gerufen.

«Tag, Schorschi.»

«Hallo, Junkens (er sprach das g in Jungens immer wie k aus), wie geht euch das. Was wollt ihr? Wie immer?»

Wir aßen sonst immer Souvlaki.

«Nee, Schorsch, heute nicht. Wir nehmen alle mal Calamari.»

Den Abend vorher hatte Jens auf einer Silberhochzeit ungefähr zwei Kilo Fleisch verdrückt. Norbert und ich zusammen auch zwei Kilo, plus Beilagen. Jetzt hatten wir Fischappetit, Tintenfischappetit, obwohl der Mensch ja eigentlich nicht im Wasser lebt. Eine halbe Stunde später kam Schorsch krakenartig langsam mit drei Tellern Matschepatsche zurück.

«Einen recht guten Appetit wünsch ich euch. Lasst es euch schmecken, Junkens.»

«Danke, Schorschi.»

Wir starrten auf das Essen, von dem ein eigenartiger Geruch ausging.

«Ich weiß nicht, das riecht jetzt hier aber nicht so gut.»

«Vielleicht muss das so. Das ist die Soße.»

«Ach Quatsch, Calamaries müssen doch nicht stinken.»

«Was weiß ich denn, bin ich Jesus? Ich probier mal.»

Ich schnitt eine kleine Ecke ab und kostete. Wer einmal in verdorbenen Tintenfisch gebissen hat, wird das sein Lebtag nicht vergessen. Nur mit Mühe konnte ich es vermeiden, mich zu übergeben. Schorsch lehnte am Tresen, beobachtete uns und machte einen auf harmlos. Wir winkten ihn heran.

«Was ist los, Junkens? Schmeckt nicht?»

«Hier, probier mal, die Calamares sind total verdorben. Wie kann das denn angehen!?»

Schorschi blickte unschuldig. «Tut mir Leid, aber meine Frau hat gesagt, ist vielleicht nix gut.»

Jens wurde ernsthaft sauer. «Was heißt das, ist vielleicht nix gut. Wusstet ihr etwa, dass das Zeug schlecht ist?»

«Ich weiß nicht. Ich sag gleich mal Bescheid. Bleibt mal sitzen, ihr kriegt Souvlaki aufs Haus.»

Weil wir große Sparfüchse waren, nahmen wir das Angebot an. In Zukunft allerdings wollten wir uns auf keine Experimente mehr einlassen. Beim Griechen isst man eben Fleisch, dass weiß doch jedes Kind! *Vielleicht nix gut* entwickelte sich bei *Tiffanys* zum geflügelten Wort, und in der nächsten Zeit zitierten wir auf jeder Mucke mindestens einmal unseren Wirt.

Diese kleine und eher unspektakuläre Episode war für uns schon ein echtes Erlebnis. Andere bereisten die Welt, wir gingen eben zu Schorsch. Da erlebt man schließlich auch etwas! Ich kam an diesem Abend wie immer angenehm betrunken nach Hause und machte wie immer sofort den Fernseher an. Mein ZDF-Lieblingsnachrichtensprecher Gerhard Klarner, der Dicke, verkündete mit gewohnt professioneller Mine, dass es in der Sowjetunion gekracht hätte und eine radioaktive Wolke im Anmarsch wäre. Wahrscheinlich der erste richtige Super-

GAU, aber die russische Regierung hüllte sich in Schweigen. («Hüll dich nicht in Schweigen!»; Roger Whittaker.) Die Nachricht beflügelte mich. Endlich war mal wieder was los in der Welt. Mich würde es sicher nicht erwischen, und wenn doch, egal, ich hing nicht besonders am Leben. Da man nicht genau vorhersehen konnte, in welche Richtung die radioaktive Wolke ziehen würde, verfolgten die Menschen den Wetterbericht so aufmerksam wie nie zuvor. Selbst unsere stockkonservativen und daher atomgläubigen Nachbarn taten so, als ob sie das alles auch schon immer vorausgesehen hätten. Und überhaupt Atomkraft sei ja wohl nix. In den nächsten Monaten wurden viele Wildwitze gemacht, da Wild als besonders kontaminiert galt. Ich ließ mir den Appetit nicht verderben.

Papperlapub

Nach ein paar Monaten waren Niels und Tomke immer noch zusammen; schlimmer noch, sie wollte ihn einkassieren. Typisch Weiber. Sie hatte ihn weich gekocht; zusammenziehen wollten sie! Und auch noch weg aus Harburg! Sehenden Auges rannte Niels in sein Verderben, er zappelte im Spinnennetz der Psychobraut. Mit welch perfiden Tricks sie das wohl hingekriegt hatte? Kurze Zeit später zogen die beiden nach Hamburg, natürlich ins halbkriminelle Milieu des Schanzenviertels, wo sich Junkies und Hausbesetzer das Revier teilten. Die schönen Erwin-Lehn-Nachtprogramm-Zeiten waren damit nun endgültig vorbei. Aber ich hatte jetzt ja neue Freunde!

Obwohl ich die Zwergensiedlung nur ungern verließ, fühlte ich mich verpflichtet, ab und an nach Winsen zu fahren, wo ich mit Norbert und Jens ebenfalls zum Griechen ging (Nr. 41, *Mary-Teller*) oder in die Kneipe *Papperlapub*, von Norbert immer nur augenzwinkernd *der hiesige Pub* genannt. Unser Lieblingsthema war Gurki. In jedem sozialen Gefüge gibt es jemanden, der besonders polarisiert, und bei *Tiffanys* war das unser Gitarrist und Bandleader. Wir begannen die Demontage immer bei seinem dilettantischen Gitarrenspiel («Beim Roberto-Blanco-Medley hat er wieder die ganze Zeit Moll statt Dur gespielt.» – «Sein Timing ist echt grausam.» – «Der kann doch nicht noch schlechter werden, das geht doch gar nicht mehr.» – «Doch, hörst du ja»), machten weiter mit seinen im Laufe der Zeit immer kryptischer werdenden Ansagen («Jaaaaaaaaaaa, liebe Freunde: Swingtime is good Time, good Time is better Time»), um schließlich beim Eingemachten zu landen: Gurki bescheißt uns nach Strich und Faden! Da er die Gagen aushandelte, die Verträge abschloss und nach den Mucken immer allein mit dem Veranstalter zum Abrechnen verschwand, hatte er dazu unserer Meinung nach reichlich Gelegenheit. Nach außen hin war Gurki der Chef, und wir ergaben uns in unsere Rolle als unterbezahlte Arbeitsbienen. Das war gerade dem Veranstalter gegenüber wichtig, denn Veranstalter brauchen Orientierung. Ob Brautvater, Schützenkönig oder erster Dorfjugendlicher: Eine Tanzband ist für sie ein hierarchisches Gefüge, in dem nur einer das Sagen hat. Man stelle sich vor:

«Wer ist denn hier der Chef?»

«Es gibt bei uns keinen Chef. Wir verstehen uns als sozialistisches Kollektiv und rechnen im Rotationsprinzip ab.»

Das hätte man mal bringen sollen! Als schwule Terroristen wären wir sofort des Saales verwiesen oder gleich per Genickschuss getötet worden.

Eine weitere Zielscheibe unserer Hasstiraden war Gurkis Kleidung. Er kaufte bevorzugt Artikel der Karstadt-Hausmarke *Le Frog*. Jeans, Sweatshirt, Hemd, Hose, alles *Le Frog*, *Le Frog*, *Le Frog*. Wahrscheinlich hielt er die Marke in seiner Orientierungslosigkeit sogar für besonders exklusiv. Ich hatte den Eindruck, dass er mit den Jahren tatsächlich einem Laubfrosch zu ähneln begann.

Legendär war Gurkis Versuch, den doofen Elton-John-Schlager *Nikita* zu transkribieren. Da weder Noten noch Text aufzutreiben gewesen waren, hatte er die Aufgabe bekommen, den Titel nach Gehör aufzuschreiben. Leider verfügte er nur über rudimentäre Englischkenntnisse. Zufällig habe ich einmal einen Blick in seine Textmappe geworfen. Die ersten Zeilen vom Original lauten: «*Hey, Nikita, is it cold, in your little corner of the world?*» In der handschriftlichen Übersetzung Gurkis wurde daraus: «*In Nikita it is cold, in your little carnon of the word.*» Leider erinnere ich mich nur noch an diese erste Passage, aber es ging noch hanebüchener weiter, ich schwöre es! Eine andere Anekdote rankt sich um das schillernde Wort *Beinfreiheit*. Unser Bandauto war ein Mercedes 123, der sich im Privatbesitz von Gurki befand. Es war nur noch eine Frage der Zeit, bis das altersschwache Fahrzeug seinen Dienst aufgeben würde, und Gurki erwog die Anschaffung eines Mercedes 190 d. Einziger Nachteil an diesem sonst grundsoliden Auto sei, laut Gurkis ergonomischem Urteil, die mangelhafte *Beinfreiheit*. Haha. *Beinfreiheit!* Es war uns ein Rätsel, wie der kleinwüchsige Bandleader mit seinen kurzen Beinen beim Erwachsenenwagen Mercedes 123 überhaupt Brems- und Gaspedal erreichen konnte. Von den Innenmaßen hätte vielleicht ein Panda oder Seat Ibiza zu ihm gepasst, und jetzt machte sich der Sitzriese allen Ernstes Gedanken über die Beinfreiheit im 190 d. Wenn man sonst keine Sorgen hat! *Beinfreiheit* löste *Vielleicht nix gut* als Dauerspruch ab, den wir besonders gern in Gegenwart des ahnungslosen Gurki benutzten, der seine Bemerkung längst schon wieder vergessen hatte. Irgendwo fiel im Gespräch plötzlich ohne Bezug zum vorher Gesagten das Wort *Beinfreiheit*. Alle schüttelten sich aus vor Lachen, und Gurki lachte hilflos mit. Er hatte natürlich keine Ahnung, warum, aber egal, Lachen ist ja gesund. Er bot einfach die breiteste Angriffsfläche, die man sich nur vorstellen konnte. Jeder Schuss ein Treffer: Er musste für drei

Kinder Alimente zahlen! Sein Musikgeschäft *Da Capo* lief nicht! Mit der Mucke verdiente er auch nicht genug dazu! Die Miete fürs Reihenhaus! Der teure Mercedes! Diverse Reparaturen! Neuanschaffungen, Fernseher, Kaffeemaschine, Gewürzbord! Versicherungen, Urlaub, Garten, Geschenke, Altersvorsorge. Und wer weiß, was noch! Stundenlang spekulierten wir mit glänzenden Augen über seinen unausweichlichen Untergang. Dabei hatte er unsere Feindseligkeit zumindest teilweise selbst zu verantworten, denn er war ein Opportunist alter Schule. Einmal stand ich während einer Pause hinter dem Bühnenvorhang und rauchte heimlich, da Rauchen auf der Bühne nicht so gern gesehen wird. Gurki kurbelte zwei Meter von mir entfernt an den Knöpfen des Mischpults herum, konnte mich jedoch nicht sehen. Plötzlich unterbrach Torsten die Lektüre der *Bunten* und gesellte sich zu ihm.

«Jens spielt heute aber wieder scheiße.»

«Das kannst du wohl laut sagen. Grottenmäßig.»

«Der müsste wirklich mal Keyboardunterricht nehmen.»

«Ich hab ihm das schon oft vorgeschlagen, aber er will ja nicht.»

«Mir geht auch das ständige Gepfeife auf den Sack. Das ist ja nicht auszuhalten.»

«Ja, ätzend. Und es wird immer schlimmer.»

«Das müsste ihm echt mal einer sagen.»

«Genau.»

Missmutig stapfte Torsten zur Toilette. Eine Minute später kam Jens mit einem Frischgezapften vom Tresen angedackelt.

«Sag mal, täusch ich mich, oder wird Torsten heute bei jedem Stück schneller?»

«Da täuschst du dich leider nicht. Das Timing ist katastrophal.»

«Er macht auch viel zu viele Fills. Das matscht die ganzen Stücke zu.»

«Stimmt. Bei einigen Songs hört man nur noch Schlagzeug.»

«Und bei der Tischmusik sollte er doch Besen spielen.»

« Zum einen Ohr rein und zum anderen wieder raus.»

«Aber das Schlimmste ist immer noch sein Timing.»

«Na ja, Schlagzeuger gibt's wie Sand am Meer.»

Dann kam Torsten zurück, und Jens verzog sich pfeifend hinter seine Keyboardburg. Gurki dachte wohl, er könne mit dieser ausgefuchsten Strategie seinen Chefstatus zementieren. Er sah sich als tiefenpsychologisch geschulten Strippenzieher, der seine Schutzbefohlenen nach Belieben manipuliert und gegeneinander ausspielt. Doch er stellte sich dabei so ungeschickt an, dass alle es mitgekriegt haben. Wir machten uns einen Spaß daraus, uns sofort immer alles weiterzuerzählen. Jeder andere wäre wahrscheinlich rausgeflogen, aber noch brauchten wir Gurki, denn er war Herr über den Terminkalender und hatte daher die Macht.

Wenn wir bei unseren Lästerstunden Gurki durch hatten, kamen die Weiber an die Reihe. Jens schaltete dann immer auf Durchzug. Er und Norbert kannten sich bereits seit ihrem siebten Lebensjahr, aber selbst mit ihm sprach Jens nie über Intimes. Persönliche Probleme muss ein Mann mit sich selber abmachen. Außerdem: Der Kavalier genießt und schweigt! So konnten Norbert und ich dieses ergiebigste aller Themen so richtig erst abhandeln, wenn Jens gegangen war. Unsere gebräuchlichsten Redewendungen waren: «Ich halt das nicht aus», «Ich werd verrückt» oder «Ich dreh durch». Wir nannten Mädchen nur noch *Biester* oder *diese verdammten Biester*, da sie es unserer Überzeugung nach lediglich darauf abgesehen hatten, uns zu demütigen und vollkommen verrückt zu machen. Zu anderen Erklärungen kamen wir beim besten Willen nicht. Dabei schien doch irgendwie jeder sonst eine abzubekommen! Wir kamen uns vor wie verkrüppelte Klomänner mit Durchfall und

Gesichtswarzen. Uns blieb nichts weiter übrig, als den Umgang mit dem anderen Geschlecht auf ein Minimum zu reduzieren, regelmäßig zu entsaften und ansonsten auf ein blaues Wunder zu warten. Ende der Debatte. Irgendwie bekam Frau Holzhauer unseren Frust einmal mit und versicherte uns, dass wir als *Künstler* eigentlich 1 A Partien mit freier Auswahl wären:

«Als Musiker ist man immer begehrt.»

«Nee, Mutti, wirklich nicht. Die blicken durch uns durch.»

«Ach was, die trauen sich bloß nicht, euch anzusprechen. Ihr müsst nur mal richtig hingucken.»

Wer weiß, vielleicht war das in den fünfziger Jahren ja tatsächlich mal so gewesen.

Meine Mutter wurde derweil endlich in die Reha nach Bad Bevensen entlassen. Der von Harburg ungefähr 40 Kilometer entfernte geriatrische Kurort liegt versteckt im Heidekraut mitten in der Walachei. Mutter konnte mit Hilfe eines Gehwagens, der Fachmann sagt *Deltarad*, wieder ein klein wenig laufen. Mit winzigen Schritten tippelte das alte Vögelchen durch die endlos langen Flure der Klinik. Meine arme Mama war infolge der vielen Operationen noch mehr geschrumpft, von einem Meter vierundfünfzig auf jetzt einen Meter siebenundvierzig. Allein das Becken hatte sie sich viermal gebrochen; ein Wunder, dass sie überhaupt wieder gehen konnte. Einmal in der Woche juckelte ich mit dem Rentnerkadett zu ihr in die Klinik, und dann ging es sofort in die Kantine im obersten Stock. In den Garten wollte sie nicht, auch nicht bei herrlichstem Sonnenschein: «Ich vertrag keine Sonne.» Fertig, aus, nächstes Thema! Mutter bot dem dämlichen Götzen Sonnenschein schon seit vielen Jahren die Stirn. Recht so! Da konnte ich mir eine schöne Scheibe von abschneiden. Nicht jeden Quatsch mitmachen. Ich hatte die Draußensitzer immer bescheuert gefunden, die bei den ersten klitzekleinen Sonnenstrahlen im schlotterkalten März sofort die tollen Straßencafés frequentierten. Bloß keinen einzigen verdammten Strahl verpassen. Manisch war das. Wenigstens gab es damals noch keinen *Latte Macchiato* oder *Espresso doppio*. Tasse Kaffee oder Kännchen, fertig, aus, gut ist. Vernünftige Menschen verlassen frühestens im Mai die Wohnung. Mutter und ich waren jedenfalls souverän genug, um friedlich in der angenehm klimatisierten Kantine zu sitzen und den herrlichen Rundblick zu genießen. Ordentlich happahappa, danach ein Zigarettchen nach dem anderen und mindestens einen halben Liter schönen deutschen Moselwein verhaften, sodass ich zum habituellen Sonntagabendvergnügen bei Schorschi immer schon vorher einen schönen Glimmer hatte. Vorglühen ist eine Kunst. Was sollte nur werden, wenn sie entlassen würde? Heimlich wünschte ich mir, Mutter würde ewig in der Reha bleiben.

Uniformen Heinemann

Einer der Leitsätze von *Tiffanys* war: Wer rastet, der rostet. Oder: Stillstand ist Rückschritt. Oder: Wer nicht mit der Zeit geht, geht gegen sie. Oder: Ohne die Bereitschaft, etwas Neues zu wagen, ist man schon so gut wie erledigt. Undundundoderoderoder. Optimierungsbedarf wurde jedenfalls bei der Garderobe ausgemacht. Mit dem pinken Dress kam man nicht weiter, das war Gurkis feste Überzeugung. Auf einem Bandabend beschlossen wir daher, uns als zweite Garderobe weiße Smokings zuzulegen. Vermittels des neuen Outfits wollten wir uns eine andere Klientel erschließen; der Smoking sollte das Entree sein in die mondäne Welt der Ärzteälle oder der Jahrestagung deutscher Gewürzbotaniker. Als Bordkapelle auf dem Kreuzfahrtschiff *Peter Pan* würden *Tiffanys* zum Tanztee aufspielen oder auf wirklich wichtigen Galaveranstaltungen gebucht werden, um dort den (damals noch quietschfidelen) Harald Juhnke zu begleiten oder gar mit David Hasselhoff internationalen Standards zu genügen. In den großen Ballsaal des *Hotel Atlantic* oder in das Hamburger Kongresszentrum sollte es gehen. Mit Wirtschaftskapitänen, Spitzenpolitikern und TV-Stars würden wir anschließend noch in den Puff gehen und bei einer erotischen Massage über unsere bäuerliche Herkunft scherzen. *Tiffanys*, der edle Name würde endlich Programm werden, Grandezza, Platinum Class, High End, Ladys' First, James Last, großes Showbizz eben.

Die Kollegen hielten so eine Entwicklung offenbar wirklich für möglich. Ich nicht. Schuster bleib bei deinen Leisten! Und überhaupt, was würde das schon wieder kosten?! *Tiffanys* war eine drittklassige Rumpelband, weißer Smoking hin, eierfarbener Smoking her. Ich hätte auch im Häschenkostüm gespielt, denn lächerliche Gestalten waren wir allemal. Die Vorstellung, auf einem morastigen Zeltfest in der niedersächsischen Provinz hoffnungslos overdressed *Danz op de Deel* zu spielen, quälte mich geradezu. Zum Gespött der Leute würden wir uns machen, Schießbudenfiguren, die man mit Speiseresten beschmeißt. Ich behielt meine Meinung jedoch aus taktischen Gründen lieber für mich. Eines schönen Nachmittags fuhren wir also zum legendären Künstlerausstatter *Uniformen Heinemann*. Sämtliche Tanzmucker von Hamburg und Umgebung, aber auch alle möglichen Kleinkünstler wie Zauberer, Clowns und Feuerschlucker bis hin zu den TV-Berühmtheiten Fips Asmussen und Günter Willumeit ließen sich hier ihre Bühnengarderobe auf den meistens unförmigen Leib schneidern. Herr Heinemann, ein drahtiger Mittfünfziger mit schwitzigem Händedruck, hatte quasi ein Monopol. Das schöne Geld für die Smokings hätten wir, wenn's nach mir gegangen wäre, lieber zu Schorschi getragen, eine Vielzahl von Souvlakisonntagen wäre gesichert gewesen. Doch jetzt war die Falle zugeschnappt, und wir ließen uns vom geschäftstüchtigen Herrn Heinemann persönlich vermessen. Ich wartete lustlos auf das Ende der Prozedur, als mein Blick auf einen dicken Katalog fiel, der hier offenbar zur freien Ansicht auslag und in den fein säuberlich Fotos Hunderter Kleinkünstler, Alleinunterhalter und Tanzbands eingeklebt waren. Da Bands, nachdem sie sich eine Garderobe zugelegt hatten, in der Regel auch neue Visitenkarten, Kataloge und Fotos machen ließen, wurde man gebeten, als Referenz doch bitte auch ein Exemplar an Herrn Heinemann persönlich zu schicken. Oft war noch eine kleine Widmung beigefügt. *Für W. Heinemann. Vielen Dank für die kompetente Beratung: die Rusties Show Band; super Stoff, super Qualität. Danke sagt Entertainer Willy Lübcke* oder einfach nur *Herzlichst, G. Willumeit.* Ich blätterte den Katalog durch und war entsetzt. Es schien sich um die Belegschaft eines Pflegeheims zu handeln, die gerade für den Karneval kostümiert worden war. Pferdegesichtige Affenmenschen, hagere Kobolde, aufgedunsene Kumpeltypen und dehydrierte Starkstromalkoholiker bildeten hier ein Panoptikum des Schreckens. Körperteile, die einfach nicht zueinander passen wollten, viel zu kleine Köpfe, die auf dicke Leiber aufgeschraubt waren oder umgekehrt, Sechziger-Jahre-Koteletten, Pisspottschnitte, Minipli und andere längst aus der Mode gekommene Sturm- und Pilzfrisuren, Hakennasen, rekordverdächtige Rhabarberohren und Sängerinnen, die längst das Rentenalter erreicht hatten, gaben sich hier ein finsteres Stelldichein. Vielleicht war Herr Heinemann ja ein Untoter, der mit Hilfe dieser Lemurenarmee die Weltherrschaft zu übernehmen trachtete? So machte ich mich über meinen Berufsstand lustig, dabei sah ich keinen Deut besser aus.

Willen und Knochen, beides wird gebrochen

Dem Musikhaus *Da Capo* war eine Musikschule angeschlossen, die von Gurkis Partner Tobias Strick, genannt *der schöne Tobias*, geleitet wurde. Tobias war tatsächlich der einzige gut aussehende Mann weit und breit. In privaten Musikschulen werden meist

Gitarre, Blockflöte und Orgel/Keyboards unterrichtet, aber bei *Da Capo* hatten sich seit einiger Zeit die Anfragen für Saxophon- und Querflötenunterricht gehäuft. Da Gurki sonst niemanden kannte, der diese königlichen Instrumente beherrschte, kam er schließlich auf mich. Mit einem Tag in der Woche sollte ich beginnen, und zwanzig Mark die Stunde würde es geben. Ich hatte zwar nicht die geringste Lust, willigte aber trotzdem sofort ein. *Geld, Geld, Geld!* An Mutter zahlte ich keinen Pfennig Miete fürs Zwergenhaus, und die *Tiffanys*-Gagen hatte ich zur freien Verfügung. Lediglich Auto, Zigaretten und Einbecker Bockbier musste ich selber bezahlen. Und jetzt noch der Unterricht. Ich würde jeden Abend zu Schorsch gehen, Souvlaki satt!

Zu Beginn des neuen Schuljahres fuhr ich also fortan jeden Montag nach Lüneburg, um dort verstockte Jugendliche zu unterrichten, die von ihren besser verdienenden Eltern zum Musikunterricht genötigt wurden. Gerade die Älteren hatten meist genauso wenig Lust auf das öde Getröte wie ich, und so verbrachten wir die Zeit überwiegend mit Sabbelei. Ich hörte mir Geschichten aus dem harten Alltag meiner Schutzbefohlenen an. «Und, was hast du so am Wochenende gemacht? Laberlaberlaber. Ach so.» Bei den Weibern über sechzehn interessierte mich natürlich in erster Linie, ob sich in sexueller Hinsicht schon was tat. Die meisten Gespräche waren todlangweilig, aber immer noch besser, als unwilligen Teenys in der typischen, unnatürlich gekrümmten Haltung auf dem Affeninstrument Saxophon vorzuspielen. Ab und an mussten ein paar Alibiübungen gemacht werden, damit die Eltern nicht misstrauisch wurden, meist aber blieben die schwergängigen Instrumente unausgepackt. Das konnte ich aber leider nicht mit allen machen, denn manchen der kleinen Quälgeister war es förmlich auf die niedrige Stirn geschrieben: *Meine Eltern bezahlen viel Geld für den Privatunterricht und erwarten dafür eine Leistung.* Na wartet, ihr Spatzenhirne, die sollt ihr bekommen! Euch werden die frechen Forderungen schon noch vergehen. Von der Pike auf sollten meine Schutzbefohlenen das Einmaleins der Musik lernen, mit Spaß würde das alles aber wenig zu tun haben! Mir war schließlich auch nichts geschenkt worden. Ich begann die Stunde mit endlosen Einblasstudien. Der Ansatz, so trichterte ich den eingeschüchterten Naseweisen ein, ist bei Saxophon wie Flöte wie bei überhaupt allen Blasinstrumenten die Grundlage für alles. Wer einen schlechten Ansatz und damit Ton hat, wird zum Gespött der Leute und mit Baseballschlägern windelweich geprügelt. Was ist Ansatz überhaupt? Fragezeichen. Jugendliche fragen, Heinz Strunk erklärt in Kindersprache: das perfekte Zusammenspiel bestimmter Muskelgruppen. Das muss man üben üben üben, wie ja auch Stabhochspringer viele Jahre den immer gleichen Bewegungsablauf trainieren, bis dieser schließlich in Fleisch und Blut übergeht. Natürlich machen diese Übungen nicht gerade viel Spaß, und sie klingen auch ganz schrecklich. Sie sind aber jeden Tag exakt so zu machen, wie ich es anordne. Deine Eltern erwarten Leistung? Bitte schön!

So verging die erste Hälfte der Stunde mit unglaublich eintönigen Einblasstudien. Part eins: lange Töne. Der gesamte Umfang des Instruments musste dabei abgearbeitet und der Ton so lange ausgehalten werden, bis die Birne puterrot war. Dann folgten andere, schrecklich langweilige Etüden, die ich mir meistens einfach so ausdachte:

C, D, C, D, C, D, Ceeeeeee, D, E, D, E, D, E, Deeeeeee, E, F, E, F, E, F, Eeeeeeeee usw.

Nachdem ich die armen Kinder mit diesem Quatsch malträtiert hatte, verdonnerte ich die uneinsichtigen Streber im zweiten Teil der Unterrichtseinheit zum Bimsen von musikalischem *Elementarwissen*. Wie heißt die enharmonische Verwechslung von ges? Aus welchen Tönen besteht der a-7+9-Akkord? Wie sind eigentlich die Blue Notes entstanden? Für Zehnjährige schwierige, aber mit ein bisschen gutem Willen lösbare Aufgaben. Dann Tonleiterübungen. Normalerweise fängt man mit C-Dur an, der einfachsten Tonart. Wenn die Töne einigermaßen sitzen, werden kleine Lieder gespielt. So wird die Musikalität entwickelt, und der Schüler hat schnell Erfolgserlebnisse. Dann folgen die komplizierteren Tonleitern, und auch die Stücke werden anspruchsvoller. Selbstverständlich gehören Theorie, Gehörbildung und manchmal etwas triste Übungen dazu, aber auf jeden Fall sollte der Spaß im Vordergrund stehen. Nicht so unter der harten Knute meines musikpädagogischen Konzepts. Denn Spaß kommt erst mit der perfekten Beherrschung von *allem*. Bevor auch nur ein Stück gespielt wird, braucht man umfassendes Wissen. Willen und Persönlichkeit müssen dazu gebrochen werden, erst, wenn der Schüler am Boden liegt und alle Viere von sich streckt, kann aus ihm etwas Neues geformt werden. In der Fremdenlegion sieht man das ebenso. Zuerst mussten die Gören also sämtliche Tonleitern beherrschen. Warum mit C-Dur, G-Dur und F-Dur beginnen, das ist langweilig und konventionell. Des-Dur, Fis-Dur und as-Moll haben doch auch eine Daseinsberechtigung. Es gibt keine unwichtigen Tonleitern, es gibt nur schlampige Lehrer. Was Hänschen nicht lernt, lernt Hans nimmermehr! Bei meinen Hochleitungsexerzitien fristeten auch verminderte, übermäßige und alterierte Tonleitern kein Schattendasein. Die Sprache der Musik ist reich, sie besteht nicht nur aus zehn Vokabeln. Die typische Aufgabe für einen Achtjährigen: Quartenübungen in Es-, As-, Des- und Ges-Dur, halb verminderte Akkorde in allen Kreuztonarten und diatonische Dreiklänge, wenn ich gnädig war, erst mal in C-Dur: C-e-g, d-f-a, e-g-h usw. Die Studien müssen sauber beherrscht werden, und wenn es sechs Wochen dauert, nun gut, dann dauert es eben sechs Wochen. Selbst wenn es sechs Jahre bräuchte, wäre das ja wohl nicht meine Schuld!

Bei diesen Anforderungen hatte ich eine hohe Fluktuation, denn das hielt natürlich niemand lange durch. Vielleicht wunderten sich Tobias oder die anderen Lehrer über die seltsamen Geräusche, die aus meinem Raum drangen, aber das ging die schließlich gar nichts an. Moderner zielorientierter Unterricht drang da heraus und kein Larifariquatsch mit Soße. Ich begann zeitweise schon um ein Uhr mittags, und Feierabend war erst abends um acht, Pausen Fehlanzeige. Durchgehend wurde getrötet und gepfiffen, und ich musste mir immer neue Sabbelthemen auf niedrigem Niveau ausdenken. Das war anstrengend. Manchmal wollten die Eltern sogar noch zuhören. Dann überkam mich immer große Lust, die verzogenen Blagen vor ihren Augen auch körperlich zur Räson zu bringen: *Was, das soll ges halb vermindert sein?! Klatsch, klatsch. Wenn du vor mir schon keinen Respekt hast, dann wenigstens vor deinen armen Eltern. Los, nochmal!* Na ja, ich ließ dann doch meistens Gnade vor Recht ergehen. Wie hatte Mutter das bloß die ganzen Jahre durchgehalten? Kein Wunder, dass sie verrückt geworden war.

Unendlich erleichtert tuckerte ich jeden Montagabend zurück ins Zwergenhaus und genehmigte mir anschließend immer ordentlich einen, denn das hatte ich mir verdient.

Merkur Disc 2

Schorsch hatte in seiner Taverna einen Geldspielautomaten aufstellen lassen, den Merkur Disc 2. Ich wusste nicht, wie solche Geräte funktionieren, und hatte mir nie den magischen Reiz erklären können, den drei sich drehende Scheiben auf manche Menschen ausüben. Oft waren es Rentner, die mit geschwollenen Beinen stundenlang vor den Automaten standen und ihre Pension opferten. Vielleicht war das ein besonderes, stilles Altersglück, Scheiben mit unterschiedlichen Symbolen beim Rotieren zuzusehen. Jens schien jedoch genau Bescheid zu wissen. Als wir erstmals die jetzt mit dem Automaten bestückte Taverna aufsuchten, war mein sonst so nüchterner Bandkollege wie elektrisiert und setzte sich gleich an den Tresen, von dem aus die Gurke in Griffnähe war. Er zückte sein Portemonnaie, entnahm ihm ein Fünfmarkstück und ließ es in den Münzschlitz des Zauberkastens gleiten. Sogleich entspannten sich seine Züge, und er folgte wie hypnotisiert dem Lauf der Scheiben. So kannten wir ihn gar nicht. Abwesend bestellte er ein großes Bier und ein großes Souvlaki und spielte. Ab und an gewann er mal dreißig, mal vierzig Pfennig, einmal sogar eins achtzig, die er jedoch unter lautem Fluchen sofort wieder *verdrückte*. Ich wusste zu diesem Zeitpunkt noch nicht, was *verdrücken* heißt. Norbert und ich spielten keine Rolle mehr, bitte schön, wenn der Herr eine Maschine interessanter findet als lebendige Menschen ... Beleidigt wandten wir uns unserem ewigen Nr.-1-Thema, den *Biestern*, zu. Wir waren uns einig, dass es bei Schorsch unter anderem deshalb so gut sei, weil man von den *Biestern* unbehelligt bleibe und außerdem noch etwas bekomme für sein Geld (Souvlaki, mannsgroß). Niemals wäre ein hübsches, junges Mädchen auf die Idee gekommen, sich freiwillig in der schmuddeligen Kaschemme aufzuhalten, es sei denn, sie wäre von ihren Eltern dazu gezwungen worden. *Wenn Opa Geburtstag hat, kommst du mit zum Griechen, sonst kriegst du kein Geld für Ibiza.* Die einzige Frau, die wir hier regelmäßig zu Gesicht bekamen, war Schorschs Frau, die in der Küche schuftete. Aber die Frau von Schorschi war tabu, wir betrachteten uns als Ehrenmänner. Bald schon waren Jensens Silbergeldvorräte erschöpft, und er wechselte bei unserem Wirt den ersten Zehnmarkschein. Das Essen schlang er hastig, ununterbrochen die Teufelskiste fixierend, in sich hinein. Mit Sorge beobachteten wir die unheimliche Metamorphose unseres bis dahin so disziplinierten Freundes. Nachdem sein Vorrat an Zehn- und Zwanzig-Mark-Scheinen verbraucht war, wechselte er erstmals einen *Fuffi* um. Der sonst so sparsame Jungbeamte war bereits beim vierten Bier angelangt. Ab und an wurde er laut. *Scheißteil, Dreckskiste, Kack-*

automat, der Fickdisc macht nichts von allein. Blöde Sau, dich melk ich heut noch ab. Abmelken. Norbert und ich guckten uns vielsagend an. Unser sonst stets gut gelaunter Kollege verlor zusehends die Kontrolle über sich und sein Vokabular. Norbert versuchte, den entfesselten Blondschopf zur Vernunft zu bringen:

«Hör auf, das bringt doch nix. Hinterher ärgerst du dich nur.»

«Kümmer du dich mal lieber um deinen eigenen Scheiß. Du weißt doch noch nicht mal, wie die Dinger funktionieren!»

Da hatte er natürlich Recht.

«Dann sag doch mal, wie das geht.»

Jens schien nur darauf gewartet zu haben, seinen Wissensvorsprung weiterzugeben. Begeistert erklärte er die Funktionsweise des Kastens.

«Also, da sind doch drei Scheiben. Wenn auf den dreien der gleiche Betrag erscheint, hat man den dann gewonnen. Meist sind das aber nur dreißig oder vierzig Pfennig. Es lohnt nicht, das anzunehmen, weil ein Spiel schon dreißig Pfennig kostet. Deshalb kann man den gewonnenen Betrag auch auf der Risikoleiter riskieren. Du gewinnst entweder das Doppelte oder gar nichts, jeweils mit dem Risiko 1:1. Ziel ist, Sonderspiele zu bekommen. Die mittlere Scheibe hat zur einen Hälfte weiße und zur anderen Hälfte schraffierte Felder. Wenn man innerhalb eines Sonderspiels auf ein schraffiertes Feld kommt, gewinnt man drei Mark. Das Beste ist, wenn man statt drei gleichen Geldbeträgen drei Sonnen hat. Dann kriegt man eine Ausspielung im Sonderspieltableau und kann bis zu einhundert Sonderspiele gewinnen.»

Jensens Augen glänzten. Er hätte noch ewig weitererzählen können. Norbert fragte schüchtern nach.

«Und, hast du schon was gewonnen?»

Jens wurde ernsthaft sauer. «Sag mal, hast du keine Augen im Kopf? Die Sau macht überhaupt nichts, die schmeißt einfach nicht. Ich hab jetzt schon hundertzwanzig Eier hier stecken und noch keine einzige Ausspielung. Das dumme Dreckstück muss bald mal kommen. Ich melk ihn heut noch ab, ich schwör's dir.»

Er hatte bereits eine persönliche Beziehung zu dem Automaten aufgebaut. Dann lief endlich ein Gewinn ein: drei Mark, immerhin. Feindselig nahm Jens den Automaten ins Visier.

«So, jetzt bist du dran.»

Er drückte den Geldbetrag auf der Risikoleiter auf das nächsthöhere Gewinnfeld, drei Sonderspiele, dann auf sechs und schließlich auf zwölf. Fieberhaft wartete Jens auf den richtigen Augenblick. Sein Daumen drückte schließlich mit aller Kraft auf die Risikotaste. Geschafft! Das Licht blieb oben. Vierundzwanzig Sonderspiele. Vierundzwanzig Sonderspiele mal drei Mark sind 72 Mark, macht abzüglich der voraussichtlichen fünfzig Prozent Nieten immerhin 36 Mark. Die Anzeige sprang jetzt zwischen vierundzwanzig und fünfzig hin und her. Konzentrierter als Jens in diesem Moment konnte ein Mensch nicht mehr sein. Dann sagte Norbert das wohl Unpassendste, was man in einem solchen Moment sagen kann:

«Hör doch auf. Das geht schief, das hab ich im Gefühl. Nimm das an!»

Mit voller Wucht rammte Jens seine Wursthand flach gegen die Plastiktaste. Der Apparat machte ein höhnisches Geräusch, und die Anzeige fiel auf null. Alles verloren. Die Schuldfrage war eindeutig: Norbert mit seinen kleinkarierten Bedenken. Kontrollverlust. Jens schrie den langweiligen Spießer an:

«SAG MAL, WAS SOLL DAS DENN, DU IDIOT! GUCK DIR DAS DOCH AN!»

Der Automat zeigte *Nichts*. Das war besonders perfide. Nicht *Leider verloren* oder *Kein Gewinn*, sondern *Nichts*. Das hatte eine vernichtende Wucht. Die ganze Person ein elender Versager, ein *Nichts*. Jens war außer sich vor Wut und Enttäuschung:

«BIST DU NICHT GANZ DICHT MIT DEINEM GELABER? DAS WAR MEINE LETZTE CHANCE HEUTE. ICH HAB KEINE KOHLE MEHR. DRECKSKISTE.»

Dann wandte er sich an den unschuldig guckenden Schorsch:

«DAS IST JA WOHL NICHT DEIN ERNST MIT DEM SCHEISS-DING HIER!»

Der dürre Grieche antwortete gewohnt orakelhaft: «Mal hast du Glück, mal Pech. Steckst du nicht drin, musst einfach laufen lassen.»

Jens verzichtete auf eine Antwort und lieh sich bei Norbert das Geld fürs Essen.

«Das hol ich mir wieder, ich schwör's.»

Am nächsten Tag klingelte gegen sechs Uhr das Telefon. Jens war dran.

«Sag mal, hast du Bock, heute nochmal zu Schorsch? Ich geb einen aus.»

Eine Stunde später saßen wir erneut am Tresen, und mein Kollege klärte mich über seine Sucht auf. Er war mal im Winsener Croqueladen *Le Monsieur* angefixt worden, als er auf Anhieb eine *Hunderterserie* gewonnen hatte. Seitdem übten Geldspielautomaten einen magischen Reiz auf ihn aus. Jens machte mir den Vorschlag, den Automaten abwechselnd zu spielen, jeder immer einen Fünfer. In den kommenden Stunden versenkten wir einen Heiermann nach dem anderen im Disc, bis bei mir endlich die erste Ausspielung einlief. Auf dem Sonderspieltableau flackerte ein Licht rasend schnell zwischen 3, 5, 10, 12, 20, 25, 50, 75 und 100 umher, wobei die Wahrscheinlichkeit, dass das Licht bei drei bzw. fünf Sonderspielen stehen bleiben würde, mit jeweils vierzig Prozent angegeben war und für die hundert gerade noch ein Prozent verblieb. Das Licht blieb bei der 75 stehen. *Fünfundsiebzig Sonderspiele!* Das wäre eigentlich

Jensens Gewinn gewesen. Er hatte mit gestern zusammen über zweihundert Mark im Automaten gelassen und ich erst knapp dreißig. Tja, Pech gehabt. Die Gurke schmiss hundertundvierzig Mark. Wir spielten weiter, und bei mir lief erneut eine Ausspielung ein. Diesmal gewann ich fünf Sonderspiele. Tüt, Tüt, Tüt, Tüt. Fragend blickte ich zu Jens.

«Die musst du riskieren, das lohnt sonst nicht.»

Ich drückte erst auf 10, dann auf 20.

«Los, weiter, einen noch, den kriegst du!»

In Wahrheit hoffte er natürlich, dass ich abstürzen würde, denn ein Spieler gönnt dem anderen nicht das Schwarze unter den Nägeln. Doch ich schaffte erfolgreich vierzig Sonderspiele. Achtzig Mark schmiss die Kiste. Ein guter Abend war das.

Jens und ich erhöhten unsere Schorschfrequenz auf zweimal die Woche. Wir setzten uns immer sofort an den Tresen und fütterten abwechselnd den Automaten. Geredet wurde nur das Allernötigste. Wir waren Männer, die es einfach *taten*. Schorsch stellte uns unaufgefordert große Biere hin und wenig später Souvlaki. Im Durchschnitt verloren wir jeder ungefähr fünfzig Mark pro Abend, die Zeche kam dazu. Da wusste man auf einmal, wofür man jedes Wochenende zum Mucken loszog!

87 Synaptischer Spalt

Nach wie vor zuckelte ich jede Woche in die verwunschene Rentner-Enklave Bad Bevensen. Ganz schief und krumm war meine arme Vogelmama zusammengewachsen, und nun sollte sie endlich entlassen werden. Mir war gar nicht wohl bei dem Gedanken. Wieder mit Mutter zusammenwohnen, herrje! Ich war schließlich schon fünfundzwanzig, so würde das ja nie etwas werden mit den Weibern. Obwohl, Mutter hin, Mutter her, eine begehrte Partie war ich auch als Junggeselle mit sturmfreiem Zwergenhaus nicht gewesen.

Mutter war es in den letzten Wochen seelisch immer besser gegangen. Sie benahm sich jetzt fast wie ein *normaler* Mensch, schmiedete Pläne für nach der Entlassung, aß mit großem Appetit und schnatterte in einem fort. Die Ärzte führten das auf die kluge Medikation zurück, ich hingegen blieb misstrauisch, denn ich kannte mittlerweile alle Täuschungen und Tricks der Teufelskrankheit. So hatte sich die Psychose bislang immer angekündigt. Und ich sollte leider Recht behalten, denn Mutter hatte plötzlich wieder dieses irre Flimmern in den Augen. Der Wendepunkt war erreicht, der Wahnsinn würde wieder Einzug halten. Obwohl Mutter in der Klinik unter ständiger Aufsicht stand, brach sich die Krankheit ihren Weg. Unglaubliche Kräfte vermag so eine akute Psychose zu mobilisieren. Das Höllenfeuer tobte in dem kleinen, alten Bündel Mensch und drohte es endgültig zu vernichten. Stundenlang latschte sie, oft laut betend, mit ihrem Geländewagen herum, verwickelte ihre Mitpatienten in endlose Gespräche über den drohenden Weltuntergang, entwickelte weit gespannte Verschwörungstheorien und blockierte das Schwesterndienstzimmer. Als irrlichternder Fixstern verglühte sie in den endlosen Gängen der Diana-Klinik. Es hätte mich wirklich nicht gewundert, wenn sie Feuer gefangen hätte. In der allerletzten Phase begann sie, wie fast immer in diesem Zustand, von ihren Abtreibungsversuchen zu halluzinieren.

«Heinz, ich wollte dich umbringen, ich bin eine Mörderin. Ich habe mehrmals versucht, dich zu töten, und dafür bin ich jetzt in der Hölle.»

«Ach was, das war doch schwierig damals mit meinem Vater und Opa, das kann man doch verstehen. Hab ich dir das jemals vorgeworfen?»

Mein Vater war mit einer anderen Frau verheiratet gewesen und hatte bereits fünf eheliche Kinder. Für ihn kam es nicht in Frage, seine Familie zu verlassen. Meine Mutter zog wieder zu ihren Eltern. Schrecklich. Schwanger von einem verheirateten Mann! Damals, 1962, ein Drama. Mein Großvater legte sogar sein Mandat als Kirchenvorstand nieder, weil dieses Amt ihm unvereinbar schien mit dem Umstand, dass seine Tochter ein uneheliches Kind erwartete. Ich glaube, dass meine Mutter damals unwiderruflich Schaden genommen hat.

«Jetzt werde ich dafür bestraft. Bin ich überhaupt noch am Leben? Bist du ein Mensch, oder bist du der Teufel? Komm, sag die Wahrheit, wir sind schon in der Hölle!»

«Was soll ich denn machen?»

«Ich soll geschlachtet werden. Ich werde nachher geschlachtet und habe es verdient, denn ich bin eine Mörderin.»

Mutter wurde schließlich wieder nach Ochsenzoll verlegt, mit gerade mal einundsechzig Jahren diesmal gleich in die Geriatrie, die Alterspsychiatrie. Wer dort landet, ist endgültig verloren. Viele der alten Leute bekamen niemals Besuch und lagen einfach nur im Bett. Die, die noch gehen konnten, irrten oft den ganzen Tag rastlos durch die Gänge der Anstalt. Andere saßen im Aufenthaltsraum, wackelten mit dem Kopf und sagten stundenlang denselben Satz.

«Mein Bruder, mein lieber Bruder, kommt nächstes Jahr zu mir zurück.»

«Ich bin in der Hölle. Hier ist die Hölle.»

«Achachachach, Achachachachachach.»

Auch Mutter saß den ganzen Tag stumm auf einem Stuhl und schaute ins Leere. Länger als eine Stunde hielt ich es meist nicht aus.

«Ich muss dann mal wieder.»

«Vergiss mich nicht.»

«Nein nein, ich vergess dich nicht. Du mich aber auch nicht.»

«Kommst du nächste Woche wieder?»

«Ja, natürlich komme ich wieder.»

«Ich bin keine gute Mutter. Hast du mich trotzdem noch lieb?»

«Ja, das weißt du doch. Nun red dir nichts ein, natürlich bist du eine gute Mutter.»

Das Frühjahr 87 war angenehm warm und mild. Alles blühte und duftete, und es konnte einem ganz wohl ums Herz werden. Niels und seine Freundin schienen im Schanzenviertel so weit zufrieden zu sein. Wir hatten uns jetzt mehr aufs Telefonieren verlegt, da mir der weite Weg nach Hamburg zu beschwerlich war. Außerdem fühlte ich mich dort als Fremdkörper. Ich gehörte nach Harburg!

Dr. Helmut Kohl wurde als Bundeskanzler wieder gewählt und nahm unaufhaltsam zu. Ich merkte mir viele private Details über den Gemütsmenschen, zum Beispiel, dass er sich jedes Jahr für zwei Wochen zum Heilfasten zurückzog und hinterher vom Kabinett immer für sein gutes Aussehen gelobt wurde. Außerdem drang durch, er sei begeisterter Aquarist oder wie das heißt. Er ließ sich gerne zusammen mit den Fischen in seinem Dienstzimmer fotografieren. Was wohl Peter und Walter so machten? Ich hatte lange nichts von ihnen gehört. Wahrscheinlich studierten sie. Meine Peter und Walter bekam ich kaum noch zu Gesicht.

Die Archive meiner Hitfabrik quollen über, fast dreißig Playbacks hatte ich im Laufe der letzten beiden Jahre zusammengeschraubt, und schließlich half es alles nichts: Die Stücke mussten mal gesungen werden. Ich selbst kam ja nach selbstkritischer Einschätzung als Interpret nicht infrage (die erwähnten Handikaps) und sah mich sowieso als Strippenzieher im Hintergrund. Außerdem war meine Musik irgendwie Mädchenmusik. Ich gab eine Anzeige auf: *Seriöser Produzent sucht gut aussehende Sängerin unter fünfundzwanzig für internationale Popsongs. Gute Kontakte zu Schallplattenfirmen vorhanden. Tel.* Die ungefähr zwanzig Sängerinnen, die anriefen, bat ich um Zusendung von *Material (wird garantiert zurückgesendet)*. Fotos und Audiokassetten hüte ich immer noch wie einen Augapfel in einer eigens dafür gekauften Pappschachtel. Nicht ein einziges professionelles Bild war dabei, sondern ausschließlich private Schnappschüsse minderer Qualität. Ein junges Mädchen hat sich beispielsweise auf einem braunen Sofa fotografieren lassen. Im rechten Arm hält sie einen Säugling und in der linken Hand eine brennende Zigarette. Sie hat einen Schlabberpulli an (auch braun) und guckt rechts an der Kamera vorbei ins Leere. Eine andere steht vor einer schwarzen Schrankwand, schwenkt eine Art Cocktailshaker über ihrem Kopf und lacht dabei hysterisch. Im Vordergrund sieht man angeschnitten eine alte Frau sitzen, vermutlich ihre Großmutter. Eine Unverschämtheit, mir so etwas zu schicken! Wer war ich denn! Die Sängerinnen zumindest konnten ja nicht wissen, wer ich war. Die meisten wollten sich allerdings persönlich bei mir vorstellen. Neugierig wie eine Hutzeloma saß ich in der Küche und lupfte ein wenig die Vorhänge, um sehen zu können, wer da durch den winzigen Garten heranstapfte. Sie hatten mein Hexenhäuschen wohl mit der Geisterbahn, Künstlereingang, verwechselt, so sahen die *Sängerinnen* jedenfalls aus, haha. Schreckschrauben. Richtige Schreckschrauben. Und singen konnte auch keine, mit einer Ausnahme: Anja. Sie war gerade mal achtzehn, trällerte so schön wie ein kleines Vögelchen und war wunderhübsch. Außerdem schien sie sich weder an meinen Pickeln noch an dem wenig vielversprechenden Eindruck meines Homestudios zu stören. Ich hatte noch nicht einmal einen Produzentendrehstuhl. Synthesizer und Effektgeräte waren auf mehrere Teewagen verteilt, und das Mischpult stand auf einem Tapeziertisch. Für mich als Pragmatiker war die Hauptsache, dass ich überall bequem herankam. Das erste gemeinsame Stück, das wir zusammen aufnahmen, hieß *Lullaby*. Ach, war das schön. Meine Musik, endlich gesungen von einer Sängerin. Auch ihr gefiel die Ballade so gut, dass sie in zwei Wochen wiederkommen wollte, um den nächsten Titel einzusingen. Es sollte nach Plan gehen: Fotosession, Plattenvertrag und ab durch die Mitte. Alle vierzehn Tage besuchte sie mich im Zwergenhaus. Vor der anstrengenden Gesangssession wurde sie erst einmal von mir bekocht. Im Zubereiten von Hackgerichten hatte ich die meiste Routine: Hacksteak mit Kartoffelsalat, Paprika gefüllt mit Hack, Hackbällchen «Serbischer Art» oder Gehacktesstippe, ein Klassiker aus dem Harz, das waren meine bekömmlichen Standards. Obwohl Anja sehr dünn war, konnte sie enorm viel essen. Erstaunlich! Besonders dünne Menschen scheinen die Nahrung bereits beim Schlucken in reine Energie umzusetzen. Dann servierte ich uns noch frisch gebrühten Bohnenkaffee und anschließend hopphopp ab nach oben an die Arbeit. Ich war mir nicht sicher, ob ich mehr in meine jetzt endlich zum Leben erweckte Musik verliebt war oder in die zierliche Prinzessin, die auf wunderbare Weise mein Leben versüßte. Anja, Anja, Anja! Sie stand schon von Natur aus auf der Sonnenseite des Lebens. Natürlich hätte ich mich niemals getraut, einen Annäherungsversuch zu machen. Uns trennten Lichtjahre.

Jens und ich bescherten Schorsch Spitzenumsätze, da er am Automatengewinn mit vierzig Prozent beteiligt war. So wurden wir seine Lieblingsgäste, die er hegte und pflegte.

«Junkens, wie geht euch das, schön, euch zu sehen. Heute geht Souvlaki aufs Haus, ihr zahlt nur die Getränke.»

Er deutete auf den Disc.

«Heute ist er fällig. Da war gestern son Opi da, der hat dreihundert Mark reingesteckt. Ist nichts gekommen, ihr werdet sehen, heute schmeißt er.»

Natürlich schmiss er nicht.

Eines Nachts nach der Mucke standen Jens und ich auf dem Holzhauerhof und rauchten noch eine.

«Sag mal, Heinzer, hast du eigentlich schon mal was von Ahrens gehört?»

«Ne, was ist das?»

«Das ist eine Spielhalle im Phoenixviertel, die hat 'ne Nachtlizenz, da kannst du vierundzwanzig Stunden am Tag daddeln.»

«Spielhalle, ich weiß nicht, da war ich noch nie drin.»

«Echt? Komm, wir fahren gleich mal hin, ich zeig dir das.»

Er war heiß. Eine halbe Stunde später saßen wir nebeneinander vor zwei Merkur Disc 2, den damals beliebtesten Geldspielgeräten überhaupt. Die Spielhalle wirkte ziemlich heruntergekommen, und das Erste, was mir auffiel, war der eigentümliche Geruch. Alle Spielhallen riechen so. Warum wohl? Ist es der Eigengeruch der Automaten, die überall gleiche Auslegeware oder gar ein unter tiefenpsychologischen Gesichtspunkten kreiertes Raumspray, das die Kunden willenlos machen soll? Der Verzehr von Alkohol war streng verboten. Dafür rauchten die paar übermüdeten Spieler, was das Zeug hielt. Es waren fast alles Südländer, die den Eindruck vermittelten, als hätten sie gerade erfolgreich ihre krummen Geschäfte abgewickelt und wollten jetzt bei einer Hunderterserie die Nacht ausklingen lassen. Sie spielten meist mehrere Automaten gleichzeitig, gingen immer auf volles Risiko und hetzten wie wilde Raubtiere durch die spackige Halle. Das war natürlich sehr beeindruckend für uns Schmalspurdaddler. Jens spielte auf kleiner Flamme, das heißt, er nahm auch kleinere Gewinne an und gewann so ungefähr zwanzig Mark. Ich hingegen verlor den obligatorischen Fuffi. Eine schöne Belohnung für die harte Arbeit.

So wurde es uns eine liebe Gewohnheit, nach fast jeder Mucke *auf einen Fuffi* noch zu Ahrens zu fahren. Und nicht nur zu Ahrens: In der Nähe der Zwergensiedlung gab es auch vier Hallen, die mir früher nie aufgefallen waren. Ich wechselte bei der Aufsicht meist gleich einen *Hunni*, ließ mir Kaffee geben, der immer umsonst ausgeschenkt wurde *(Kaffee satt)*, setzte mich vor einen Automaten und verbrachte wunderbare, anonyme Stunden. Herrlich, wenn der erste Heiermann durch den Münzschlitz glitt und frisch aufgebrühter Bohnenkaffee die Kehle herunterpullerte. Hier bin ich Mensch, hier darf ich's sein. Biester gab's keine, und lästige Gespräche wurden mir auch nicht aufgenötigt. Eine komplett angstfreie Zone. Schön mit ein paar Rentnern und Ausländern im halbdunklen Raum hocken, kochend heißen Jacobskaffee trinken und dem Lauf der Scheiben folgen. Dass mindestens ein Drittel meiner Gagen in den metallenen Bäuchen meiner neuen Freunde landete, störte mich nicht im Geringsten. Andere gingen essen, fuhren ständig in Urlaub oder kauften sich alle zwei Jahre einen Neuwagen. Ich spielte eben!

Mit Urlaub hätte man mich sowieso jagen können. Schon bei der Vorstellung, für teures Geld in ein überhitztes Land mit riesigen Insekten zu fliegen, in dem man weder die Sprache noch die Gebräuche kennt, bekam ich einen Schweißausbruch. Außerdem wäre die Sonne wegen meiner Pickel nichts für mich gewesen. Mythos Sonne. Bei Temperaturen über 23 Grad kommt es zu innerem Abrieb, der Körper übersäuert, und man wird zum Pflegefall. Ich war auch kein Stück neugierig auf fremde Länder und Kulturen. Die Erwartungen an den Urlaub werden eh nie erfüllt. Quallenplage, Moosbefall, Bettenburgen, Erdstrahlen, giftige Tapeten und Gebäudesprengungen: Die meisten Urlauber kehren als Wracks aus dem Urlaub zurück, traumatisierte Discount-Touristen, von skrupellosen Reiseveranstaltern in den Alltag abgeschoben. So klebt der Pauschalzombie auf dem Weg nach Hause mit nässendem Po und blutunterlaufenen Augen auf den durchgescheuerten, viel zu engen Sitzen des abgewrackten Ostfliegers und bittet um Vergebung.

Das war so ungefähr meine Meinung über Urlaub. Mir reichte völlig, was ich aus dem Fernsehen erfuhr. Alles Fremde machte mir Angst. Eigentlich machte mir alles Angst: Einkaufen, Autofahren, mich mit fremden Menschen unterhalten undundundoderoderoder.

Was für ein Leben: Mucken, Mutter besuchen, Schorsch, Spielhalle, ab und zu nach Winsen fahren, frickeln, fernsehen, melken. Weiber Fehlanzeige. Restaurantbesuche, Urlaub, Disco Fehlanzeige, Fehlanzeige, Fehlanzeige. Alle anderen ja, ich nein. Meine einzigen Leidenschaften neben der Daddelei waren Starkbier und Zigaretten. Ich trank am liebsten allein, da ich mich so besser auf die Wirkung konzentrieren konnte, und rauchte Unmengen Camel ohne. Herrlich, wenn endlich Abend war, auch wegen der Pickel. Die im Dunkeln sieht man nicht. Jeden Abend kam ich dem großen Ziel, vierzig Jahre alt zu werden, wieder ein Stück näher. Was waren das eigentlich für Vollidioten, die behaupteten, der Tag könne auch gern mehr als vierundzwanzig Stunden haben? Ich war gern bereit, ihnen die Zeit zwischen zwei Uhr nachmittags und zehn Uhr abends abzutreten. Elende Streber, sollten sie sich doch an Zweiunddreißigstundentagen die Zähne ausbeißen!

Meine Depressionen wurden immer ärger und ließen sich auch bei den Mucken nicht mehr verbergen. Wie ein Stein stand ich auf der Bühne und glotzte ins Leere. Immer öfter begannen sich die Leute über mich zu beschweren:

«Was ist denn mit eurem Saxophonisten los, ist der immer so?»

«Der hat Liebeskummer.»

«Aha. Na, dann gute Besserung.»

Meine Kollegen deckten mich. Ich hatte einen Ausnahmestatus, da ich als Künstler galt und daher geschont werden musste. Außerdem glaubten sie, dass es von allen Seiten Abwerbungsversuche gebe. Ich ließ sie gern in diesem Irrglauben, wusste allerdings auch, dass ich den Bogen nicht überspannen durfte. Als Solist stand ich zu allem Überfluss noch an der exponiertesten Stelle in der Mitte der Bühne. Ich war das Zentrum der schlechten Laune. Unser zumeist rustikales Publikum scheute sich dann oft auch nicht vor einer kritischen Auseinandersetzung, meist, wenn ich gerade auf dem Weg zur Toilette war.

«Ach guck mal, der Saxophonspieler. Bitte recht freundlich!»

Oder: «Lach doch mal.»

Einmal brachte es tatsächlich jemand fertig, mir mit der Faust auf die Stirn zu klopfen, so, wie man an eine Tür pocht: «Hallo, jemand zu Hause? *Cheeeeeese!*»

Die vielleicht langweiligste Veranstaltung der Welt ist der *Ball des Sports* in der Winsener Stadthalle. Ich schaute zum wiederholten Mal auf die Uhr. Gottachgottachgott, erst halb elf, noch viereinhalb Stunden bis zum Feierabend! *Samstag Nacht, und du hast nur deine Lieder, die Sehnsucht kommt wieder in jeder Samstag-*

nacht. Ein Pärchen tanzte zu den Klängen dieses Klassikers von Howie, tuschelte und blickte verdächtig oft zu mir herüber. Sie schienen etwas vorzuhaben, und ich bekam es mit der Angst zu tun. *Du machst die Augen zu, tanzt deinen Blues, niemand hat an dich gedacht, die Zeit, wo die Sehnsucht erwacht, kommt in jeder Samstagnacht.* Plötzlich blieben sie direkt vor mir stehen und zogen mit ihren Fingern ihre Mundwinkel zu einem extra breiten Lachen nach oben. Dann reckten sie die ausgestreckten Daumen nach oben. Im Verlauf des Abends zeigten die Drecksäue immer wieder auf mich und machten sich vor Vergnügen über ihren Spitzengag fast in die Hosen. Jeder im Saal bekam es so natürlich mit. Ich traute mich nicht mehr auf die Toilette, und nach der Mucke stellte Gurki mich zur Rede.

«Mensch, Heinzer, was ist denn los mit dir, so geht das nicht. Ich kann doch nicht jedes Mal erzählen, dass du Liebeskummer hast.»

«Ja, ich weiß», erwiderte ich entkräftet.

Das Defizit an guter Laune versuchte ich durch exzellente Leistung auszugleichen, meine einzige Daseinsberechtigung. Selbst bei langweiligen Titeln wie *It never rains in Southern California* gab ich alles. Dabei wurde mein virtuoses Spiel meist überhaupt nicht wahrgenommen. Ganz anders wäre es gewesen, wenn ich bei Roland Kaiser, Vicky Leandros oder gar James Last mitgespielt hätte. *Automatisch* hätte ich als Virtuose gegolten. Bei einer Amateurkapelle wie *Tiffanys* hingegen konnte ich tröten, was das Zeug hält, egal. Ich mochte die Leute nicht, und die Leute mochten mich nicht. Eine durch und durch verkorkste Situation. Immer schlimmer wurde es auch mit dem elenden Unterricht. Ich wusste nicht, was schrecklicher war: sieben Stunden Tanzmusik oder Montagnachmittag im Halbstundentakt die untalentierten Frechdachse verarzten.

In einer endlosen Parade von Schweißausbrüchen und Beinahe-Ohnmachten zitterte ich durch die Tage. Am schlimmsten war es morgens. Ich wachte mit unerträglichen Angstzuständen auf und war erst nach ungefähr einer Stunde in der Lage aufzustehen, ohne gleich wieder in mich zusammenzusacken. An Essen war kaum noch zu denken. Mir wurde ständig übel, und ich musste mich zwingen, mir wenigstens ein kleines bisschen Nährschlamm hineinzuquälen. Wie Stromstöße schlugen die Panikattacken in meinen Körper ein, breiteten sich dort wellenförmig aus, ebbten langsam wieder ab, und dann kam auch schon der nächste Einschlag. Selbst das Melken hatte ich eingestellt; mein letztes bisschen Energie verwendete ich darauf, nach außen hin den Schein zu wahren. *Tiffanys* durften unter gar keinen Umständen mitbekommen, wie es um mich bestellt war, sonst würde ich sofort fristlos entlassen werden, davon war ich überzeugt.

Der Zusammenbruch kam eines Freitagnachts. Ich hatte mich unter großen Mühen gegen vier Uhr in den Schlaf getrunken, war jedoch schon kurze Zeit später wieder aufgewacht. Ich fror wie ein Schneider und war starr vor Todesangst. Keine halbe Stunde würde ich das mehr aushalten. Ich rief den ärztlichen Notdienst an. Nach Ewigkeiten rückte ein überforderter Allgemeinmediziner an und spritzte mir, offenbar aus Verlegenheit, eine ordentliche Ladung Haloperidol, ein hochpotentes Neuroleptikum gegen Psychosen. Falsche Indikation! Dann gab der Depp mir noch die Telefonnummer eines Psychiaters. Ich kroch zurück ins Bett, doch die Angstzustände besserten sich kaum, ich war nur stark sediert und wurde nun auch noch von dem Gefühl gequält, mich nicht mehr bewegen zu können. Schrecklich! Ich war Gregor Samsa. Herr, in höchster Not fleh ich zu dir. Als ich gegen elf Uhr wach wurde, kam ich mir immer noch wie gelähmt vor. Wahrscheinlich hatte sich der Quacksalber verschätzt und mir aus Versehen viel zu viel gespritzt. Mein Gott, was musste ich eigentlich noch alles ertragen? Und abends war Mucke. Was sollte ich den Kollegen bloß erzählen? Herzinfarkt? Lungenembolie? Magendurchbruch? Ich konnte auf gar keinen Fall spielen. Mühsam krabbelte ich zum Telefon.

«Musikhaus *Da capo*, mein Name ist Beckmann, guten Tag.»

Lallend meldete ich mich. «Hallo, hier ist Heinz.»

«Moin, Heinzer, wo geiht? Du klingst ja lustig. Hast schon einen genommen? Aber bis heute Abend bist du wieder nüchtern!»

«Neenee, ich hab gar nichts getrunken. Ganz schlechte Nachrichten, ich kann leider nicht spielen.»

«Das kannst du mir nicht antun. Was ist los?»

Es bereitete mir Mühe, einigermaßen deutlich zu sprechen. «Letzte Nacht musste der Notarzt kommen. Mein einer Weisheitszahn ist total entzündet und vereitert, der muss Montag gleich raus. Er hat den jetzt notdürftig gemacht, aber spielen kann ich so auf keinen Fall.»

Das mit dem Lallen war natürlich gut.

«Och nee, gerade heute Abend! Die Leute wollten unbedingt 'nen Bläser. Und ich hab extra damit Werbung gemacht, dass wir so einen guten Saxophonisten haben.»

«Tut mir Leid, aber das ist höhere Gewalt, das kannst du denen ja so sagen.»

«So krank hörst du dich nun auch wieder nicht an.» Er war mitleidlos. «Pass auf, Heinzer, ich hab hier noch starke Schmerzmittel. Wir machen das einfach so: Einer von den Jungs holt dich direkt von zu Hause ab und bringt dich auch wieder, du musst dich um nichts kümmern. Du brauchst auch nur ganz wenig zu spielen. Hauptsache ist, da steht jemand mit 'nem Saxophon rum.»

Aha, so war das also. Hauptsache, da steht jemand rum.

«Hör mal, Heinz, ich kann das dem Veranstalter gegenüber echt nicht bringen.»

Was sollte ich nur machen? Ich gab auf. «Aber ich kann für nichts garantieren.»

«Weißt du was, Heinzer, das finde ich super von dir. Das werde ich dir nicht vergessen. Also, leg dich wieder hin, um halb sechs wirst du abgeholt.»

Torsten holte mich ab. Im Auto schlief ich sofort ein. Als ich schließlich in den Festsaal torkelte, blickten mich die Kollegen teilnahmsvoll an.

«Echt super, Heinzer. Du brauchst auch nicht jeden Set zu spielen. Hauptsache, du bist da, und der Veranstalter sieht die Instrumente.»

Ich spielte in preußischer Pflichterfüllung natürlich doch jeden Set. Wie ich diese sechs Stunden überstanden habe, weiß ich nicht mehr. Oft war ich kurz davor, einfach loszubrüllen, eine meiner vielen Zwangsvorstellungen. In einem völlig unpassenden Moment losbrüllen wie ein Ochse. Vielleicht hätten die Kollegen ja auch einen Gag daraus gemacht. *Und da meldet sich auch schon unser Saxophonist Heinz zu Wort! Normalerweise an den Blasinstrumenten, doch heute singt er den neuen Titel der Dead Kennedys. Und das ist gleichzeitig Damenwahl!*

Die Leute: begeistert! Torsten brachte mich auch wieder nach Hause.

«Spitze, Heinzer. Montag ziehen sie dir das Scheißding, und alles wird gut.»

«Ja, wird schon. Und fürs Bringen nochmal heißen Dunk.»

Und ohne Eier ins Bett.

Am Montagmorgen rief ich die Telefonnummer an, die mir der Notarzt gegeben hatte. Ich hatte Glück und bekam noch für denselben Nachmittag einen Termin bei der Irrenärztin mit dem absolut passenden Namen: *Dr. Vogel*. Dr. Vogel war eine untersetzte Frau mit lieben Augen.

«Um Ihre Angstzustände zu lösen, kommen wir um Psychopharmaka zumindest vorübergehend nicht herum. Ich verschreibe Ihnen mal eine Kombination aus einem Angst lösenden Mittel und einem Antidepressivum. Langfristig benötigen Sie natürlich eine Psychotherapie. Die muss allerdings erst von Ihrer Krankenkasse bewilligt werden. Und Alkohol dürfen Sie vorerst keinen mehr trinken.»

Das angeblich Angst lösende Medikament stammte aus der Gruppe der Benzodiazepine und hieß Lexotanil. Ich konnte mir nicht vorstellen, dass davon überhaupt irgendetwas besser werden würde. Vorsorglich nahm ich die doppelte Menge. Eine halbe Stunde später jedoch war die Angst weg. *Weg, weg, weg!* Das konnte ja wohl nicht mit rechten Dingen zugehen! Die eiserne Faust hatte sich gelöst. Jeder einzelne Finger war ihr gebrochen worden von der Zaubertablette Lexotanil!

Allein war ich mit meinen Zuständen nicht. Auch der schleswig-holsteinische Ministerpräsident Uwe Barschel zählte zu meinen Leidensgenossen. *Uns Uwe* hatte, ursprünglich gegen seine Flugangst, jahrelang das Benzodiazepin Tavor genommen. Und jetzt war er dran. Der machtbesessene Provinzfürst hatte dem feingliedrigen Feingeist Björni Schmörni Engholm an die Wäsche wollen, doch der *Spiegel* hatte mal wieder ganze Arbeit geleistet. Mit großer Schadenfreude verfolgte ich den unaufhaltsamen Sturz des unsympathischen CDU-Hoffnungsträgers. Er dürfte zwischen dem 12. September und dem 11. Oktober so einiges weggeschluckt haben, denn ohne den massiven Einsatz von Psychopharmaka wäre es wohl nicht zu der bizarren Ehrenwortinszenierung gekommen. Der Dummbatz, jetzt würde er aber so richtig eingeschenkt bekommen! Im Autoradio erfuhr ich von seinem nassen Tod in der Fremde. Enttäuschend. Eigentlich hätte ich eher mit dem preußischen Offiziersfreitod durch Kopfschuss gerechnet. Aber im Tabletten- und Rotweinrausch in der Badewanne ersaufen und sich dann auch noch von doofen stern-Reportern fotografieren lassen? Eine

Flasche! Na ja, Uwe war tot, und ich wollte leben! Das andere Medikament hieß Ludiomil, ein trizyklisches Antidepressivum. Dr. Vogel hatte das Mittel damit angepriesen, dass auch Prinz Klaus von Holland schon seit Jahren damit behandelt würde. Der ewige Trauerkloß Klaus. Ob das eine gute Referenz war? Na ja, schlucken, und gut ist, Lexotanil hatte schließlich auch geholfen. Nach zwei Wochen (bei Antidepressiva muss sich im Körper ein Spiegel aufbauen, und das dauert) setzte die stimmungsaufhellende Wirkung ein. Herrlich. Warum war ich da erst jetzt draufgekommen? Saufen war mir aufgrund der Wechselwirkungen verboten. Ich hielt mich daran und konnte mich bald schon wieder über Kleinigkeiten freuen wie über die Sache mit Mathias Rust. Als der linkische Sportpilot auf dem Roten Platz in Moskau landete, dachte ich anfangs, es wäre in Wahrheit gar nicht Mathias Rust, sondern unser Tanzmusiknorbert. Nach Veröffentlichung der ersten Fotos rief ich sofort bei Norbert zu Hause an und war enttäuscht, als ich erfuhr, dass er sich offenbar doch nicht in sowjetischer Haft befand. Es wäre doch sehr interessant gewesen, wenn mein Freund und Kollege still und heimlich Flugstunden genommen hätte, um den Coup seines Lebens hinzulegen! Na ja, dann eben nicht. Schade.

Den Abstieg von Mathias Rust vom Friedensvogel zum Sexharlekin habe ich sehr interessiert verfolgt. Was macht der hüftsteife Hasardeur eigentlich heute? Er ist Gründer und Chef der Organisation *Orion und Isis*, über die sich Folgendes erfahren lässt:

Im Gegensatz zur gängigen Praxis ist Orion und Isis weder nach außen noch nach innen transparent, das bedeutet, dass sich auch die mitarbeitenden Personen untereinander nicht kennen ... Durch diese bewusst geschaffene Isolation der Kreativquellen wird erreicht, dass die typischen menschlichen Plagegeister ... von vornherein ausgeschlossen werden ... Lediglich Mathias Rust, dem Koordinator von Orion und Isis, sind alle Identitäten bekannt ...

Das ist doch mal interessant!

«Na, Heinzer, was ist denn los mit dir? Kaum gehst du unter die Antialkoholiker, da bricht bei dir der Frohsinn aus. Gibt's doch gar nicht!»

«Jo, die Sauferei ist 'n bisschen zu viel geworden. Mal 'n kleines Päuschen kann nicht schaden.»

«Das ist vernünftig. Dann brauch ich ja vielleicht auch nicht mehr so oft erzählen, dass unser Saxophonist Liebeskummer hat.»

«Mal abwarten.»

Mir ging es immer besser, und ich konnte im Laufe der nächsten Monate das Lexotanil schrittweise wieder absetzen. Die Krankenkasse bewilligte Dr. Vogels Antrag; schon bald sollte eine Gruppentherapie beginnen. Als Nächstes kam ich auf die verwegene Idee, statt um zwei Uhr nachmittags morgens um neun aufzustehen. Ich pennte zwar anfangs immer fast im Stehen ein, aber nach ein paar Wochen war es geschafft. Ich hatte wieder die Kontrolle über mein Leben übernommen.

Deutsches Haus

Wann immer ich Geld übrig hatte, kaufte ich mir neue Geräte für mein Hitstudio. Als einer der Letzten stieg ich dann auch endlich vom C 64 auf den Atari um. Obwohl ich mich nie um Termine bei Plattenfirmen oder Musikverlagen bemühte, keine Demos verschickte oder gar Liveauftritte organisierte, kam Anja, ohne zu murren oder sich gar einen anderen *Produzenten* zu suchen. Die entscheidende Voraussetzung fehlte ihr genau wie mir: der Wille zum Erfolg. In Wahrheit wäre ich wahrscheinlich völlig überfordert gewesen, wenn sich tatsächlich jemand ernsthaft für uns interessiert hätte. Mir ging es wie Tausenden von Hobbymusikern, Freizeitschriftstellern, Feierabendmalern und sonstigen Möchtegernkünstlern, die sich jeder Beurteilung entziehen, weil sonst womöglich das Kartenhaus des eingebildeten Talents in sich zusammenfallen würde. Als verkanntes Genie kann man es sich im Leben auch ganz komfortabel einrichten.

Besonders originell waren meine Smashhits nicht. Ich bediente mich jeweils aktueller Sounds bzw. Produzententricks oder klaute gleich ganze Harmoniefolgen, am liebsten die genial modulierten *Lines* von *Depeche Mode*. Mal klangen meine Songs wie die gerade aktuelle Single der *Pet Shop Boys*, mal war der Basslauf Madonnas *Into the Groove* entlehnt, mal hatte das Rhythmusarrangement verdächtige Ähnlichkeiten mit dem *Tears For Fears*-Hit *Shout*. Von meiner Sorte gab es viele Musiker, die ihr Handwerk verstehen, aber keine künstlerischen Ideen, keine Vision und keine Haltung haben. Mucker eben.

Bei Tiffanys ging alles seinen gewohnten Gang. Wir hatten uns bei etwa fünfzig Auftritten im Jahr eingependelt, die sich fast ausschließlich im Bermudadreieck Hochzeiten, Dorfjugendveranstaltungen und Schützenfeste bewegten. Die Front zwischen Gurki und dem Rest der Band verhärtete sich immer mehr, aber da Zwerg Nase nach wie vor Herr über den Terminkalender war, blieb seine Position in der Band unangefochten, obwohl es sowohl mit seinem Gitarrenspiel als auch mit seinen Ansagen weiter bergab ging. Wir schafften uns eine größere Lichtanlage an, und regelmäßig wurde Jensens Synthieburg auf den neuesten Stand gebracht. Und nach Feierabend Eier, Eier, Eier.

Mutter war so weit wiederhergestellt, dass sie endlich aus dem Krankenhaus entlassen werden sollte. Das arme Vögelchen bekam jetzt irgendeinen neuen Cocktail aus verschiedenen Psychopharmaka, der sie auf niedrigem Niveau stabilisierte. Von einer wirklichen Verbesserung oder gar einem Durchbruch konnte jedoch nicht die Rede sein. Die Ärzte schienen auch nicht recht zu wissen, was sie warum verabreichten. Wahrscheinlich hatten sie Mutter aufgegeben. Fehlte nur noch, dass meine kleine Vogelmama täglich in eine Wanne mit Eiswasser gesteckt worden wäre. Die Krankenkasse fing an, richtig Druck zu machen. Mutter sollte mitsamt ihres Deltarads in eine ungewisse Zukunft entlassen werden. Doch irgendwann wurde mir schlagartig klar, dass sie gar nicht ins Zwergenhaus der tausend Stufen zurückkehren konnte, wegen der tausend Stufen eben. Badezimmer, Toilette, Wohn- und Schlafräume waren in dem winzigen Haus so unglücklich über mehrere Ebenen verteilt, dass Mutter jeden Tag Hunderte von Stufen hätte überwinden müssen. Dabei konnte sie selbst mit ihrem Gehwagen nur noch ganz kurze Wege zurücklegen. Wieso hatte da eigentlich keiner dran gedacht? Ich schlug ihr den Einbau eines Treppenlifts vor, was sie vehement ablehnte. (Ein Treppenlift, das kostet doch TAUSENDE! Wer soll denn das bezahlen? Und da komm ich mir ja *vor wie eine Schwerbehinderte.*) Und nun? Ich verbrachte die folgenden Wochen damit, mir geeignete Wohnungen erst alleine anzugucken und dann Mutter aus dem Krankenhaus zu einem zweiten Besichtigungstermin abzuholen. Sie lehnte alles ab. Mal störte sie sich am Anblick von Mülleimern, die vom Schlafzimmerfenster aus zu sehen waren, mal schienen ihr zu viele Kinder, Hunde oder Katzen das Mietshaus zu bevölkern. Mehrmals äußerte sie den Verdacht, über und neben ihr planten wahrscheinlich Terroristen neue Anschläge. Mit Argumenten war dem natürlich schwer beizukommen, denn ganz offenbar wollte sie unter gar keinen Umständen allein in eine Wohnung ziehen. Ich gab schließlich auf. Die Krankenkasse gewährte Mutter noch zwei Wochen. So schlug der behandelnde Arzt vor, sie erst einmal provisorisch in einem Hotel unterzubringen. Sie war natürlich dagegen:

«Ein Hotel, ihr seid wohl verrückt geworden, wer soll denn das bezahlen. Steckst du mit denen etwa unter einer Decke?»

Doch das Krankenhaus handelte mit dem *Hotel Deutsches Haus* günstige Konditionen aus, und so blieb Mutter schließlich nichts anderes übrig, als Anfang Juni dort einzuziehen.

Das *Deutsche Haus* lag im zehn Kilometer von Harburg entfernten Vorort Neugraben und erinnerte mich in mancher Hinsicht an das Berghotel aus dem Psychoschocker *Shining*. Nie sah man eine Menschenseele in den lang gezogenen Fluren. Im Keller des in den siebziger Jahren erbauten Rotklinkerbaus befand sich eine Bundeskegelbahn, die nie benutzt wurde. Einmal habe ich heimlich in ein paar andere Zimmer geguckt. Sie waren alle leer. Mutter schien der einzige Gast zu sein – unheimlich! Betrieben wurde die Gruft vom kinderlosen Ehepaar Scholz. *Hotel Deutsches Haus, Inhaber Familie Scholz* war auf der Leuchtreklame zu lesen. Ich hätte *Ehepaar Scholz* richtiger gefunden, aber vielleicht war ja Nachwuchs unterwegs. Herr Scholz sah aus wie Gurki in Italienisch und Frau Scholz auch. Einmal die Woche besuchte ich Mutter. Ich klopfte viermal an die Tür des nach hinten gelegenen Zimmers – so war es abgemacht. Mutter saß immer auf dem einzigen Stuhl und schaute aus dem Fenster. Es gab jedoch nichts zu sehen, außer einer leicht abschüssigen Rasenfläche und ein paar Bäumen. Alle Jubeljahre spielten Kinder auf dem Rasen, aber sonst war da einfach nichts. Vielleicht beobachtete Mutter Tiere; Eichhörnchen, Vögel oder gar einen Fuchs, aber die waren da ja auch nicht. Ihr Zimmer sah immer so aus, als wäre sie gerade erst angekommen und würde auf gar keinen Fall beabsichtigen, länger als eine Nacht zu bleiben. Vielleicht wollte sie es sich auch extra kein Stück gemütlich machen, damit der Auszug leichter fiele. Ich holte sie aus ihrem Zimmer ab, und dann gingen wir in die stets menschenleere Gaststube, bzw. Mutter rollerte mit ihrem Deltarad dorthin, und aßen das Stammessen für sieben Mark sechzig. In Restaurants mit Namen wie *Deutsches Haus*, *Eichenhof* oder *Zum Hirschen* heißt das Mittagessen immer Stammessen und besteht aus Kartoffeln, Mischgemüse und einem schönen Stück Fleisch mit Soße (Rind oder Schwein). Freitags gibt es Fisch, und Vegetarier werden generell nicht so gern gesehen. Die häufig wechselnden Kellner hatten sich in die Gesäßtasche ihrer schlecht sitzenden schwarzen Hose immer ein riesiges Kellnerportemonnaie hineingestopft. Sie schienen sehr unzufrieden darüber, im *Hotel Deutsches Haus* gelandet zu sein. Miesepetrig servierten sie die Sättigungsmasse und verzogen dabei keine Miene. Das *Deutsche Haus* glich einem überdimensionalen Sarg. Das riesige Getriebe des Hotelapparates schien sich ausschließlich für meine arme Mama in Bewegung zu setzen. Es war mir vollkommen rätselhaft, wovon hier gelebt wurde.

Im Oktober machte mein Kadett schlapp und wurde durch einen giftgrünen Datsun Sunny ersetzt. Nissan hieß damals noch Datsun. Das Fahrzeug hatte immerhin ein Radioteil mit Kassettenrecorder und 15 PS mehr als der Kadett. Diese Mehrleistung war jedoch durch die nachträgliche Umrüstung auf Automatikgetriebe wieder vollständig neutralisiert worden. Er war genauso lahm wie der Kadett und brachte es auf höchstens 135 km/h, bergab mit Rückenwind. Trotzdem fand ich den Wagen viel schöner und moderner als den Opel. Wenn man ihn mal ganz *genau* unter die Lupe nahm, war eine gewisse Ähnlichkeit mit dem Porsche 911 nicht zu verkennen. Auf dem hoteleigenen Parkplatz war mein Bolide neben dem gepflegten Passat der Familie Scholz das einzige Auto, denn der damalige Kellner, Herr Sowieso, pflegte mit dem Moped zur Arbeit zu kommen.

Wir saßen in der totenstillen Gaststube und steckten uns das Stammessen rein. Zu hören waren nur Kaugeräusche. Während des Essens soll man weder reden noch trinken, sondern sich auf den Genuss konzentrieren, besonders, wenn man sich nichts zu sagen hat. Leise Schluck- und Schmatzgeräusche. Mutters Erlebnisdichte war gering, und dementsprechend hatte sie auch nicht viel zu erzählen. Ich versuchte, die Geschehnisse der vergangenen Woche auf eine halbe Stunde zu strecken, und langweilte mich zu Tode. Dann entdeckte ich, etwas versteckt neben dem WC, einen Merkur Disc 2. Mein Lieblingsautomat! Während des ganzen Essens freute ich mich auf die fünfzehnminütige Auszeit.

«Du, ich muss mal eben aufs Klo.»

«Aber mach nicht so lange.»

«Neenee.»

Ahh, herrlich. Schnurstracks steuerte ich mit bereits handwarmem Silbergeld auf die Gurke zu, die schon sehnsüchtig auf mich zu warten schien. *Komm her, mein Freund, nun kümmere dich mal ein kleines Weilchen nicht nur um deine Mutter, kümmer dich auch einmal um mich.* Das tat ich gern. Ich war wahrscheinlich der Einzige, der überhaupt jemals Geld in das arme Maschinchen gesteckt hatte. Ein einziges Mal habe ich eine Vierzigerserie geholt, in den kommenden Jahren aber bestimmt tausend Mark im Merkur Disc 2 des *Deutschen Hauses* versenkt. Mutter war immer schon sehr ungeduldig, wenn ich endlich zurückkam.

«Das hat aber wieder gedauert, stimmt was mit deiner Verdauung nicht?»

«Nein, irgendwas ist da nicht in Ordnung, ich weiß auch nicht.»

«Dann musst du mal zum Arzt gehen. Wie geht es denn eigentlich dir und deiner Musik?»

«Och, ganz gut. Seitdem ich keinen Alkohol mehr trink, schaff ich auch viel mehr.»

«Und hast du bald mal einen Plattenvertrag?»

«Die Situation ist im Moment gerade ganz schwierig. Es werden kaum noch Plattenverträge vergeben. Aber ich schaff das schon.»

«Na hoffentlich. Spielst du immer noch bei den *Tiffanys*?»

«Nicht *Die Tiffanys*. Einfach nur *Tiffanys*. Ja, natürlich, das weißt du doch.»

«Und wann fängt deine Therapie an?»

«In zwei Wochen. Hoffentlich bringt das was.»

Irgendwie traurig

Es ließ sich jedoch kaum übersehen, dass die zweistündigen Therapiesitzungen totale Quatschveranstaltungen waren, und so schrumpfte unsere Gruppe im Lauf der Zeit von anfänglich elf Irren zuletzt auf die fünf zusammen, die wie ich über sehr viel Tagesfreizeit verfügten. Dr. Vogel war heillos überfordert. Ich glaube, der an sich sympathischen Frau gelang es in zwei Jahren nicht, auch nur ein einziges Problem zu lösen. Anfangs machten wir noch Rollenspiele und ähnlichen Unfug, bei dem zum Beispiel jemand aus der Gruppe die Rolle der Mutter eines Mitpatienten einnehmen musste. Endlos sich hinziehende, quälende Szenen, die so wirkten, als würde eine Laienspielgruppe unter der Regie von Dieter Hallervorden einen Sketch über Psychotherapie proben. Wir wurden immer bockiger, und irgendwann verzichtete Dr. Vogel auf diese Farce. So wurde nur noch gelabert, was das Zeug hielt. Irgendwie waren alle hoffnungslose Fälle. Und immer waren die Eltern an allem schuld. Wenn ich Psychologe gewesen wäre, hätte ich ihnen den Rat erteilt, sich doch besser gleich aufzuhängen. Zum Glück war ich kein Psychologe. Ganz verheerend war es etwa um den zweiunddreißigjährigen Siegfried bestellt, ein Chemiestudent im ungefähr achtzigsten Semester, der noch nie eine Freundin gehabt hatte und aus Angst vor dem Berufsleben sein Studium nicht beendete. Er brachte es auch nicht fertig, bei seinen steinalten Großeltern auszuziehen, war aschfahl im Gesicht, rauchte wie die anderen Deprimierten unfassbar viel und trug *immer* Jeans und Parka. Außerdem hatte er eine sehr schlechte Haltung. *«Bist du ein Kerl? Mach dich gerade!»*, wollte man ihn anbrüllen und ihm dabei krachend auf den Rücken schlagen. Unser interner Spitzname für ihn war *Leiche*.

Wir wurden im Rotationsverfahren in die Mangel genommen, und alle paar Wochen war auch *Leiche* dran. Frau Dr. Vogel nahm ihn ins Kreuzverhör.

«Mensch, Siegfried, wie alt sind deine Großeltern jetzt?»

«87 und 89.»

«Und wie alt bist du?»

«Das weißt du doch.»

«Ich will es aber nochmal von dir selber hören.»

«32.»

«Du bist doch nicht glücklich darüber, dass du immer noch bei ihnen lebst. In zwei Monaten willst du doch endlich dein Studium abschließen, und jetzt müsstest du langsam mal den Absprung schaffen.»

«Ja, das stimmt ja auch einerseits. Aber andererseits weiß ich nicht, wie die Anmietung einer Wohnung überhaupt genau funktioniert. Außerdem habe ich niemanden, der mir beim Umzug helfen kann.»

So ging das geschlagene zwei Stunden. Einmal habe ich vor versammelter Runde einen Witz erzählt:

«Herr Doktor, Herr Doktor (in Therapiewitzen Herr Doktor immer zweimal nacheinander, aber das weiß ja jedes Kind), ich weiß gar nicht mehr, was ich machen soll. Ich glaube, ich leide unter Persönlichkeitsspaltung! – Persönlichkeitsspaltung? Sie haben doch gar keine Persönlichkeit, was wolln Se denn da großartig spalten?» Keiner hat gelacht, das muss man sich mal vorstellen. Bierernst, die Irren. Dann wurde ich aufgefordert, doch mal meine Flöte mitzubringen und etwas vorzuspielen. Meine Leidensgenossen wollten auf diese Weise mehr über meinen wahren Kern erfahren. Ich rückte also mit meiner *Muramatsu Handmade*-Flöte für siebentausend Mark an, stellte mich in die Mitte und spielte ein paar Minuten drauflos, irgendwas in Moll und Vermindert, was mir bei meinem Gemütszustand angemessen schien. Dann setzte ich mich wieder und wartete auf einen tiefenpsychologischen Kommentar. Pause. Verlegenes Räuspern. Lautes Atmen. Schluckgeräusche. Dann endlich ergriff eine Mitpatientin das Wort:

«Also, ich fand, das klang irgendwie traurig.»

Die Jungschützenkönigin

Im September spielten *Tiffanys* zum zweiten Mal auf dem Garlstorfer Schützenfest. Wie immer schaute ich mir von der Bühne das bunte Treiben auf der Tanzfläche an. Mittendrin und nie dabei! Achachach. Ich war ein stummer Diener, hinter einer Mauer von Blasinstrumenten versteckt, zum ewigen Tröten verdammt. Die jungen, strahlenden Dorfschönheiten ließen sich über die Tanzfläche karriolen und hinterher von schneidigen Jungbauern in die Sektbar einladen. Nie würdigten sie mich auch nur eines Blickes. Sehnsüchtig schaute ich die Elfen an. Ich hoffte, dass vielleicht doch mal eine zurückguckte, nur gucken, und besonders hübsch brauchte sie auch nicht zu sein. Aber selbst das schien zu viel verlangt.

Dann passierte es! Nicht irgendeine, nein, die Winsener Jungschützenkönigin nahm mich ins Visier! Sie saß mit einer Freundin auf der harten Zeltbank und trank Rotwein. Verstohlen schaute ich zu ihr hinüber. Plötzlich lächelte sie. Sie lächelte nicht irgendwie oder blickte durch mich hindurch, nein, ich war gemeint! Noch ahnte ich nicht, dass sie amtierende Jungschützenkönigin war. Nachdem das ungefähr eine Stunde so gegangen und ich vor Aufregung fast gestorben war, nahm ich schließlich all meinen Mut zusammen. Als ihre Freundin gerade zur Toilette war, taperte ich zu ihr hin.

«Hallo, ich bin Heinz, kann ich dich zu einem Getränk einladen?»

«Nein danke, ich hab noch. Aber setz dich doch.»

Ich setzte mich in fast allen Pausen zu ihr und erfuhr, dass sie Susanne hieß, 24 Jahre alt war und beim Finanzamt arbeitete. Sie hatte einen leichten Silberblick, und ihre Figur, die sie mit einem schwarzen Schlabberkleid kaschierte, machte einen schwammigen Eindruck. Vielleicht hatte ich eine Chance. Abgesehen davon, dass ich sowieso keine großen Ansprüche stellen durfte, war Aussehen auch egal. Dass sich überhaupt ein Mädchen für mich interessierte, hatte etwas Erhabenes und würde die Trendwende einläuten! Denn in Wahrheit war ich ein Star. Auf der nächsten Veranstaltung bereits würde ich im Muscle-Shirt spielen und mir einen Indianerkopfschmuck aufsetzen, wie der martialisch aussehende Saxophonist von Tina Turner. Vielleicht könnte ich mir dazu noch einen Sackschutz aus rotem Nubukleder umschnallen. Das Saxophon galt im Koordinatensystem unserer einfältigen Stammklientel als *tolles* Instrument. In den letzten Jahren hatten immer häufiger auch Schlagerstars wie Howard «Howie» Carpendale ein Saxophonsolo in ihren Schrott eingebaut, um die Titel irgendwie *anspruchsvoller* wirken zu lassen. Und in der Werbung hatte insbesondere das Altsaxophon einen Siegeszug ohnegleichen angetreten. Eine Haarshampoo-Spot ohne aufdringliches Getröte war Mitte der Achtziger undenkbar.

«Ach, Musiker bist du! Was spielst du denn?»

«Saxophon.»

«Echt, Saxophon? Saxophon ist so ein *tolles* Instrument.»

Ein tolles Instrument! Das kam so sicher wie das Amen in der Kirche. Ätzend. Natürlich wurde das Saxophon nur von Leuten toll gefunden, die dieses eigentlich ehrenwerte Blasinstrument aus eben genau den säuischen Zusammenhängen Werbemusik, Schlager oder dem Tina-Turner-, Rod-Steward- oder Bruce-Springsteen-Dreck kannten. Es sind oft schon Kleinigkeiten, die Menschen als Idioten ausweisen. Neben BMW Roadster fahren, am Schlagermove teilnehmen oder fortwährend *im Endeffekt* sagen ist *Das Saxophon ist ein ganz tolles Instrument* der zuverlässigste Indikator.

In diesem Klima glaubte ich meinem Sexinstrument jetzt endlich auch bei *Tiffanys* zum verdienten Status verhelfen zu können. Es war doch nicht möglich, dass allgemein gültige Trends für eine Tanzband nicht galten! Spielte ich etwa schlechter Saxophon als die untalentierten Solisten von Westernhagen oder Grönemeyer? Iwo, kein Stück! Und die Liebe von Susannchen ebnete mir den Weg. Die Kollegen waren neidisch wie sonst was und zogen mich gehörig auf.

«Heinzer heut auf Freiersfüßen.»

«Guck mal an, Heinzer geht in die Offensive.»

«Heinzer, Heinzer, das traut man dir ja gar nicht zu.»

«Na, Heinzer, schön ein' wegstecken heute?»

Widerliche Typen. Nicht die kleinste Freude gönnten sie mir. Egal, ich war beschwingt und nutzte die Gelegenheit zu einer Albernheit: Ich schlug den Kollegen vor, uns nach Begriffen aus der Welt der Fliegerei umzubenennen. Wir könnten uns ab sofort z. B. *Boarding Time* nennen. Oder *Departure*. Oder *Check in*. Wenn sich nun alle Tanzbands aus dem Landkreis Harburg nach Fachbegriffen aus der Fliegerei benennen würden! Polterhochzeit mit dem Trio *Cockpit* oder Tanztee mit dem Entertainer *Autopilot*. Ich spann den Faden weiter. *Flightcoupon*. Die Kollegen hörten schon nicht mehr hin. *Gate 99*. Der ideale Name für ein Duo. *Destination* = Sechsmannkapelle mit Bläser und Sängerin. Aber auch Namen von Fluggesellschaften kämen infrage: *Condor* oder *Air Acapulco*.

«Heinzer kann man heute nicht ernst nehmen; die Hormone!»

«Den kannst du knicken. Lass ihn mal labern, der ist auf dem Lovetrip.»

Mir war's egal, ich hatte einen Lauf. Amore, amore, amore!

Susanne wartete auf mich bis zum Schluss, und ich fasste mir ein Herz.

«Sag mal, wollen wir uns nicht mal treffen?»

«Klar. Wann denn?»

«Vielleicht nächsten Mittwoch oder Donnerstag. Ich lad dich zum Essen ein.»

«Mittwoch kann ich auch. Holst du mich ab?»

«Klar. Um acht?»

«Sieben wär mir lieber.»

Die Spiegeleier schmeckten mir in dieser Nacht besonders gut, haha. Dreißig Eier, dreißig Eier verputzten wir nach jeder Mucke. Eier, Eier, Eier!

Susanne lebte in einer Zweizimmerneubauwohnung am Stadtrand von Winsen. Bereits im Flur erwartete mich eine Parade freundlich grüßender Diddlmausfiguren. In der Mitte ihrer schwarzen Wohnzimmerschrankwand ragte ein CD-Ständer, der geformt war wie das Empire State Building. Im Hintergrund lief Phil Collins. Ich musste zur Toilette. An der Tür klebten Umsonstpostkarten mit witzigen Sprüchen und Lebensweisheiten. Zum Beispiel *Man muss die Welt nicht unbedingt verstehen, aber man muss versuchen, sich darin zurechtfinden.* Falsches Deutsch! Sich darin zurechtzufinden! Hat das denn niemand lektoriert? Andere Lebensweisheit: *Es gibt Menschen, die sind wie das Meer. Ihre Freundschaft ist wie ein schöner Platz am Strand.* Herrje! Mein Leben war ja schon ziemlich trist, aber anders trist. Meine Tristesse war mir lieber.

Susanne schlug vor, zum Italiener zu gehen. Wir fuhren ins Restaurant *Bella Italia*, das genau so war, wie man sich das *Bella Italia* in Winsen vorstellt. Wir aßen eine Nudelplatte für zwei Personen, was in Wahrheit fast schon zu intim war, denn die gute und vertraute Stimmung vom Garlstorfer Schützenfest ließ sich nicht wiederherstellen. Susanne vermittelte in Schlabberpulli, Bundfaltenstoffhose und ausgelatschten schwarzen Schuhen auch nicht gerade den Eindruck, als sei sie auf ein Sexabenteuer aus. Überhaupt keine Mühe hatte sie sich gegeben. Typisch Finanzamt. Es gelang mir nicht, dem Gespräch eine prickelnde Wende zu geben, und Alkohol zum Katalysieren stand mir ja leider auch nicht zur Verfügung. Dabei wäre das heute dringend nötig gewesen. Ich pichelte also mein damaliges Lieblingsersatzgetränk Spezi (Cola und Brause gemischt) und Susannchen (ich nannte sie im Geist bereits Susannchen) ein Viertel Lambrusco (*ich find's gut, wenn der Wein schön süß ist*). Aber nur ein Viertel. Rätselhaft. Mir war es völlig unverständlich, wie man sich über zwei Stunden an einer lächerlichen Pfütze Rotwein hochziehen konnte. Alkohol trinkt man wegen der Wirkung. Ich war strukturell immer Wirkungstrinker gewesen; Susannchen hingegen entpuppte sich als langweilige Genusstrinkerin. Ein weiterer Hinweis darauf, dass wir uns wesensfremd waren. Das merkte sie wohl auch. Der Abend zog sich, und gegen zehn wollte sie los. Mein privates Schützenfest hatte ich mir aber dann doch anders vorgestellt. Ich musste mich beim Rausgehen beherrschen, um nicht mit beiden Händen ihren schwabbeligen Körper abzugrapschen. Noch nicht mal eine Finanzamtssachbearbeiterin mit dicken Oberarmen und Silberblick wollte was von mir! Das war wie beim russischen Roulette danebenschießen. Wie viel Demütigungen kann ein einzelner Mensch eigentlich ertragen?! Wie ein geprügelter Hund musste ich nach Hause fahren. Mit dem Mut der Verzweiflung versuchte ich vorher noch, sie vor ihrer Wohnung zu küssen. Wenigstens den heißen Atem der Jungschützenkönigin als erotische Impression speichern. Doch Susannchen ließ keine Milde walten. O-Ton: «Das lassen wir mal besser.» Aufmunternd blickte sie mich an und gab mir kameradschaftlich die Hand. «Also tschüs dann. War ein schöner Abend.»

Ich sagte gar nichts. Von wegen schöner Abend, ach ja, das fand ich auch. Ein ätzender Drecksabend war es gewesen. «Ja, tschüs.»

Sie stiefelte schwerfällig in ihre Wohnung. Dicke Waden hatte sie, das sah ich erst jetzt. Richtig dicke Haxen! Mit 24 schon so dicke Haxen. Wie das wohl in zehn Jahren aussehen würde. Das mochte ich mir gar nicht vorstellen. Ich beschloss, das Thema Frauen für unbestimmte Zeit ruhen zu lassen, und tuckerte in meinem Japanporsche nach Hause.

Schutzfohlen

Mein Unterricht bei *Da Capo* ging den gewohnten Gang: Einblasübungen, Tonleitern und Sabbelei. Die Schüler kamen und gingen. Wenn alle geblieben wären, hätte ich bestimmt schon drei Tage die Woche zu tun gehabt. Nach den Sommerferien bekam ich auf einen Schlag noch einmal vier neue Schüler: zweimal Maike, den kleinen Michael und Frau Kleinschmidt. Die beiden Maikes waren sechzehn und siebzehn und wurden schnell die bevorzugten Objekte meiner erotischen Tagträumereien. Die ältere Maike hatte einen gigantischen Busen. Wirklich groß. Nur für Kenner. Sie schämte sich dafür und versuchte, die mannsgroßen Glocken unter sackartigen Sweatshirts verschwinden zu lassen. In Wahrheit fielen sie so fast noch mehr auf. Die jüngere Maike hatte irgendwie ein ordinäres Gesicht, was mich gleich wieder auf einschlägige Gedanken brachte. So lag zumindest nach meinem Empfinden immer eine Haube erotischer Spannung über der halbstündigen Unterrichtseinheit. Mit beiden Maikes verstand ich mich gut, und wir sabbelten, was das Zeug hielt. Der kleine Michael hatte weder etwas zu reden noch zu lachen. Er war neun und wurde immer von seiner Mutter zum Unterricht gebracht und wieder abgeholt. Sie hatte ihren Sohnemann zur Querflöte verdonnert, und nun kam der verängstigte Wurm jede Woche in den muffigen Lehrpavillon, um Buße zu tun. Er war so in Not, dass er während des Unterrichts dauernd leise vor sich hin pupste. Unablässig entwich dem Zwerg die heiße Luft. Es roch schlecht und war dem armen Michael entsetzlich peinlich, aber er konnte nichts dagegen tun. Die Flöte, ja das ganze Leben war für ihn eine furchtbare Heimsuchung. Um ihn aus seinem Elend zu erlösen, hätte man zuerst einmal seine schreckliche Mutter erschlagen müssen. Einmal war sie mit dem Abholen etwas spät dran, und ich ging mit ihm zusammen schon mal raus, eine rauchen. Da standen wir an diesem herrlichen Sommertag an der Straße, und Michael sagte keinen Pieps. Um die Stimmung etwas zu lockern, machte ich eine Bemerkung über das schöne Wetter. Die Replik des Neunjährigen: «*Ja, es weht ein recht schönes, laues Lüftchen.*» Herrje!

Er tat mir Leid, aber mein pädagogisches Konzept war mittlerweile schon so eingefahren, dass ich auch bei ihm keine Ausnahme machen konnte.

«So, Michael, von H-Dur die große Septime, wie heißt die denn?»

Langes Grübeln. «B?»

«Das ist weder richtig noch falsch. Denk mal scharf nach. B in einer Kreuztonart? Da stimmt doch irgendwas nicht. Wie muss das heißen?»

Michael schaute mich verzweifelt an.

«Na gut, ausnahmsweise sag ich's dir. Ais, mein Lieber, Ais!! Ais ist die so genannte enharmonische Verwechslung von B, das hatten wir doch schon. So, und nun spielst du mir mal schön den Vierklang H-Dur mit großer Septime, also H-Major, damit sich der Klang auch einprägt.»

Unter leisem Gefurze mühte er sich an der Brechung des Akkords.

Frau Kleinschmidt war ungefähr fünfzig und wollte auch Flöte lernen. Sie war die Inkarnation alles Muttchenhaften, das jemals auf der Welt existiert hat. Sie hatte eine steingraue Betonfrisur, zu der sie stets Bluse, Faltenrock und graue Strumpfhosen trug. Ich musste immer an den Song von Mike Krüger denken: *Sie trägt 'nen Faltenrock, Sie trägt 'nen Faltenrock, Sie trägt 'nen Faltenrock, Leute, ich geh am Stock.*» Vielleicht waren ja die Kinder aus dem Haus, und sie wollte was *Eigenes* machen, wie in dem Jodeldiplom-Sketch von Loriot. Frau Kleinschmidt war wie Michael sehr eingeschüchtert und hatte so wenig Talent, dass ich heimlich anfing, die Unterrichtsstunden mitzuschneiden. Ich dachte, dass man die Aufnahmen vielleicht mal gegen sie verwenden könnte; ein grausiger Beweis dafür, was sich *wirklich* in den Wänden des kargen Unterrichtsraums abspielte.

«So, Frau Kleinschmidt, jetzt spielen Sie bitte eine ganze Note C, dann eine ganze Note D und dann eine ganze Note E.»

Frau Kleinschmidt spielt eine halbe Note D und eine Viertelnote F.

«Nein, Frau Kleinschmidt, C, D, E. Und alles ganze Noten, das heißt langsam. Einfach stumm bis vier zählen. Sie wissen doch, eine Viertelnote hat einen Schlag, eine halbe Note zwei Schläge und eine ganze Note vier, also bitte probieren Sie es nochmal.»

Frau Kleinschmidt spielt eine halbe Note D, eine halbe Note C und eine Viertelnote D.

89 *Stars*

1989 war für *Tiffanys* das Jahr der Begegnungen mit Prominenten beziehungsweise Exprominenten. Den Anfang machte der schon schwer in die Jahre gekommene Schlagersänger Uli Martin, den wir auf dem Lüneburger Stadtfest begleiten sollten. Herr Martin hatte wohl sonst nichts weiter gelernt und musste nun mit seinem einzigen, von Ralph Siegel komponierten Hit *ManuelaErikaBarbaraichweißnichtmehrsogenauirgendeinFrauenname* über die Dörfer ziehen. Ich hatte außer Helmut Kohl beim Evangelischen Kirchentag 1976 noch keinen einzigen Prominenten aus der Nähe gesehen und ging automatisch in Habachtstellung. Uli Martin kannte ich immerhin aus der ZDF-Hitparade! Er kam gegen 15 Uhr ins *Da Capo*, und wir probten mit ihm seine Stücke ein. Seiner enorm schlechten Laune nach zu urteilen, übte er wahrscheinlich jedes Wochenende mit einer anderen Tanzband die immer gleichen Lieder ein. Und das seit zwanzig Jahren. Danach mussten wir armen Packesel zum Aufbauen ins Lüneburger Citycenter, während sich der feine Herr Schlagerstar zum Essen in einen noch feineren Landgasthof verzog. Er machte noch völlig unerwartet eine Bemerkung über mein Hemd. Ein ähnliches habe er auch im Schrank hängen. Sehr schick, das Hemd. Ich war stolz wie Bolle. Kanns mal sehen! Uli Martin hatte in seinem Leben sicher schon viel schicke Hemden getragen.

Zum Auftritt kamen neben circa zweihundert desinteressierten Lüneburgern auch drei oder vier Fans, liebe Muttchen, die begeistert den einzigen Hit *ManuelaErikaBarbaraichweiß-*

nichtmehrsogenauirgendeinFrauenname einforderten. Ich schätze, diese Frauen hießen selber so. Herr Martin gab sich viel mehr Mühe, als ich erwartet hatte, und schien unendlich erleichtert, als sein Auftritt endlich vorbei war. Ich glaube, er hatte Angst davor, irgendwann wie ein Hund von der Bühne geprügelt zu werden. Er ahnte wohl, dass seine Karriere einmal so enden würde. Aber heute eben noch nicht, und darüber war er erleichtert. Unendlich erleichtert.

Ein paar Wochen später war, wieder im Citycenter Lüneburg, der bekannte Showmaster Wim Thoelke bei einer von Gurki organisierten wohltätigen Veranstaltung zu Gast. Ich hatte schon viele Folgen von *Der große Preis* gesehen und konnte es gar nicht fassen, jetzt mit diesem Monolithen der Fernsehunterhaltung gemeinsam auf einer Bühne zu stehen. Er war ausgesprochen freundlich und verhielt sich so, wie man es auch von ihm erwartet hätte: ein gutmütiger Brummbär, der nett zu Kindern, Tieren und alten Leuten ist. Nicht umsonst lautete sein Spitzname *Big Wim*. Da konnte doch kein schlechter Mensch dahinter stecken. Außerdem drehte er nicht wie fast alle anderen unseren schönen Bandnamen durch den Wolf. «Und jetzt wieder Musik mit *Tiffanys*.» Genau. Nicht *den Tiffanys*. Bravo, Big Wim! Am Ende seines Auftritts intonierte der große Mann eine kleine Melodie auf der Blockflöte. Begleitband: *Tiffanys*. Er gab jedem von uns die Hand, verließ die Bühne und winkte uns noch einmal zu. Ich winkte zurück und blickte ihm nach, bis er hinter dem Citycenter verschwunden war.

Die nächste Begegnung mit richtigen Stars war die mit *Klaus und Klaus* auf einer so genannten Gala. Als die beiden Haudegen gegen zehn Uhr eintrafen, hatten sie schon einen Auftritt hinter sich. Sie standen damals auf dem Zenit ihres Erfolges und nahmen alles mit, was ging. Um ein Uhr nachts mussten sie schon wieder woanders sein. Die Stimmungskanonen hatten neben ihrem größten Hit *An der Nordseeküste* auch noch *Da steht ein Pferd auf dem Flur und Klingelingeling, Klingelingeling, jetzt kommt der Eiermann auf der Habenseite.* Sie wirkten schon bei ihrer Ankunft erschöpft. Als sie sich dann jedoch in ihre maritime Bühnengarderobe gezwängt hatten und loslegten, gab der kleine Klaus alles. Der große oder *dicke* Klaus, wie er intern genannt wurde, stand nur leicht schwankend herum (Alkohol). Der dünne Klaus hatte eine Gagbrille mit dicken Brillengläsern auf, tobte zwischen den Leuten hindurch und brachte nahezu alle zum Schunkeln und mitsingen.

«Klingelingeling, klingelingeling,
hier kommt der Eiermann,
Klingelingeling,
komm se alle, alle an die Eier ran,
bei Jung und Alt und in der Stadt und auf dem Land, eiieiieiia,
sind wir als Eiermann und Eiermann bekannt, eiieieia.

Was für ein herrliches Leben *Klaus und Klaus* haben mussten. Am Ende des dreiviertelstündigen Sets tobte der Saal, und *die beiden Kläuse* sahen zu, dass sie, jeder bestimmt um 5000 Mark reicher, Land gewannen:

«Also tschüs dann Jungs, und toi, toi, toi.»

«Ja, tschüs und vielleicht bis irgendwann mal.»

Die volle Flasche Whiskey, die in der Garderobe gestanden hatte, war halb leer (*dicker Klaus*).

Anfang August eröffnete uns Gurki, dass es ihm gelungen wäre, Taco als Stargast für den großen Lüneburger Herbstball zu gewinnen. Unser Bandleader organisierte seit ein paar Jahren diese und noch andere Lüneburger Veranstaltungen, um so Anschluss an die VIP- und Reiche-Leute-Scene zu finden.

«Echt, *der Taco? Puttin' on the Ritz?*»

«Ja, genau, Taco. Der kommt nächste Woche zum Proben.»

Taco hatte Anfang der achtziger Jahre mit einem Remake von *Puttin' on the Ritz* einen Welthit gehabt, der sogar in den USA Nr. 1 gewesen war. Doch schon die Nachfolgesingle floppte, und nach kurzer Zeit war er wieder weg vom Fenster. In den kommenden Jahren tauchte er zwar noch hin und wieder in TV-Sendungen wie *der Aktuellen Schaubude*, dem *ZDF-Wunschkonzert* oder *Buten und Binnen* auf, aber selbst diese Auftritte wurden immer seltener, und irgendwann hörte man gar nichts mehr von ihm.

«Der kommt extra nach Winsen zum Proben? Was spielen wir denn überhaupt?»

«*Yesterday Man.*»

«Hä? Versteh ich nicht, hat der denn keine eigenen Titel? Mal 'ne indiskrete Frage: Was kriegt der eigentlich?»

«Der kriegt gar nichts.»

«Wie bitte? Der spielt ohne Gage? Wie kann das denn sein?»

«Weiß ich auch nicht so genau. Das ist über Tobias gelaufen. Taco will wieder ins Geschäft kommen und nützt das als Promo für sich.»

Das klang nicht gut. Zur Probe rückte Taco mit einem Käfer Cabriolet auf dem Holzhauerhof an. Wahrscheinlich das Einzige, was von der Karriere übrig geblieben war. Er sah ganz weich und füllig aus, wie eine liebe Mama, die gleich einen schönen Kuchen bäckt. Der Exweltstar war sehr höflich und bemüht, es allen recht zu machen. Klimperklimperklimper. Jensens Wurstfinger stolperten über die Plastiktasten seines Masterkeyboards.

«Das klingt wirklich gut.»

Schrammelschrammelschrammel Trööttrööttrööt.

«Echt Spitze mit dem Saxophon.»

Der große Lüneburger Herbstball fand bereits im vierten Jahr im *Forum Lüneburg* und zum vierten Mal mit *Tiffanys* statt. Eine gediegene Veranstaltung, weitab von den sich überstürzenden weltpolitischen Ereignissen. Das Publikum bestand aus besser verdienenden Ehepaaren jenseits der fünfzig, Steuerberatern, Apothekern, selbständigen Handwerkern mit eigenem Betrieb. Lautlos glitten die Honoratioren der Stadt über das Parkett, und auch in den Pausen lag lediglich eine dezente Glocke aus Murmeln und Flüstern, durchsetzt von gelegentlichem Gläserklingeln, über der Stadthalle. Wir hatten die Anlage so leise gedreht, dass sich der Sound nur knapp über der Grenze des Wahrnehmbaren bewegte. Torsten spielte dezent Besen und ich fast ausschließlich Flöte, wobei ich schrille Töne vermied. Der Gastauftritt eines Pantomimen oder etwas anderem *sehr Leisen* wäre sicher gut angekommen.

Taco hatte wohl schon länger keinen Gig mehr gehabt und war sichtlich nervös. Gurki übertraf sich bei seiner Ansage wieder einmal selbst:

«Und jetzt darf ich Sie um Ihre geschätzte Aufmerksamkeit bitten für den Stargast des heutigen Abends. Er ist nicht irgendein Stargast, nein, er ist ein Weltstar, der überall zu Hause ist. Letzte Woche war er noch in Las Vegas, und gestern erst ist er aus Tokio zurückgekommen. Dann hat er mich angerufen und gefragt, ob ich nicht irgendwas gegen seinen Jetlag wüsste, und ich hab gesagt, Mensch, wenn du Lust hast, dann komm doch morgen ins *Forum Lüneburg*, da sind alle gut drauf. Meine Damen und Herren, jetzt kommt's: Er hat zugesagt!»

Die Leute warteten darauf, weiter zu tanzen.

«Er wird heute Abend alle seine großen Hits spielen. Ich bin froh, Ihnen einen Mann präsentieren zu dürfen, der mehr Showbizz im Finger hat als andere im ganzen Körper. Meine Damen und Herren, freuen Sie sich mit mir auf TACO!!!»

Taco sprang auf die Bühne. Vereinzeltes, irritiertes Klatschen. Er brüllte ins Mikro:

«EINEN RECHT SCHÖNEN GUTEN ABEND, LÜNEBURG!»
Stille.

«ICH HAB DA ERST MAL EINE FRAGE. SEID IHR GUT DRAUF?!»

Betretene Stille.

«OKAY, TORSTEN, DANN ZÄHL AN!»

Tacktacktacktack.

«I'm her Yesterday man, that's what I am, that's what I am, that's what I am.»

Schon nach wenigen Takten begannen die Leute zu tanzen und schenkten ihm keine weitere Beachtung. Wie immer beschlossen wir das Medley mit Na na na na na, na na na na, hey hey hey, goodbye.

«Vielen Dank, Lüneburg, und einen schönen Abend noch. Macht's gut.»

Winkend verließ der von Angstschweiß durchnässte Star die Bühne, und Gurki übernahm rasch wieder das Kommando:

«Und jetzt geht's auch schon weiter mit Schmusimusi. Smokie, der ein Duett mit der Lederfrau Suzi Quatro hingelegt hat, dass ich sagen würde: ‹Da legst di nieder, Bursche.›»

Diese Ansagen!

Taco blieb aus Höflichkeit noch eine halbe Stunde und fuhr dann mit seinem Käfer Cabriolet nach Hause.

«Tschüs, Jungs, hat Spaß gemacht. Und wenn mal wieder was ist, ruft einfach an.»

«Tschööööös, Taco.»

Wiedervereinigung in Brunsbüttel

Als wenige Wochen später dann im November die Mauer kollabierte, enorm schlecht gekleidete DDR-Bürger außer Rand und Band in Westberlin einfielen und der Zusammenbruch des gesamten Ostblocks nur noch eine Frage der Zeit zu sein schien, war man sich bei *Tiffanys* einig darüber, dass das keine gute Entwicklung war: «Jetzt kommen die alle hier rüber und fressen uns die Haare vom Kopf.»

Die Einschätzung von Jens war durchaus wörtlich gemeint.

Ein ganz klarer Fall von Futterneid, da er bei den Ostlern großen, jahrzehntelang unterdrückten Fleischappetit vermutete. An Obst und Gemüse konnten sie sich seinetwegen ja gütlich tun, aber bitte nicht das ganze gute Westfleisch aufessen! Torsten hatte die Existenz zweier deutscher Staaten auch immer sinnvoll gefunden; er sah die drohende Wiedervereinigung als einer der Ersten auch unter betriebswirtschaftlichen Gesichtspunkten: «Was das noch alles kostet!» Meine Haltung war ebenfalls klar: «Drüben bleiben, Briefe schreiben.» Im Dezember machten der Rücktritt des gesamten ZKs und des Politbüros sowie die ersten lauten Forderungen nach Wiedervereinigung unsere Hoffnungen auf Erhalt des Status quo zunichte. Das war's dann wohl gewesen mit der Teilung.

Silvester 1989/90 waren wir in Brunsbüttel gebucht. Am Brandenburger Tor feierten Deutsche von hüben und drüben das erste Mal wieder gemeinsam Silvester; für *Tiffanys* war diese Jahreswende ebenfalls von historischer Bedeutung, weil es hier das erste und einzige Mal zu sexuellen Handlungen zwischen Bandmitgliedern und weiblichen Gästen kam. Brunsbüttel ist das industrielle Gravitationszentrum des Kreises Dithmarschen in Schleswig-Holstein. 13 000 Einwohner leben in dem Städtchen, und wie Harburg die Phoenix hat, so hat Brunsbüttel seit dem 9.2.1977 ein eigenes Atomkraftwerk, eines der ältesten Deutschlands. Mittlerweile gibt es sogar einmal im Jahr einen Rundlauf um den Meiler. Das Bild der Dithmarscher Landschaft wird durch eiszeitliche Hügelformationen bestimmt, und eiszeitlich war es auch, als wir im bereits halb verfallenen *Hotel Sievers* ankamen: kalt, zugig und duster. Ich hatte den Eindruck, als wären wir irgendwo an der russischen Polargrenze gelandet. Tiefe Risse durchzogen das steinalte Gemäuer, der Parkplatz war übersät mit Schlaglöchern, in denen wahrscheinlich radioaktiv verseuchtes Wasser stand. Das Ganze war deklariert als große Silvestergala mit Drei-Gänge-Menü, einem Top-Orchester (*Tiffanys*) und einer Karibik-Mitternachsshow mit einer internationalen Nr.-1-Band (*Goombay Dance Band*), Übernachtung, ein Glas Sekt und der obligatorische Berliner inklusive. Endzeitstimmung schwebte über dem maroden Gebäude. Wahrscheinlich stand hier der letzte große Zahltag vor der Sprengung am Neujahrsmorgen an. Da die Kaschemme zu allem Überfluss offenbar auch noch hoffnungslos überbucht war, bekamen *Tiffanys* lediglich *ein* Doppelzimmer zugewiesen.

«Ich wusste nicht, dass ihr so viele seid», log der Wirt und ließ uns noch drei spakige Matratzen bringen. Die Lage war bereits jetzt hoffnungslos. Das Essen durften wir nach dem Soundcheck direkt in der Küche einnehmen, wo die Vorbereitungen fürs *Galadiner* bereits auf Hochtouren liefen. In eine Ecke gekauert, verzehrten wir ein handwarmes Tellergericht aus schwer zu bestimmendem Fleisch, Mischgemüse, Salzkartoffeln und Soße. Es erinnerte sowohl äußerlich als auch vom Geschmack her an das Nachkriegsessen, von dem mir meine Großeltern früher so oft erzählt hatten. Rübenwinter anno dunnemals. Jens, der sich immer wie ein Kind aufs Essen freute, war verzweifelt: «Guck dir das mal an. Was ist denn das bloß für ein Fleisch?»

Lange Fettadern durchzogen den wabbeligen Braten. Jens schälte sich mit Messer und Gabel langsam zum Kern vor. Schicht um Schicht trug er Fett, Sehnen und Schwabbelzeug ab, um schließlich festzustellen, dass nichts übrig blieb. Eine Fata Morgana! Ein Fleischplacebo!

Es regnete in Strömen, als gegen 19 Uhr drei Reisebusse auf den Parkplatz bogen. Missmutig stiegen die Gäste aus. Sie ahnten wahrscheinlich schon, was ihnen blühte. Nachdem sie ihre Zimmer bezogen hatten, trudelten sie fein herausgeputzt im Saal ein. Die Tischdekoration bestand einzig und allein aus Luftschlangen. Offenbar hatte das *Hotel Sievers* kurz vor der Pleite noch einen größeren Restposten des Gute-Laune-Artikels aufgekauft und versuchte, ihn an diesem letzten Abend unterzubringen, um die Konkursmasse überschaubar zu halten.

Tiffanys hielten es für durchaus möglich, dass dies unser letztes Silvesterfest überhaupt als Tanzband war. Als wir die möglichen Konsequenzen der Wiedervereinigung durchspielten, erschien uns sofort das dunkle Gespenst der Ostmucker, die uns von den Futtertrögen vertreiben würden. In der DDR mussten alle Berufsmusiker studiert haben; die waren den Westmuckern handwerklich haushoch überlegen. Jetzt würden Heerschaaren vorzüglich ausgebildeter Instrumentalisten über das ehemalige Zonenrandgebiet in den Westen einsickern und mit ihren Dumpingpreisen den Markt kaputtmachen. Im Schlepptau der DDR-Musiker kämen Ungarn, Bulgaren und wer weiß was noch; für uns würde nichts mehr übrig bleiben! Wenn wir dann vernichtet wären, würden sie die Preise langsam wieder anziehen, aber wir wären ja kaputt und nicht mehr in der Lage, uns nochmal aufzurappeln. Vielleicht würden uns hämisch grinsende Usbeken noch 1000 Mark für die Namensrechte an Tiffanys anbieten, Vogel friss oder stirb! Und wir wären froh darüber, überhaupt noch eine mickrige Abfindung zu erhalten. Niemand würde uns helfen, denn den Gästen wäre es in Wahrheit schnurzegal, ob sie von sächselnden Spitzenmusikern oder netten Amateuren aus der Heimat unterhalten würden. Und die Wirte hassten uns sowieso! Angesichts dieser Konjunkturerwartungen hieß es in Brunsbüttel einen guten Eindruck hinterlassen und beten, dass das Schicksal uns noch eine kleine Gnadenfrist einräumen möge.

In weiße Smokings gekleidet, eröffneten wir den Abend um Punkt zwanzig Uhr mit leiser Tischmusik. Auf allen größeren Veranstaltungen begannen wie erst in den Smokings und zogen uns meist gegen Mitternacht unsere rosa Sakkos an. Pink Panther Power! Was den Gästen wohl serviert würde? Als Erstes natürlich Suppe. Sie gehörte offenbar in die Kategorie Klare Brühe ohne groß was drin, denn einige der Gäste verzogen übellaunig das Gesicht. Die Stimmung war ausgesprochen schlecht. Dann kam der Hauptgang. Schon von weitem erkannten wir die Bescherung. Es war tatsächlich das gleiche Essen, das auch uns serviert worden war! Laute Unmutsbekundungen. *Gibt's ja wohl nicht! – Hundefutter! – Das lassen wir uns nicht gefallen!*

Zum Nachtisch gab es Pudding, in den brennende Wunderkerzen gesteckt waren. Die Kerzen wollten sich in der weichen Masse jedoch nicht so recht halten, knickten nach den Seiten ab oder senkten sich in die fade süße Leckerei. Es war ein trauriger Anblick und wirkte, als ob jemand eine Persiflage auf die Serie *Das Traumschiff* inszeniert hätte, in der am Ende immer zu den Klängen der Bordkapelle von schneeweiß livrierten Stewards herrlichste Eisbomben serviert werden, in denen brennender Firlefanz steckt. Der persönlich anwesende Veranstalter entschied sich für einen überraschenden Schachzug: Er verließ den Saal, um zwei Minuten später mit dem Koch im Schlepptau zurückzukehren. Dann nahm er ein Mikro, um sich stellvertretend für alle bei dem eingeschüchterten Weißkittel für das gute Essen und das schöne Hotel zu bedanken. Seine Rechnung ging auf. Die geballte Aggression richtete sich jetzt gegen den Küchenchef: *So kommst du uns nicht davon. Schlangenfraß. Wir wollen unser Geld zurück. – Wart mal ab, was heute noch passiert. – Abreißen, die Bude! – Mitternacht gibt's Kochgulasch.*

Die Stimmung war auf dem absoluten Nullpunkt. Das würde schwierig für uns werden. Jens bestellte eine Runde Getränke, wie immer vier Bier und für mich Wasser. Plötzlich hatte ich eine spontane Eingebung. «Fünf Bier», korrigierte ich so unauffällig wie möglich die Bestellung. Ich hatte über zwei Jahre nichts getrunken und fand, dass es langsam wieder Zeit wurde für ein kleines Schlückchen. Tabletten nahm ich schließlich auch keine mehr, und irgendwann muss man ja mal damit anfangen, seine Süchte in den Griff zu bekommen. Ich wollte endlich wieder Herr im eigenen Haus sein, und damit basta! Bei den Kollegen mischten sich Erstaunen und Skepsis.

«Hört, hört. Heinzer wieder unter den Lebenden.»

«Leck mich doch am Arsch, endlich trinkt der Mann wieder was.»

«Prost, Prost, Kamerad.»

Von Norbert setzte es mahnende Worte. «Hast du dir das gut überlegt?»

«Ich will leben», sagte ich. Was für eine Antwort! Das nahm auch dem letzten Zweifler den Wind aus den Segeln! Köstlich schmeckte das frisch gezapfte Bier und ich fühlte mich schon nach wenigen Schlucken beschwingt. Was ist Alkohol doch für ein kostbares Geschenk, mit dem viele nur nicht angemessen umzugehen wissen! Ich freute mich schon auf das George-Baker-Medley und war mir plötzlich sicher, dass es doch noch ein schöner Abend werden würde. Der bärtige Holländer hatte in den siebziger Jahren einige große Hits landen können: *Morning Sky*, *La Paloma Blanca* und das völlig unterschätzte *Santa Lucia by Night*. Aus Freude sang ich mit:

«Santa Lucia by night,
romantic feelings under the starry light.
No more worrys,
no more trouble to care.
It's love that we share,
it's love that we share.»

Die Leute tanzten fleißig und kamen wieder besser drauf.

«Santa Lucia by night,
sail on the wings of love when you hold me tight.
There's a place for you and I in this time.
If you will be mine,
if you will be mine.»

Dann die schönste Stelle:

«Come and sing this happy melody.

Sing it with your soul,
it makes you free.
Listen to the music of your heart.
In the Italian night, we can be alright!»
Ich bestellte noch ein Bier. Ein Medley jagte jetzt das nächste.
«Ich mach ein glückliches Mädchen aus dir,
jeden Tag, jede Nacht.»
Unverwechselbar Chris Roberts! Ich musste an Rosemarie denken. Ich bin verliebt in die Liebe, sie ist okay, hey, für mich.

Mir fielen zwei Frauen auf, die sich trotz eher jugendlichen Alters auf diese Veranstaltung verirrt hatten. Sie waren offenbar ohne männlichen Anhang gekommen und schienen fest entschlossen, sich zu amüsieren. Die Mucke lief zusehends besser. Das Essensdesaster war schon vergessen. Nützt ja auch nix, dachte ich und bestellte noch ein Bier. Es war schon nach elf und die *Goombay Dance Band* immer noch nicht in Sicht. Eine derartige Topband war heute Nacht natürlich auf mehreren Partys gebucht, vielleicht hatten sie anderswo auch länger als erwartet Autogramme geben müssen, haha. Nächstes Jahr würden wahrscheinlich die *Puhdys* oder *Karat* hier an ihrer Stelle stehen. Der Veranstalter wurde nervös.

24 Uhr. Ich hatte mich schon auf ein prickelndes Glas Sekt zum Anstoßen gefreut, auch und vielleicht gerade wegen des anderen Mundgeschmacks. Ich stieß mit den Kollegen an und umarmte sie. *Meine Jungs!* Die Leute stürmten nach draußen zum Knallen. Ein Feuerwerk über dem Brunsbüttler Himmel. Diese stolze Stadt, die schon so viel hatte ertragen müssen! Ich hatte Pipi in den Augen vor besoffener Rührung. Wie der deutsche Bundeskanzler Dr. Helmut Kohl war ich in Wahrheit gerührt über mich selber. Ich war gerührt darüber, überhaupt gerührt sein zu können. Egal, worüber. Aus Angst, in ein mit atomarem Kühlwasser gefülltes Schlagloch zu treten oder gar mit Polenböllern beschmissen zu werden, blieb ich lieber drin-

nen. Dann zogen wir uns um. Die Leute würden Augen machen, wenn sie durchgefroren und taub von der Knallerei wieder in den Saal kämen, und da steht dann eine frische, unverbrauchte Band in pinkfarbenen Sakkos. Doch dann, bei genauerem Hingucken: *Ja, leck mich doch am Arsch, das sind doch die Teufelskerle von Tiffanys!*

Die Karibikshow war längst überfällig. Handys gab es damals noch nicht. Für den Veranstalter ging es um die Wurst. Wir hätten jetzt eigentlich laut Vertrag eine halbstündige Pause gehabt. Flehenden Blickes kam er auf uns zu.

«Sorry Jungs, ihr macht das wirklich gut. Lasst mich bitte nicht hängen. Kommt, spielt einfach weiter, die kommen bestimmt gleich.» Wir ließen Gnade vor Recht ergehen.

Der alte Herr von Lichtenstein, JAJAJA. Die Stimmung war astrein.

Um ein Uhr kam dann endlich die *Goombay Dance Band* in Gestalt von Bandleader, Performer und Sänger Oliver Bendt. Im Schlepptau hatte er zwei farbige Tänzerinnen in hawaiiartiger Verkleidung. Die *Goombay Dance Band* war 1980 mit *Sun of Jamaica* sogar in England auf Platz eins gewesen. Im *Hotel Sievers* war jetzt Endstation. Oliver Bendt rauchte Kette und wirkte sehr nervös. Er trug eine sehr schüttere Miniplifrisur, hatte eine enge, schwarze Showhose und ein weit offenes Rüschenhemd an. Der Veranstalter war stinksauer, ließ sich jedoch nichts anmerken. Erst mal musste jetzt gut abgeliefert werden, noch einen Reinfall würde das Publikum sicher nicht verzeihen.

«Okay, die *Tiffanys* spielen noch eine Runde, und dann kommt ihr.»

Norbert fiel ihm erbost ins Wort. «Wir heißen nicht *die Tiffanys*. Einfach nur *Tiffanys*.»

Der Veranstalter guckte verständnislos, wusste aber, dass er es sich heute Abend nicht mit uns verscherzen durfte. «Ja klar, *Tiffanys*.»

Wir spielten *Mendosino* und das scheußliche *Marmor, Stein und Eisen bricht*. Ich hasste es wie die Pest, wenn die Leute *Dammdamm* machten. Wollt ihr den totalen Krieg? *Dammdamm, Dammdamm*. Dann legten wir die Kassette mit den *Goombay Dance Band*-Playbacks ein, und der Veranstalter kündigte die große Karibikshow mit blumigen Worten an (*Weltstars, Nr. 1 in England, Chartstürmer, immer ausverkauft, Megaseller, Platin, Doppelplatin*). Oliver Bendt hatte neben den beiden Tänzerinnen noch einen feuerschluckenden Vorzeigeneger mit, der unter einer Stange hindurch tanzte, die von den Tänzerinnen immer niedriger gehalten wurde. Ein Schlangenmensch! Obwohl die Tänzerinnen Federbüschel auf dem Kopf hatten und offenbar angewiesen waren, sich so zu benehmen, wie die Deutschen Eingeborene gern sehen, sprang der Funke nicht über. *Sun of Jamaica,lalalalalala*, ich konnte den Text nicht richtig. Bei der *Goombay Dance Band* war irgendwie die Luft raus. Das hatten die Leute sich aber anders vorgestellt, und die Stimmung drohte erneut zu kippen. Als die Show endlich vorbei war, legten wir sofort mit dem Oldiemedley nach. *Hahasaidtheclownyummyyummyyummyigotloveinmytummyobladioblada*. Jetzt hatten wir sie wieder. Die beiden einsamen Ladys standen mittlerweile auch schon ordentlich unter Strom. Da keine scharfen Bumstypen im Publikum waren, fingen sie an, mit der Band zu flirten. Gibt's doch nicht! Gurki und Jens nutzten kaltblütig die völlig unerwartete Großchance, während Norbert und ich paralysiert dastanden und nicht in der Lage waren, die Situation zu unseren Gunsten zu gestalten. Ich hatte mittlerweile schon ein bisschen viel intus und wich auf Mineralwasser aus. Torsten saß hinter seiner Schießbude und tat wie immer so, als ob ihn das alles nicht interessieren würde. Ich hätte ihm am liebsten die bescheuerte *Bunte* um die Ohren gehauen. Wieso las er sie eigentlich? Glaubte er vielleicht, auch einmal auf einer Promiparty abgelichtet zu werden? («*Ebenfalls gesehen: Der bekannte*

Softwareunternehmer Torsten W. mit seiner aktuellen Freundin, dem brasilianischen Topmodell Valerie Tabasco.») Träum weiter, Junge! Jens und Gurki verließen die Bühne, um die beiden Süßen zu einem kontaktfördernden Getränk einzuladen. So eine Scheiße! Ich trank doch noch ein Glas Sekt. Heute wird gelebt, wiederholte ich tapfer mein Motto. Die beiden Böcke gingen in fast jeder Pause nach unten. In unserer Verzweiflung klatschten Norbert und ich zum Ende der Pause besonders laut in die Hände, um die nervösen Fickspechte zu irritieren und wieder auf die Bühne zu hetzen. Unser einziges, gehässiges Vergnügen: «Auf geht's, Kollegen, fürs Pausemachen werden wir nicht bezahlt.»

Zwei Uhr, der ideale Zeitpunkt für das Roger-Whittaker-Medley:

«Alderney, hoch in den Bergen von Northern Green,
Alderney, in deinen Mauern war ich einst zu Hause,
Alderney, Schloss meiner Väter, das ich geliebt,
ach könnt ich dich nur einmal wieder sehen!»

Roger Whittaker hat, was viele gar nicht wissen, sowohl in Physik als auch in Chemie einen Doktortitel. Außerdem ist er der beste Pfeifer der Welt. Nur damit allein hätte er schon Millionär werden können. Ich hab mich manchmal gefragt, wen von den Stars ich wirklich beneide. Ich glaube, dass Roger Whittaker den einfachsten von allen Starjobs auf der ganzen Welt hat. Seine Hamburger Produzenten haben immer schon alles perfekt vorbereitet, wenn er einmal im Jahr in die schnieke Hansestadt kommt. Er muss sich um gar nichts kümmern. Roger wohnt in einem Fünf-Sterne-Hotel, wird von dort mit einem Taxi abgeholt und ins Studio gefahren, wo er pro Tag zwei Titel einsingt. Die Texte versteht er nicht, aber das ist egal. Wenn ihm eine Musik besonders gut gefällt, lässt er sich den Text ins Englische übersetzen. Nach Beendigung der Aufnahmen fliegt er wieder auf sein schottisches Schloss zurück. Wenn die Platte ein paar Monate später veröffentlicht wird, kommt er erneut nach Deutschland und geht auf Tournee. Die Anlage bleibt allerhöchstens auf Zimmerlautstärke gedreht, seine Lieder sind alle im gleichen Tempo. Roger sitzt auf einem weich gepolsterten Barhocker und setzt mit der akustischen Gitarre ab und an Akzente. Sein Publikum besteht aus Ehepaaren ab fünfzig, die sich gut zu benehmen wissen und außerdem schon dafür dankbar sind, dass es den feinen Gentleman Roger Whittaker überhaupt gibt. Es ist allgemein bekannt, dass er nur ein paar Brocken Deutsch kann, und daher erwartet auch niemand anspruchsvolle Ansagen oder gar Anekdotenmarathons. Roger sagt ganz am Anfang des Konzerts einmal «Guten Abend» und ganz zum Schluss «Auf Wiedersehen», mit deutlich hörbarem Akzent, was sein Publikum sehr sympathisch findet. Ansonsten sitzt er exakt neunzig Minuten auf seinem Hocker, lächelt milde und singt ein Lied nach dem anderen. Zwischendurch pfeift er virtuos, was die Menschen ganz besonders mögen, insbesondere die Deutschen, denn Deutsche schätzen es, wenn jemand ein Handwerk beherrscht. Seine Band ist erstklassig und gut frisiert. Nach zwei Zugaben geht er endgültig ab. Es gibt weder vor noch nach dem Auftritt schlechte Gründe, Alkohol zu trinken oder sonst etwas Ausschweifendes zu tun, das die Nerven beruhigt, aber in Wahrheit nicht beruhigt, sondern schleichend zerrüttet. Roger mag auch viel lieber frisches Obst. Er findet Deutschland sehr schön, freut sich aber am Ende der Tournee schon wieder auf sein Schloss und die Familie. Alle paar Jahre macht er auch außerhalb der Reihe Schallplatten, etwa eine Weihnachtsplatte, *Weihnachten mit Roger Whittaker*. Dann muss er noch einmal für eine Woche nach Hamburg fliegen, aber er macht es ja gern.

Roger Whittaker hat wirklich den besten Starjob der Welt! Nur ein einziges Mal hat er sich mit dem Lied *Eloisa* für meinen Geschmack etwas zu weit aus dem Fenster gelehnt.

«Sie hieß Eloisa und kam mir gleich etwas spanisch vor.
Sie tanzte wunderbar, mich reizte die Gefahr.
Blind ging ich ins Feuer, ich hab gewonnen, und ich verlor.
Die Glut verbrannte mich, doch ich beklag mich nicht.
Mit ihr war ich dem Himmel nah, auch wenn ich ab und zu dabei in die Hölle sah.
Aber sie war schön, die Zeit, ich hab nichts bereut, Eloisa.
Ich liebte dich mit Haut und Haar,
bis der König in mir am Ende ein Bettler war.
Aber sie war schön, die Zeit, ich hab nichts bereut, Eloisa.»

Wenn man den onkelhaften Familienvater verschmitzt lächelnd auf seinem Barhocker sitzen sah, vermochte man sich dieses Inferno der Leidenschaft nicht so recht vorzustellen. Na ja, er hat diesen Ausrutscher mit meinem persönlichen all-time-favorite *Ein bisschen Aroma* auch schnell wieder wett gemacht:

*Ein bisschen Aroma, ein bisschen Paloma,
ein bisschen Hallo heute Nacht irgendwo.
Ein bisschen Aroma, ein bisschen Paloma,
ein bisschen Chichi brauch ich heute, cherie, so wie noch nie.»*

A propos Aroma. Der Grandsigneur hat irgendwann einmal den Jacobskaffeesong gesungen, mit dem wir das Medley immer beendeten:

«*Und die Krönung der schönsten Stunden ist die Krönung von Jacobs Kaffee ...*»

Das vielleicht Pfiffigste, was sich *Tiffanys* jemals geleistet haben. Spätestens beim Wort *Kaffeeee* mit mindestens vier e wusste jeder, dass nur Roger Whittaker gemeint sein konnte, eben wegen der unnachahmlichen Aussprache. Gerade die Älteren fanden das immer sehr schön und verließen schmunzelnd die Tanzfläche. Vier Bier und fast eine Flasche Sekt waren zu viel für mich. Schwankend stand ich vorm Mikro und versuchte, an etwas Schönes zu denken. Am Tisch daneben saßen zwei Neger. Die Aufmunterungsversuche meiner Kollegen, denen mein Zustand nicht verborgen geblieben war, halfen auch nichts. Außer den beiden Girls waren schon fast alle auf ihre Zimmer gegangen. Den allerletzten Set eröffneten wir mit dem *Nick-McKenzie-Medley*, denn heute war ja schließlich die Nacht der Medleys! Nick McKenzie ist trotz des englischen Namens Holländer, wie George Baker. Vor meiner Zeit bei *Tiffanys* hatte ich den Namen noch nie gehörte, und ich fragte mich oft, wo die Kollegen ihn bloß ausgegraben hatten. Kernstück des Medleys war der Titel *Hallo, was machen wir heute*. Noch heute ertappe ich mich, wie ich ihn ab und an gedankenverloren vor mich hin summe.

«Hallo, was machen wir heute,
wir haben beide doch Zeit.
Hallo, was machen wir heute,
ich bin zu allem bereit.
Der Zufall hat uns heut zusammengeführt,
wir halten ihn fest, weil er uns allein gehört.
Hallo, was machen wir heute,
ich bin zu allem bereit!»

Ob Nick McKenzie heute wohl noch was macht? Wir beschlossen die Veranstaltung wie immer mit *Blue Spanish Eyes*. Der Veranstalter bedankte sich noch einmal ganz herzlich und bat uns auf einen Schlummertrunk nebenan in die Gaststube.

Torsten ging natürlich gleich ins Bett. So saßen der sichtlich erleichterte Veranstalter, Norbert, Gurki, Jens, die beiden Girls und ich in der menschenleeren Gaststube zusammen. Norbert und ich picheltern, was das Zeug hielt, während sich Jens und Gurki zurückhielten. Sie hatten ja noch etwas vor! Beide waren aufgeheizt bis zum Gehtnichtmehr und wollten sich diese einzigartige Gelegenheit unter gar keinen Umständen durch die Lappen gehen lassen. Auffällig unauffällig versuchten sie den Aufbruch einzuleiten, aber die beiden Girls hatten es nicht eilig und ließen sich lieber noch auf ein schönes Getränk einladen. Das mit dem Zappeln lassen hatten sie drauf.

Die eine war ziemlich klein und erinnerte mich an Miss Piggy. Sie hatte dieses gewisse Säuische, das manche Männer sehr gern mögen. Die andere hatte lange braune Haare und ein beeindruckendes Dekolleté. Sie sah eindeutig besser aus als Miss Piggy, schien jedoch ziemlich phlegmatisch zu sein. Soweit ich sehen konnte, war die Verteilung bereits abgeschlossen. Gurki würde seine verdorbenen Phantasien an Miss Piggy ausleben, während ich Jensens Wurstfinger schon am Busen der Schläfrigen rumschrauben sah. Vielleicht ja auch nicht! Ich fixierte unseren zwergenhaft kleinen Bandleader, dessen bleicher, von Leberflecken entstellter Muckerkörper vor Erregung bebte, und ließ meinen Neidfilm ablaufen:

Auf dem Hotelzimmer streift sich Miss Piggy ihr eng anliegendes T-Shirt vom drallen Körper, bereit für jede, aber auch jede Sauerei. Die eingewachsenen Speisereste in Gurkis ungepflegtem Schnauzbart riechen stechend nach schlecht ausgewischtem Apothekenschränkchen, sein weißes Smokinghemd ist verschmiert mit Soßenhaut. Er öffnet seine rissigen Lippen und sucht in der Dunkelheit mit blauschwarz belegter Zunge verzweifelt den Mund der Sexbraut. Er stinkt nach Kabelabrieb und defekten Elektrogitarren. Jetzt erst wacht die noch völlig benebelte Blondine auf; sie kann sich mit einem Tritt aus der schwitzenden Umklammerung des Bandleaders befreien und rennt in den Festsaal zurück. Mit affenartiger Geschwindigkeit robbt ihr Gurki auf allen vieren hinterher, jedoch vergebens: Atemlos erreicht die verängstigte Frau die Gaststube, in der immer noch der Veranstalter sitzt und die Abrechnung macht. Unter Tränen berichtet sie ihm von den Geschehnissen. Jetzt erreicht auch Gurki den Saal. Seine Lenden pulsieren im Blutstau, und aus seinem Mundwinkel läuft geiles Wasser. Flehend schaut er abwechselnd Miss Piggy und den Veranstalter an, der den Zwerg schließlich mit kräftigen Fußtritten in sein Zimmer zurückjagt.

Tja, so malte ich mir das aus. Träume sind Schäume.

Ich war jetzt zu Campari gewechselt. Herrlich, wie die bittersüße Matschepatsche den Hals hinunterrieselte und mich innerlich verklumpte. Da kommt man doch gleich wieder auf andere Gedanken. Der Veranstalter drosch langweiliges Veranstalterlatein, und Norbert drohte langsam einzunicken. Dann endlich waren die beiden Girls so weit. Enttäuscht sah ich der sexuellen Schicksalsgemeinschaft nach, die zum Vollzug abrückte. Jetzt saßen wir nur noch zu dritt in der bereits ziemlich ausgekühlten Gaststube. Der Veranstalter hatte sich richtiggehend in Rage geredet. Thema: Der Zusammenbruch des sozialistischen Lagers. Überraschenderweise teilte er unsere Sorgen: Die Überschwemmung des Marktes mit ostzonalen Billigacts: «Dann können wir den Laden hier dichtmachen.»

Welchen Laden er wohl meinte? *Hotel Sievers*? Ganz Deutschland? Er verabschiedete sich mit den Worten, die ins Haus stehende Wiedervereinigung sei ja wohl eine *Schnapsidee*. Das sahen wir auch so! Am Ende die große Verbrüderungsszene: «Wenn wir uns morgen früh nicht mehr sehen: Ungelogen, ihr seid echt die beste Band, die ich seit langem gehört habe. Ihr habt heute den Abend gerettet. Ich verschaff euch so viel Jobs, wie ich kann.»

Es war jetzt bereits sechs Uhr morgens, und Norbert und ich wankten vollkommen erledigt durch die endlosen Gänge des Hotels. Ich fror vor Erschöpfung. Endlich schlafen. Wir öffneten die Tür zu unserem Zimmer und fielen fast hintenüber. Ohneinohneinohnein. Eine schlimme Sauerei erreichte dort offensichtlich gerade ihren Höhepunkt: gurgelnde Laute, süßsauer geschwollene Hände, windschiefe Körper, von denen Schuppen und Placken rieselten, stechender Bieratem, ohnmächtiges Zucken, nach Luft schnappende Münder. Ein Albtraum. Im hinteren Teil des Zimmers lag Torsten auf einer Matratze und schnarchte friedlich. Vielleicht hatte er ja vorher noch die *Bunte* gelesen und sich beim Anblick einer der beiden Monegassenprinzessinnen erleichtert. Er war doch schließlich auch nur ein Mensch! Und jetzt? Das war eindeutig zu viel. Was für eine Unverschämtheit. Erbärmliche Kollegen. Kollegen? Kameradenschweine! Rücksichtslose, geile Fickböcke! Wieso denn hier? Die Weiber hatten doch wohl auch ein Zimmer! Von Rechts wegen hätte man die stöhnenden Drecksäue mit nassen Lappen aus dem Bett prügeln müssen, aber was machten wir? *Oh, Entschuldigung, das wussten wir nicht.* Und Tür wieder zu. Wohin jetzt? Zurück in den Saal? Vielleicht auf der Toilette pennen? Uns fiel die Garderobe im Keller ein. Wir legten uns auf die kalten Holzbänke und schafften es dann irgendwie einzunicken. Wir hatten jedoch nicht bedacht, dass in der Garderobe noch, wie der Name schon sagt, Garderobe hing. Die ersten Gäste standen bereits gegen halb zehn auf der Matte, um sich ihre Sachen zu holen. Dazu kam, dass es über Nacht wolkenbruchartig geregnet hatte und der Keller ungefähr dreißig Zentimeter tief unter Wasser stand. Die Gäste stiegen über uns hinüber und angelten nach ihrer Bekleidung, wobei sie abfällige Bemerkungen über Musiker im Allgemeinen und über die Pennertruppe *Tiffanys* im Besonderen machten. Unsere Leistung vom Vorabend schien bereits vergessen. Ich war müde und immer noch sternhagelvoll. Außerdem fror ich wie ein Schneider, und mir war schlecht. Eine elendere Kombination gibt es wohl auf Erden nicht, außer vielleicht bei lebendigem Leib aufgegessen zu werden. Der Strom der Gäste riss jetzt nicht mehr ab. Nach einer halben Stunde gaben wir auf und verdrückten uns in den Frühstücksraum.

Und wer saß da fröhlich pfeifend und plaudernd? Die Kollegen mitsamt den beiden Ladys. Jens und Gurki waren ausgesprochene Morgenmenschen. Sie aßen dick mit Butter bestrichene Brötchen mit Schinken, Marmelade, Käse, Honig und Wurst. Und natürlich Eier. Diesmal war das Eieressen jedoch kein leeres Ritual; es musste ja wieder Tinte auf den Füller. Eier, Eier, Eier, aber natürlich gekocht. Faustregel: Eier morgens kochen, mittags nur zum Panieren von Fleisch verwenden und abends die Eier braten. Rührei, Spiegelei. Vor Jens stand eine große Schale mit Eierschale. Schale mit Eierschale, haha, typische Eiformulierungsschwächen. Wie viele Eier sie wohl schon gegessen hatten? Zwanzig? Dreißig? Und die Frauen? Ob die auch Eiappetit hatten? Fragen über Fragen. Eine dichte Wand aus Eidunst trennte uns und die liebessatte Bande.

«Ach guck mal, wer da kommt, die Herren Mitmusiker. Setzt euch doch.»

Die beiden waren in Geberlaune. Ich nahm die Ladys ins Visier. Gurkis Braut sah bei Tageslicht doch besser aus als erwartet und wurde von ihm dauernd damit aufgezogen, dass sie VW Scirocco fuhr.

«Scirocco fährt sie, hahaha, guck dir das einer an, Scirocco fährt sie, ich brech zusammen, Scirocco!»

Die Schläfrige hingegen war leichenblass und hatte ausgesprochen schlechte Haut. Aber nicht so ein Pickelface wie ich, sondern großporig mit tiefen Furchen und Kratern. Jetzt rauchte sie HB-Zigaretten und machte einen niedergeschlagenen Eindruck. Frühstückszeit, Kaffeezeit. Vielleicht sollte ich wie alle anderen auch ein Tässchen trinken, denn schließlich macht Kaffee munter und auch wieder nüchtern. Was für eine bescheuerte Idee. Campari und Bohnenkaffee begannen in meinem Magen sofort eine grausame Schlacht, aus der ich als Verlierer hervorging. Ich stellte mich vors Gasthaus. In dem Moment, als der erste Reisebus den Parkplatz verließ, fing ich an, mich in großen Schwällen zu erbrechen. Ich verlor jegliche Contenance und brüllte wie ein sterbendes Tier. Die Gäste drückten sich an den Scheiben ihre Nasen platt und amüsierten sich köstlich über die unerwartete Performance. Jaja, *die Tiffanys* sind schon ein verrückter Haufen. Geschieht ihnen recht, wenn sie hinterher brechen müssen! Einige besonders schlechte Menschen klopften an die Scheiben und reckten ihre Daumen nach oben. Dann kam auch noch der Wirt heraus: «Ach du lieber Scholli!» Das war natürlich gut. Ach du lieber Scholli. Wirte bringen Sachen oft präzise auf den Punkt.

Zu Hause angekommen, latschte ich erst einmal zum nächsten Kiosk und holte mir eine Batterie Bier. Das hatte ich mir verdient. Morgen würde wieder Schluss mit Saufen sein. Ich setzte mich vor den Fernseher und machte mir ein Fläschchen auf. Es lief gerade *Ein Engel auf Erden*, diese amerikanische Serie über einen Engel, gespielt vom netten Michael Landon von Bonanza, der auf die Erde gesandt wird, um den Menschen zu helfen. Die aktuelle Folge ging besonders ans Herz. Ich war so gerührt, dass ich weinen musste. Ach, tat das gut! Es war schön warm. Ich trank noch ein Bier und schlief dann irgendwann ein.

Unsere Befürchtungen bezüglich der Ostmuckerinvasion sollten sich als unbegründet erweisen. Die kommunistischen Tanzkollektive standen unmotiviert in schlecht sitzenden Billigklamotten auf der Bühne, aus ihrem hoffnungslos veralteten Equipment schnatterte ein mieser Sound, und die Gassenhauer hatten sie auch nicht drauf! Außerdem kamen sie mit dem Westtempo nicht mit, denn bei uns musste alles *zackzack* gehen, drei Stücke, kurze Pause und dann hoppla, zweimal in die Hände geklatscht, auf geht's, meine Herren, ab 23 Uhr auch mal fünf Stücke und mehr, wir wollen hier ja schließlich nächstes Jahr wieder spielen. Und die Ostkapellen? Stichwort Schlendrian, vierzig Jahre Sozialismus hinterlassen eben doch ihre Spuren. Zwei Stücke und dann erst mal in Ruhe ein Zigarettchen rauchen, die Herren Musikanten, haben Sie sich so tatsächlich den Westen vorgestellt? Das funktioniert vielleicht in der Planwirtschaft, aber hier geht es uns nur deshalb so gut, weil wir das Wort *Leistung* vorwärts und rückwärts buchstabieren können.

Und zwar im Schlaf! Von wegen Arbeit und gute Laune auf Lebenszeit, Wohnung, Krippe, Altenstift, Rente und alles garantiert. NIX! Der feindliche Übernahmeversuch der Ostmucker scheiterte auf ganzer Linie.

In der *Taverna Stavros* wurde der Merkur Disc durch einen anderen Automaten ersetzt, der so schlecht schmiss, dass ich mich noch nicht einmal mehr an seinen Kampfnamen erinnern kann. Das ewige Souvlaki hing uns langsam auch zu den Ohren heraus, aber sonst gab es ja nichts. Schon das in der Zubereitung eigentlich anspruchslose Gyros schmeckte nicht, geschweige denn Moussaka oder die Nr. 38, Stifado. Mittlerweile aß kaum noch jemand bei Schorsch, und es war eine Frage der Zeit, wann die lichtlose Kaschemme für immer würde schließen müssen. Es fehlte Schorsch einfach an frischen kulinarischen Einfällen. Wenn er uns mal gefragt hätte. Mit Spitzenideen wäre er versorgt worden. *Tiffanys-Teller* mit neun verschiedenen Sorten Fleisch. Ohne Beilagen, dafür mit Spiegeleiern überbacken. Oder Nr. 13, Grillhackplatte *Moorwerder*: Bifteki, Moussaka, Souzukaki, kombiniert mit Baked Potato, Pommes, Brat- und Salzkartoffeln. Oder Innereienplatte *Klein Eilstorf*: Leber, Niere, Lunge und Herz mit Zaziki und Pommes, dazu ein Glas Maphrodaphne aufs Haus. Und Fisch komplett raus aus der Karte. Und die gemischte Nudelplatte in Sahnesoße auch. Die gemischte Nudelplatte bei Schorsch schien sich von selbst zu vermehren. Man aß und aß und aß, doch sie wurde nie weniger, im Gegenteil, mit jedem Bissen wurde sie größer und sahniger. Aber uns fragte ja niemand. Schorschi nervte immer mehr:

«Wie geht euch das, Junkens, schön, dass ihr hier seid, was macht Musik, ordentlich was zu tun? Ich hab Panajotis ein Keyboard gekauft, von Yamaha, kennt ihr das? Kommt doch mal vorbei bei uns zu Haus, mein Frau ist krank, kann man nix machen, jetzt muss ich hier kochen, Junkens, Souvlaki dauert heut länger, haha, aber Bier ist gleich fertig, ich zapf immer schon vor, wenn ich weiß, dass ihr kommt, haha.»

Verzweifelt kämpfte er um seine letzten Umsatzbringer. Leider stand Jens als Daddelpartner immer seltener zur Verfügung, denn der hatte nach der erfolgreichen Beendigung seiner Ausbildung nur noch zwei Ziele: Bis dreißig allerspätestens wollte er verheiratet sein und außerdem ein Haus gebaut haben, das dreihundert Jahre stehen sollte, mindestens. Stein auf Stein, Erker, Gaube, Vollkeller, Hobbyraum und was sonst noch so dazugehört. Ein vergleichsweise erreichbares Ziel; das mit der Frau würde nicht so einfach werden. Jensens Albtraum war, dass er zusammen mit anderen armen Wichten, die mit dreißig auch noch nicht unter der Haube waren, unter dem höhnischen Applaus der Bevölkerung die Treppen des Winsener Rathauses würde fegen müssen. *Haus und Frau, Frau und Haus, Haus und Frau, Frau und Haus.* Wenn er diese beiden Lebensziele erreichen wollte, mussten die Weichen jetzt gestellt werden. Er zog in eine winzigkleine Zweizimmerwohnung direkt an der B 4 und verordnete sich für die kommenden Jahre einen eisernen Sparkurs. Schon die lächerlichen dreißig Kilometer von Winsen nach Harburg waren ihm zu weit, wegen der Benzinkosten. Und dann noch das ganze Souvlaki! Und das ganze Bier! Und das ganze Geld, das im Daddelautomaten landete! Er hatte inzwischen im Lüneburger Sozialamt eine Stelle als Inspektor angetreten. Unablässig pfeifend entschied er über Weihnachtsbeihilfe, Bekleidungszuschuss oder ob im *Endeffekt* überhaupt irgendwelche Ansprüche bestanden. Ein-, zweimal habe ich ihn noch mit Engelszungen zum Münzautomatenspiel überreden können, aber die *Magie* war weg. Lustlos steckte er ein paar Geldstücke in die Kiste, um nach kurzer Zeit mit den Worten «Ich glaub, der kommt heut nicht» zu kapitulieren. Dann eben nicht, du Geizknüppel.

Norbert wollte die vakante Stelle auch nicht antreten. Er hatte einfach keinen Sinn fürs Glücksspiel.

«Jede Mark, die man in einen Daddelautomaten steckt, ist eine rausgeschmissene Mark. Hast du eigentlich mal ausgerechnet, was du in den letzten Jahren verloren hast?»

Natürlich nicht, du Stiesel! Schorsch musste schließlich aufgeben, und in die Räumlichkeiten der Taverna zog ein Italiener ein, den wir selbstverständlich boykottierten. Der arme Schorsch heuerte in einer Schuhfabrik an. Was wohl aus ihm geworden ist?

Ich ging jetzt zum Spielen nur noch in die Spielhalle, wobei ich zuerst noch anstrengendes Hallenhopping betrieb, da ich nach ein paar Wochen im gleichen Automatencasino der Aufsicht nicht mehr in die Augen schauen mochte. *Der junge Mann ist noch keine dreißig, mein Gott, wie oft er hier ist, der Arme hat wohl nichts anderes zu tun, und Freunde hat er bestimmt auch keine.* Ich wollte unter gar keinen Umständen, dass jemand so über mich dachte. Ich wollte überhaupt nicht, dass sich irgendjemand irgendwelche Gedanken über mich machte. Ich wollte spielen, fertig. Auch die dämliche Fachsimpelei anderer Spieler ging mir auf die Nerven. *Du musst ganz kurz drücken. – Nur nach Ton, nur nach Ton, nicht hingucken. – Den Jumbo musst du tackern. – Bei der großen Ausspielung sofort auf Stopp drücken.* Was für ein ausgemachter Quatsch. Ich sprach niemanden an und wollte auch von niemandem angesprochen werden.

Morgens kamen meist nur ein paar Rentner, Arbeitslose oder Spieler, die am Vorabend ihre Serie nicht mehr zu Ende hatten spielen können. Denn wer bei Geschäftsschluss noch Sonderspiele auf dem Zeiger hatte, musste eben am nächsten Morgen wiederkommen, basta. Mittags vertrieben sich oft Handwerker die Zeit, nachmittags wieder Rentner und Arbeitslose, und ab sechs Uhr trudelte eine Rotte Südländer ein, die offenbar dem kleinkriminellen Mileu angehörten. Immer, wenn ich ein paar

Gesprächsfetzen aufschnappte, ging es um Autoschiebereien, Diebstähle und Hehlerei. Die Bande spielte nur gelegentlich, meist unterhielten sie sich lautstark. Wieso trafen sie sich eigentlich in einer Spielhalle, und warum duldete die Aufsicht ihre Verbrecherzusammenkünfte? Fragen über Fragen.

Irgendwann betrat ich zum ersten Mal *Glawes' Spielhalle*. Es war Liebe auf den ersten Blick. Die Raumaufteilung, die Grünpflanzen, das winzige Aufsichtskabuff und natürlich die Spieler selbst! Bei meinem Erstbesuch hockten im hinteren Teil der Halle zwei in dicke Mäntel gepackte Rentner apathisch vor den Geräten. In Höhe der Aufsicht tobte sich ein aggressiv spielender Mittdreißiger aus, und vorn, beim Kaffeeautomaten, hing eine Hand voll Südländer ab, wahrscheinlich auch hier aus dem kleinkriminellen Milieu. Und Wolfgang war auch da. Sofort durchschaute ich, dass er zum Inventar gehörte. Herrlich! Jedes Detail stimmte. Die Rentner hatten prall gefüllte Pennytüten neben ihrem Stuhl abgestellt. Rentner in Spielhallen *müssen* immer gerade vom Einkaufen kommen! Ganz wichtig. Es war die beste Halle der Welt, und ich beschloss, hier alt zu werden. Immer, wenn ich zu Glawes ging, war Wolfgang auch schon da. Er war so um die dreißig, fett und starker Raucher. Da er immer da war, wenn ich da war, schloss ich, dass er wohl jeden Tag in die Halle kam. Es gab zwei Aufsichten bei Glawes, eine aschfahle Polin, die unentwegt Illustrierte las, und einen enorm säuisch aussehender Mittfünfziger, der die Spieler ungefragt mit Tipps zum besseren Abmelken der Gurken oder mit stumpfen Lebensweisheiten versorgte. Ich hasste den fetten Patron vom ersten Augenblick an. Außerdem führte er ständig lautstark Privatgespräche vom Diensttelefon. Das war bestimmt nicht erlaubt! Wer soll sich denn da noch aufs Spielen konzentrieren? Er benahm sich, als ob ihm die Halle gehörte, dabei war er nur ein unterbezahltes, kleines Rädchen im Gefüge der Glawes-Spielhallendynastie, ein mieses Teelicht, das sinnlos vor sich hin glimmt. In meinem unendlichen Hass habe ich anonym bei der Glawes-Zentrale angerufen und mich über seine Dauertelefoniererei beschwert. Und siehe da, kein einziges Privatgespräch führte das Vieh mehr. Was für ein Triumph!

Manche Spieler schlossen mit dem Personal regelrecht Freundschaft, in erster Linie, um Tipps zu bekommen, welcher Automat im Laufe der letzten Tage wie viel geschmissen hatte. Ekelhafte Parasiten! Ich hielt Distanz und bekam folglich auch keine Tipps. Der einzige Spieler, mit dem ich ab und an sprach, war ein netter Türke, der mir mal steckte, dass Wolfgang bei SPAR an der Fleischtheke arbeitete und noch bei seinen Eltern wohnte. Eine Freundin hatte er natürlich nicht, und so verzockte er jeden Monat sein Gehalt abzüglich des Zigarettengeldes. Selbst im Hochsommer schwitzte er jeden einzigen Tag vor den Automaten. Zwischen *Wolle* und mir herrschte Feindschaft auf den ersten Blick, wahrscheinlich, weil wir uns so ähnlich waren. Er hatte allerdings keine Pickel, und ich war dafür nicht dick.

Der Pate

Inzwischen half ich auch bei anderen Tanzbands aus, wenn irgendwo ein Saxophonist gebraucht wurde, und kam so neben den fünfzig Mucken mit meiner Stammband nochmal auf dieselbe Anzahl mit anderen Kapellen. Ich spielte mit *Alleinunterhalter Dieter Sterzel* auf Konfirmationen, mit *Duo Blackjet* auf Hochzeiten oder den Bands *Celebration* und *Partytime* auf Betriebsfeiern und Stadtfesten. Mucken, mucken, mucken.

Der mächtigste Tanzmusiker der Welt hieß Günter Petersen. Er galt als der Pate der Szene, dem es gelungen war, sich aus einfachen Verhältnissen zum Großmogul hochzuboxen. Irgendwann, als er selber noch als Metzger arbeitete, hatte er einmal mitbekommen, welche Gage ein Alleinunterhalter an einem *einzigen* Abend mit nach Hause bringt. Gibt's doch nicht! Er beschloss, auch reich zu werden. Gleich rannte er los, kaufte sich ein Keyboard und nahm Unterricht. Fehlendes Talent machte er durch Fleiß und Ausdauer wett. Und er konnte schnacken, die wichtigste Begabung bei Tanzmusikchefs überhaupt: schnacken, schnacken, schnacken, schnacken, schnacken, schnacken und nochmal schnacken.

Innerhalb nur weniger Jahre stieg er mit über 200 Mucken im Jahr zum Platzhirschen des Landkreises Harburg auf. Günter war schon als Kind sehr dick gewesen und hatte sich jetzt als erwachsener Mann einen langen Rauschebart wachsen lassen. Die lockigen, blonden Haare trug er halb lang. Angesichts dieses sehr pelzigen Äußeren, verbunden mit raumgreifender physischer Präsenz, hatte ich oft das Gefühl, den lieben Gott oder wenigstens Jesus oder Bhagwan vor mir zu haben. Günters Band hieß natürlich *Günters Band*. Man konnte ihn buchen als Günter solo oder als *Günters Band* mit zwei, drei, vier bis unendlich vielen Musikern. Günters Musik klang, egal, mit wie vielen Musikern, immer gleich, denn gegen Ende der achtziger Jahre hatten die Sequenzer in der Tanzmusik ihren Siegeszug angetreten. Synthesizer und Drummaschinen waren durch die so genannte Midischnittstelle miteinander verbunden. Man konnte alle gängigen Titel auf Diskette erwerben, die einfach ins Keyboard eingelegt und gestartet wurde. Wie von Geisterhand setzten sich Synthesizer und Drummaschiene in Gang, und plötzlich klangen die bis dahin mehr schlecht als recht vor sich hin eiernden Rumpelbands ganz annehmbar, wenngleich auch ziemlich ähnlich, da sie ihre Disketten alle vom gleichen Hersteller bezogen. Live wurde nur noch gesungen oder ein Gitarrensolo gespielt. Manchmal trommelte auch der Schlagzeuger ein bisschen mit, zumindest machte er hier und da Beckenabschläge. Die Leute haben entweder nichts gemerkt, oder es hat sie nicht gestört. Im Grunde genommen hätte man sich den ganzen Sequenzerquatsch auch sparen und gleich eine CD mit den Originalplaybacks einlegen können.

Günter stellte einfach die gewünschte Anzahl von Pappkameraden auf die Bühne, die nur ein bisschen herumhampeln mussten. Ein Bombengeschäft, Günter wurde reich und reich und reicher. Er baute sich in seine schicke Doppelhaushälfte eine original dänische Sauna ein. Und draußen einen schicken Carport! Harburgs Tanzmusik-Bhagwan vermittelte zwar den Eindruck, dick sei gemütlich, aber in Wahrheit war er dick und ungemütlich. Einen langjährigen Gitarristen feuerte er einmal von heute auf morgen, nur weil der gesagt hatte, Günter nehme es mit der Wahrheit nicht immer so genau. Dann drängte es den spät Berufenen zu Höherem. Er wollte an die richtigen Futtertröge, träumte von einer Karriere als Stimmungskanone wie Gottlieb Wendehals. Seine erste Single war eine Eigenkomposition mit dem Titel: *Was macht der Mullah auf dem Fernsehturm?* Wer nicht expandiert, geht unter. Leider entwickelte sich der Song nicht wie erwartet zum Hit, und nach zwei weiteren glücklosen Versuchen konzentrierte sich der Sumomusiker wieder aufs Kerngeschäft. Montag und Dienstag waren die Bürotage, in denen er sein weit verzweigtes Terrornetzwerk organisierte, und ab Mittwoch ging's dann *on the road again*. Sechzigster Geburtstag oder Polterabend oder Taufe oder Einweihung. Donnerstag dasselbe. Ab Freitag die großen Events: Schützenfest, Betriebsfeier oder Hochzeit, Samstag Hochzeit, Betriebsfeier oder Schützenfest. Sonntag war der einzige freie Tag und Günters Lieblingsbeschäftigung gewidmet: Essen! Er konnte *richtig* was wegschlucken und hat es mit den Jahren verstanden, seinen Magen so enorm zu dehnen, dass immer noch größere Portionen darin Platz fanden. Jens verschlang schon beachtliche XXL-Fleischteller, aber seine Rationen verblassten gegenüber Günters übermenschlichen Leistungen zu lächerlichen Spatzenportionen. Auch Süßes verputzte Günter in großen Mengen. Sein Rekord waren einmal 24 Kugeln, die er in Luigis Eiscafé verdrückte. Und Eier natürlich. Meine Güte. Ich traute mich in seiner Gegenwart kaum noch, überhaupt etwas zu mir zu nehmen, da ich seinen spöttischen Blicken nur schwer standhalten konnte. *Was, das nennst du essen? Dafür lohnt es doch nicht, überhaupt das Besteck in die Hand zu nehmen! Schäm dich, du Wurm.*

Einmal wurden wir nach dem Soundcheck in der Gaststube für die bevorstehende Mucke mit Nährschlamm abgefüllt. Günter schluckte die gewohnten Mengen weg. Ein Fernseher lief. Politische Berichterstattung, im ZDF lief *Heute*. Fast täglich konnte man den mittlerweile enorm korpulenten Helmut Kohl zusammen mit dem DDR-Ministerpräsidentenhühnchen Lothar de Maiziere in den Nachrichten bestaunen. Ich glaube, der schmächtige Ostler hatte sehr große Angst vor dem Einheitskanzler, der das spürte und ausnutzte. Ich stellte mir vor, wie Dr. Kohl abends beim Bankett freundschaftlich seine gewaltigen Arme um den zitternden Hänfling legt und ihm gemütlich ins Ohr flüstert: «Lothar, du weißt, dass ich dich wie eine Fliege zerquetschen kann?» De Maiziere wird halb ohnmächtig und kriegt vor lauter Aufregung sein Essen nicht runter. Das besorgte dann Dr. Kohl für ihn. De Maiziere jovial zuzwinkernd, verputzt er genüsslich dessen Kinderteller mit zwei großen Hapsen. Große Politik ist in Wahrheit oft viel einfacher, als man sich das als Normalsterblicher vorstellt.

Günter war schon seit Ewigkeiten mit Petra verheiratet. Und jetzt kommt's: Petra war noch dicker als er! Einmal habe ich das Ehepaar zufällig auf dem Winsener Schützenfest getroffen. Unter fadenscheinigen Gründen bin ich möglichst lange in ihrer Nähe geblieben, um sie beim Spachteln beobachten zu können. Kiloweise landeten da gebrannte Mandeln, Liebesäpfel, Würste und Pommes in den austrainierten Mägen der Allesschlucker. Irgendwoher wusste ich, dass die beiden schon als Halbwüchsige miteinander *gebumst* haben. Günter war trotz seiner Korpulenz noch überraschend stramm, Petra hingegen hoffnungslos auseinander gequollen. Einmal erzählte mir der damalige Schlagzeuger René, Günter habe ihn und seine Freundin für Sonntagnachmittag zum gemeinsamen Saunieren eingeladen. Was für eine Vorstellung! Mit den beiden Giganten in der engen Heimsauna schwitzen, danach etwas Ordentliches essen und als Höhepunkt vermutlich Partnertausch. Der Drummer rettete sich mit einer fadenscheinigen Ausrede und wurde kurze Zeit später aus noch fadenscheinigeren Gründen gefeuert.

Petra und Günter waren fast auf den Tag genau gleich alt und veranstalteten zu ihrem vierzigsten Geburtstag ein Riesenfest. Auf der Einladung stand: *Lieber würzig mit vierzig als ranzig mit zwanzig*, und das Motto der Feier war: *Buletten, Bier und Boogie-Woogie*. Der Autodidakt schwoll im Laufe der nächsten Jahre auf sagenhafte einhundertsiebzig Kilo an, doch dann, auf dem Höhepunkt seiner Regentschaft, passierte es: Er wurde schwer zucker- und herzkrank. Nun musste er sich regelmäßig Insulin spritzen, und außerdem wurden ihm mehrere Bypässe gelegt. Das war der Anfang vom Ende. Günter war gebrochen. Er rief nicht mehr an, und ich habe auch sonst nie wieder von ihm gehört. Meine immer bestens informierten *Tiffanys*-Kollegen wussten auch nichts. Mysteriös. Ein Mensch war plötzlich verschwunden.

Eine andere Formation, in der ich häufiger mitspielte, war *C'est la vie*. Das Duo bestand aus Hartmut am Schlagzeug und Bernie an den Keyboards. Hartmut war mit seinen fünfzig Jahren immer noch ein Schrank von einem Mann. Der ehemalige Zeitsoldat war Hobbybodybuilder, rauchte und trank nicht und strotzte vor Gesundheit. «Mein einziges Laster sind die Frauen», sagte er mal. Bernie stellte das genaue Gegenteil dar. Ein Wrack, spindeldürr. Er rauchte wie ein Schlot, schüttete bei jeder Mucke erstaunliche Mengen braunen Schnaps (Weinbrand, Rum, Whiskey) in sich hinein und sah aus, als ob eine schwere Krankheit an ihm zehren würde. Ein Rätsel, wie er bei seiner Verfassung die anstrengenden Veranstaltungen überhaupt durchhielt. Hartmut und ich haben uns mal auf einer Hochzeit über seine Zukunftspläne unterhalten. Er erwartete schon ungeduldig den Auszahlungstermin zweier Lebensversicherungen. Dann könne er endlich mit der Tanzmusik aufhören. Hartmut deutete auf seinen etwas abseits stehenden Kompagnon: «Hoffentlich hält er noch so lange durch.»

Wachablösung

Die Situation bei *Da Capo* spitzte sich immer mehr zu. Ich hatte mich bereits im zweiten Jahr in Folge geweigert, am Elternabend teilzunehmen. Dort wäre nämlich alles aufgeflogen; ich hätte meine Schüler ja schlecht chromatische Quarten oder halb verminderte Dreiklänge vorspielen lassen können. Aber auch so hatten sich meine rigiden Unterrichtsmethoden wohl herumgesprochen, die Fluktuation war atemberaubend. Kaum jemand hielt es länger als ein Jahr in meiner Folterkabine aus, manche strichen bereits nach ein paar Wochen wieder die Segel. Mein Schülerstamm war bedenklich geschrumpft, und leider hatte sich auch die sexy Maike offenbar anderen Dingen (*Typen*) zugewandt. Der kleine Michael war ohne Angabe von Gründen einfach nicht mehr gekommen. Lediglich ein neuer Altsaxophonist war nachgerückt. Er hieß Bernd Pust. Bernd *Pust*, Dr. *Vogel*, würden mich solche Namen mein ganzes Leben lang begleiten?

Meine Wachablösung rückte immer näher. Der schöne Tobias gab sich keine Mühe mehr, seine Aversion gegen mich zu verbergen. Ich war schließlich dabei, sein Lebenswerk zu zerstören. Auch die anderen Lehrer begegneten mir zunehmend feindselig. Wahrscheinlich hatte Tobias sie aufgehetzt. Ein Schlachtfest kündigte sich an. Hätte ich nicht in Gurkis Gurkentruppe mitgespielt, wäre ich ohnehin schon längst gefeuert worden.

Mein einziger Lichtblick blieb Busenmaike, die Montag für Montag treu und brav mit ihrem Altsaxophon anrückte, das meistens unausgepackt bis zum Ende der Unterrichtseinheit in der Ecke stand. Sie meinte es gut mit mir. Ihr Busen war riesig. Ich rätselte, ob er trotz ihrer jetzt bereits achtzehn Jahre auf geheimnisvolle Weise immer noch wuchs. Die erotische Stimmung verdichtete sich zusehends, irgendwann würden sexuelle Handlungen unausweichlich sein. Ich sah schon die Schlagzeile im Lüneburger Käseblatt: *Starsaxophonist der Tiffanys verführt im Unterricht minderjähriges Busenmodell.* Busenmodell. Herrlich. Zum Glück war Busenmaike die letzte Schülerin des Nachmittags. Manchmal schloss ich, wenn sie gegangen war, den Raum von innen ab und vergnügte mich noch mit einer Packung Taschentücher. Busen, Busen, Busen!

Frau Kleinschmidt wurde mir ein immer größeres Rätsel. Was ich auch tat, es gelang mir einfach nicht, sie in die Flucht zu schlagen. Manchmal hatte ich den Verdacht, dass sie nur noch kam, um mich zu quälen. Ball paradox. Vielleicht war sie ja auch von Tobias engagiert worden, um mich zum Aufgeben zu bewegen. Jeden Montag erschien sie auf die Sekunde pünktlich zum Unterricht. Warum, warum nur? Es konnte ihr doch gar keinen Spaß machen. Nicht nur, dass ich der vermutlich schlechteste Lehrer der Welt war. Es hatte einfach keinen Sinn! Selbst wenn ein hervorragender Musikpädagoge ihr jeden Tag beim Üben assistiert hätte, mit Frau Kleinschmidt war einfach noch weniger als nichts los. Ich überlegte in diesen letzten Monaten nur noch, wie ich sie zum Aufgeben bewegen könnte, und da kam ich auf die Sache mit dem Metronom. *Tack tack tack tack Tack tack tack tack Tack tack tack tack Tack tack tack tack.*

«So, Frau Kleinschmidt, ein Schlag entspricht einer Viertelnote. Was eine Terz ist, wissen Sie ja mittlerweile. Also, spielen Sie jetzt bitte die Terzabfolge C-E, D-F und dann E-F-G. Das letzte G ist eine halbe Note lang, die anderen Töne sind alles Viertel.»

Frau Kleinschmidt hatte Angst vor dem Metronom. Bei jedem Schlag zuckte sie zusammen, und manchmal regte sich sogar zaghafter Widerstand.

«Muss das wirklich sein mit dem Metronom? Ich kann mich so schlecht auf den Takt und die Töne gleichzeitig konzentrieren.»

Ich weidete mich an ihrer Angst, blieb jedoch sachlich: «Ja, das muss sein. Auch Sie können das lernen, also bitte, ich zähl ein, und auf die Eins kommen dann Sie. 2,3,4 ... » Frau Kleinschmidt spielte irgendwas. Ich korrigierte schon gar nicht mehr richtig. «Gar nicht schlecht. Gleich nochmal, und konzentrieren Sie sich noch mehr auf den Takt. Also, 2,3,4 ... »

Ende Mai verkündete mir Tobias, dass nach den Sommerferien finito wäre. Ohnmächtig nahm ich den Beschluss hin, was blieb mir denn übrig! Auch am allerletzten Unterrichtstag kam es zwischen Busenmaike und mir zu keinen ungewöhnlichen Vorkommnissen. Wir tauschten Telefonnummern aus. Aufgeschoben ist nicht aufgehoben. Mein Nachfolger wurde Marek, eines der wenigen Überbleibsel der Ostmuckerinvasion. Der sehr gut deutsch sprechende ungarische Vollblutmusiker hatte sich in Deutschland regelrecht festgezutzelt und übernahm dankbar meinen Job. Hinter seiner professionell-freundlichen Fassade verbarg sich ganz offensichtlich ein verschlagenes Naturell. Er hatte es wahrscheinlich auch noch auf meinen schönen *Tiffanys*job abgesehen. Na warte, Bürschchen, nicht mit mir.

Meine Kündigung war so ziemlich die letzte Amtshandlung von Tobias, denn der wollte schon lange mit seinem öden Dasein als Musikschulunternehmer abschließen. Die ganzen Jahre über hatte der schöne Mann am Computer gehockt und neue Unterrichtspläne aufgestellt und am Wochenende auch noch im Trio *Memories* gemuckt. Er sang für Muckerverhältnisse sehr gut und spielte auch mindestens eine ganze Klasse besser

Gitarre als üblich. Irgendwann habe ich einmal bei *Memories* ausgeholfen, und nach Feierabend ist er tatsächlich mit einem weiblichen Gast verschwunden, obwohl er verheiratet war, der Schlingel. Aha, dachte ich, geht doch. Tobias fühlte sich zu Höherem berufen. Er wollte Karriere machen und setzte alles auf eine Karte. Da er sehr geschickt im Kontakteknüpfen war, lernte er irgendwie den Schlagersänger Matthias Reim kennen und spielte eine Zeit lang sogar in dessen Liveband mit. Er verbreitete überall, Matthias Reim wäre sagenhaft reich, ungefähr hundert Millionen Mark schwer. Ich mochte das gar nicht glauben, aber Widerspruch half nichts: Matthias Reim ist so reich, dass man sich das gar nicht mehr vorstellen kann. Ich konnte mangels Insiderkenntnissen leider nichts dagegen sagen. Hundert Millionen! Wovon denn? Nie im Leben! Im Studio hat immer ein anderer, noch besserer Gitarrist Matthias Reims neue Schlager eingespielt. Ich weiß nicht, ob das der Grund für ihr Zerwürfnis war, aber nach ungefähr zwei Jahren sind Matthias Reim und Tobias im Streit auseinander gegangen.

Irgendwann spielten wir mit *Tiffanys* auf dem Lüneburger Stadtfest im Citycenter. Da traf ich erstmals nach Jahren den toll kostümierten Tobias wieder. Er trug eine Wildlederjacke mit Fransen, Cowboyhut, Cowboyschlips, Cowboystiefel und große Mengen türkisfarbenen Indianerschmuck. Offenbar hatte er sich jetzt mit Leib und Seele der Countrybewegung verschrieben. Sein bester Freund war neuerdings der damalige deutsche Countrypapst Jonny Hill, in dessen Band er mitspielte. Den Höhepunkt von Tobias' Countrykarriere habe ich zufällig beim Zappen mitbekommen: einen Auftritt in Jonny Hills RTL-Sendung *Kilometer 330*, und zwar mit der deutschen Version von *Ruby, don't take your love to town*. Tobias Strick hatte sich den Künstlernamenquatsch gespart und trat gleich als *Tobias Strick* auf. Er machte seine Sache ganz ordentlich, aber irgendwie hat er sich dann auch mit Jonny Hill zerstritten, und seine Countrykarriere versandete. (*Jonny geht auch über Leichen, der hat nur Dollarzeichen in den Augen. Und ich dachte, er wäre mein Freund.*)

Dann zog er nach Hamburg, wo er eine Alterskarriere als Reikimeister in Angriff nahm. Das hat mir jedenfalls Gurki erzählt. In kurzer Zeit erklomm er auf der Reikikarriereleiter Sprosse um Sprosse und ließ sich ständig neue Visitenkarten drucken. «Tobias Strick – Reikimeister», «Tobias Strick – Reikigroßmeister», «Tobias Strick – Reikichef» oder wie die Dienstgrade beim Reiki so gehen.

Mit meiner Laufbahn als Pop-Produzent schloss ich innerlich ab. Ich drohte langsam zur tragischen Gestalt zu werden, die in zehn Jahren immer noch in vom Munde abgesparter Hightech-Umgebung sitzt und ihre Texte aus dem «Bravo-Songbook» abschreibt. Außerdem wollte Anja heiraten und hatte eher eine Karriere als Mutter im Visier. Na ja, Musik ist ja auch ein schönes Hobby. Ich machte nur noch so für mich zum Spaß weiter und um die Zeit totzuschlagen, denn davon hatte ich trotz der vielen Mucken immer noch massig. Mit Mutter ging es derweil keinen Schritt voran. Ich besuchte sie nach wie vor einmal die Woche in ihrer Gruft, Stammessen, laberlaberlaber, rauchirauchi, Merkur disc, und nach zwei Stunden fuhr ich wieder zurück. Dann kam der dritte Oktober, der erste Tag der deutschen Einheit. Die Hoffnung stirbt bekanntlich zuletzt. Ich bin mit Norbert nach Hamburg gefahren, wir haben uns an die Alster gesetzt und Bier getrunken oder was weiß ich. Jedenfalls keinen Sekt. Es gab ein großes Feuerwerk und allgemein Budenzauber. Zu allem Überfluss hatte die deutsche Fußballnationalmannschaft unter der Ägide des doofen Franz Beckenbauer die Weltmeisterschaft gewonnen. Jetzt waren die Deutschen wieder die Größten. Misstrauisch beäugten wir den Mummenschanz. Was waren die Menschen doch dumm. Außer Rand und Band feierten sie hier ihren eigenen Niedergang.

91 *Die Bombe*

Während meine braven Kollegen praktisch nur noch Mineralwasser tranken, war ich saufmäßig fast schon wieder wie früher dabei. Ich wäre sonst gestorben vor Langeweile. Langeweile im Endstadium, ich verbrachte meine Tage wie mit einer Überdosis Insektengift aufgepumpt in einer Art Duldungsstarre. Langeweile gleich entarteter Stillstand minus Zeit. Das war meine Formel. Zeit genug, mir so meine philosophischen Gedanken zu machen, hatte ich ja. Raum und Zeit waren im Zwergenhaus so stark gestaucht, dass ich das Gefühl hatte, statt dreidimensional nur noch halbdimensional zu existieren und mich zu einem unendlich kleinen Punkt zu verdichten. In einer kaskadierenden Verschachtelung verschränken sich die Wahrnehmungsebenen so ineinander, dass am Ende nur noch ein virtuelles Knäuel, ein Knäuel aus Licht, übrig bleibt, das sich nicht mehr synchron zur Zeit bewegt, sondern von ihr weg. Und genau ab da verläuft das Leben nicht mehr symmetrisch, sondern asymmetrisch. Vielleicht war ich jetzt ja auch endgültig verrückt geworden und merkte es nur nicht. Oder ich war ein großer Privattheoretiker. Gibt es Rezepte gegen Langeweile? Ja, man kann zum Beispiel die Milch überkochen lassen und stundenlang die verkohlten Placken vom eingebrannten Ceranfeld schaben. Oder den Inhalt des Staubsaugerbeutels in der ganzen Wohnung verteilen, nur um anschließend die Sauerei analog mit Kehrblech und Feger wieder zu beseitigen. Man kann Klimatabellen von Zwergstaaten führen, aus alten Topflappen Flurteppiche nähen oder aus Eisstielen und zerschlagenem Altglas rezeptfreie Lesebrillen basteln.

Meine wirksamsten Waffen gegen Langeweile waren aber immer noch Jubiläumsaquavit und Bier. Der Mineralwasserkonsum der Kollegen stieg derweil besorgniserregend, ein richtiger Trend wurde das bei *Tiffanys*. Laut Expertenurteil von Norbert sollten am Tag mindestens drei Liter getrunken werden, um Gifte auszuschwemmen, die Zellmembran elastisch zu erhalten und noch anderen Quatsch. Am besten gleich auch noch stilles Wasser, die sinnloseste Erfindung der letzten hundert Jahre. Mich regte das auf, und aus Trotz trank ich oft tagelang ausschließlich Kaffee und abends natürlich Bier. Keinen einzigen Schluck Wasser. Und? Ging es mir nur einen Deut schlechter als den anderen? Eben! Ich war schließlich kein Kamel.

Eine lustige Begebenheit hat sich in diesem ansonsten ereignislosen Jahr dann aber doch zugetragen. Jens hatte als passionierter Fleischesser öfter unter Blähungen zu leiden. Oft fragte er schon beim Essen laut in die Runde, wie *das* wohl später riechen würde. Es stank meist ganz entsetzlich nach Problemen, Arbeitslosigkeit und chronischen Krankheiten, doch wir amüsierten uns wie die Kinder über die Feuerwerke, die da an so manchem Abend abbrannten. Einmal war es wieder besonders schlimm. Das Hochzeitsessen bestand aus drei Sorten Fleisch: Wild, Schwein und Rind. Beim Mitternachtsbuffet wurde noch Gulaschsuppe mit Zwiebeln und Paprika gereicht, und man konnte sich darüber hinaus noch von einer reichlichen Auswahl an Wurstsalaten bedienen. Eine Bombe nach der anderen zündete Jens im Verlauf des Abends! Der Gestank war sensationell. Mehrere Kilo Fleisch verrotteten da beschleunigt im Jenskörper. Man konnte an seinem Gesicht ablesen, wie der Stand der Dinge gerade war. Konzentration und Verkrampfung beim Rausdrücken, gespannte Erwartung, während die Wolke langsam hochstieg, und Zufriedenheit, wenn sich die Blume endlich entfaltet hatte. Während des Abbauens ging es munter weiter, ein letzter Gruß der toten Tiere. Als wir den Hänger fast eingeladen hatten, sprang Jens ein letztes Mal mit einem Notenständer hinein, und kurz bevor wir das morsche Gefährt mit der Plane luftdicht abschlossen, ließ er drinnen noch ordentlich einen los. Als wir eine Stunde später die Stelle erreichten und den Hänger öffneten, quoll uns eine Wolke aus Gestank und Verderben entgegen. Jens schaute triumphierend in die Runde: Die Bombe hatte sich die ganze Zeit über gehalten. Sensationell! So ein Geniestreich sollte allerdings auch ihm nie wieder gelingen, und gerne erinnerten wir uns mangels anderer Erlebnisse an diesen Höhepunkt des Jahres 1991 zurück.

Alle anderen ja, ich nein

Ich hatte eigentlich noch nie eine richtige Freundin gehabt. Manchmal wurden im Fernsehen besorgniserregende Berichte über Männer gezeigt, die schon seit fünfzehn Jahren oder länger keine Frau mehr gehabt hatten, Tendenz: Das wird wohl nie mehr was. Wie machten das eigentlich die anderen? Fein raus war der indische Schriftsteller Salman Rushdie, dessen vom greisen Ayatollah Khomeini angeordnete Exekution jetzt auch schon eine ganze Weile auf sich warten ließ. Norbert und ich fragten uns oft, wie es dem ach so armen Rushdie gelang, immer wieder die allergeilsten Topgirls abzuziehen. Regelmäßig wurden Fotos des bärtigen Autors publiziert, auf denen er mit stets wechselnden atemberaubenden Schönheiten abgelichtet war, die jeweils als seine neue *Lebenspartnerin* vorgestellt wurden. Der Fluch des Khomeini: Die ganzen geilen Weiber dieser Welt hatten sich offenbar verabredet, dem Todgeweihten in seinem Versteck die letzten Lebensmonate zu versüßen. Da wären wir auch gerne mal verflucht worden!

Meine amourösen Abenteuer ließen sich an einer Hand abzählen, und sie hatten meist nicht gut geendet, wie die peinliche Geschichte mit Frauke Dausel. Ich hatte Frauke bei einer christlichen Jugendfreizeit kennen gelernt. Sie war damals vierzehn und ich siebzehn. Am letzten Abend haben wir rumgeknutscht. Bei der nächsten Freizeit war sie wieder mit dabei, und diesmal durfte ich ihr schon unter die Bluse fassen, und das Jahr darauf standen neben *Herr, deine Liebe ist wie Gras und Ufer, wie Wind und Weide und wie ein Zuhaus* auch Pettingstudien auf dem

Programm. Zu meinem Leidwesen fanden sexuelle Abenteuer ausschließlich auf christlichen Jugendfreizeiten statt. Während der ganzen übrigen Zeit (elfeinhalb Monate im Jahr) war Schmalhans Küchenmeister. Ein Segen, diese Freizeiten! Brutstätten der Fleischeslust. Die Schlimmsten waren die Diakone. Am liebsten unternahmen diese zweiten Männer der Gemeinde zärtliche Studien am blutjungen Objekt. Oft habe ich die Böcke bei ihren von langer Hand geplanten Sexfeldzügen heimlich beobachtet. Die bevorzugten Opfer waren Mädchen, eben dem Konfirmandenalter entwachsen, die sich im Jugendchor oder sonst wie in der Gemeinde engagierten. Außer über Glaubensfragen quatschte der Diakon mit ihnen über Schule, Eltern, aber auch Markenklamotten und coole Musik. Hatte das Mädchen erst einmal Vertrauen gefasst, setzten scheinbar zufällige Berührungen, väterliche Ratschläge mit tiefer Brummbärstimme und lange Blicke in der Kirche ein. Küsschen statt Morgenandacht, fummeln statt singen, grapschen statt beten, das war der geile Katechismus. Alle diese Bumsböcke, die ich im Laufe der Jahre kennen lernte, waren selbstverständlich verheiratet und hatten mehrere Kinder, was sie aber nicht davon abhielt, so viel minderjährige Schutzbefohlene wie möglich in die Geheimnisse der körperlichen Liebe einzuweihen. Das ist die Wahrheit!

Nachdem sich das mit Frauke über die Jahre immer mehr zugespitzt hatte, kam es endlich zu einer *privaten* Verabredung: das erste Tête-à-tête außerhalb von Morgengebet und Abendandacht. Wir saßen also eines Sommersonntagnachmittags in meinem unfassbar heißen Zimmer unter dem Dachboden, und uns beiden war klar, dass es heute passieren würde. Ich trank ein Bockbier nach dem anderen. *Bock*bier passte natürlich sehr gut. Frauke hatte ich eine Flasche des damaligen Modegetränks Pernod besorgt und sogar an Eiswürfel gedacht. Alles lief nach Plan, und kurze Zeit später begannen wir, uns zu küssen und auszuziehen. Die Sache war in Bewegung geraten, nichts schien uns mehr aufhalten zu können! Als ich dann jedoch mit entblößtem Oberkörper auf dem Bett saß, musterte sie mich eine Spur zu lange und sagte dann: «Du bist ja vielleicht *weiß*.»

«Findest du?» Mir fiel überhaupt nichts ein.

«Das gibt's ja nicht. Gehst du denn nie in die Sonne? Das ist ja schon *peinlich*.»

Gott, wie schrecklich. Wie kann man so etwas nur sagen. Emotional verroht, die dumme Kuh. Frauke kam aus einem sozial schwachen Umfeld und war es gewohnt, die Dinge immer direkt auszusprechen. Menschen zutiefst verletzen und sich mit *Ich bin eben bloß ehrlich* herausreden, das hatte ich gern. Na ja, Augen zu und durch. Ich versuchte mir nichts anmerken zu lassen und schraubte weiter an ihr herum. Widerwillig machte sie mit, und schließlich begannen wir doch noch *damit*. Nach wenigen Minuten hörte sie jedoch auf, sich zu bewegen.

«Du, hallo!»

«Ja?»

«Wart mal eben.»

«Wieso?»

«Wir müssen jetzt aufhören.»

«Hä, wieso das denn?»

«Ich muss um sieben wieder zu Hause sein.»

Frauke wohnte noch bei ihrer Mutter. Sie zog sich schnell an und verschwand. *Tschüs dann – Ja, mach's gut.* Ich bin vor Verzweiflung fast ohnmächtig geworden. Sie rief nie wieder an, und ich habe mich auch nicht bei ihr gemeldet. Ein Fitzelchen Stolz hatte ich schließlich auch noch in meinem bleichen Körper. Ich habe sie viele Jahre später noch zweimal in der Talksendung *Jörg Pilawa* wieder gesehen. Der Einblendung entnahm ich, dass sie jetzt Heilpraktikerin war. An das Thema kann ich mich nicht mehr erinnern, auf jeden Fall hat sie irgendwas in dem Sinne gesagt, dass sie sich nicht *die Butter vom Brot* nehmen lassen wolle, und schon gar nicht von den Männern. Das wusste ich ja nun schon. Das andere Mal saß sie im Publikum. Sie meldete sich zu Wort, um unter den wohlwollenden Blicken des Talkmasters eine Frau zur Räson zu bringen, die ihrer Meinung nach einfach nur stinkend faul war und nicht arbeiten *wollte*. Ihre Meinung kam beim Publikum gut an.

Na ja, Schnee von gestern. Die einzige aktuelle Option war Busenmaike, die ich regelmäßig anrief, um sie bei Laune zu halten. Ich scheute aber ein Treffen und lebte die Begegnung lieber in meiner Phantasie aus. Doch irgendwann schlug sie vor, mich an einem der kommenden Wochenenden zu besuchen. Da konnte ich natürlich schlecht nein sagen. Ich putzte das Zwergenhäuschen heraus und holte Maike vom Harburger Bahnhof ab. Sie machte ihrem Namen alle Ehre, ihr Busen schien nochmal ein Stück größer geworden zu sein. Auch sonst schien sie etwas zugelegt zu haben, besonders im Gesicht. Ich hatte irgendwas zu essen vorbereitet, das war's dann aber auch schon mit Vorleistungen. Noch nicht mal zu einem Gläschen Imiglikos beim Griechen habe ich sie eingeladen. So saßen wir auf dem Sofa und tranken, sie wenig, ich viel, wie es sich gehört. Es dauerte ewig, in die richtige Stimmung zu kommen. Verstohlen blickte ich ab und an zu ihr hinüber. Sie hatte wirklich einen mächtigen Busen, und mich beschlich zwischendurch immer wieder große Mutlosigkeit. Doch Maike wusste, was sie wollte, und saß es einfach aus. Gegen vier Uhr morgens war ich endlich so weit. Nach fahrigem Genestel auf der Wohnzimmercouch ging es ab nach oben. Maike sah nackt noch einmal *ganz anders* aus, als ich mir das vorgestellt hatte. Halb Mensch, halb Busen. Das war eindeutig zu viel. Ich kam da einfach nicht gegen an, betrunken hin, betrunken her. Ich schloss die Augen und versuchte, an etwas Schönes zu denken, mir fiel aber nur die Bemerkung ein, die Niels einmal anlässlich der bevorstehenden Hochzeit einer gemeinsamen Bekannten geäußert hatte. Sowohl sie als auch ihr zukünftiger Mann waren ausgesprochene Ladenhüter.

O-Ton Niels: «Ich kann nicht verstehen, wie sich zwei derart hässliche Menschen gegenseitig geil finden können.» Ich fand diese Bemerkung damals *menschenverachtend*, gleichzeitig hatte sie sich unauslöschlich in mein Gedächtnis eingebrannt. Jetzt war mal wieder der passende Anlass, daran zu denken. Es ging jedenfalls gar nichts. Dabei wollte ich doch unbedingt mal wieder eine Erfahrung machen, von der ich Jahre würde zehren können. Maike wirkte auch unzufrieden, sagte aber nichts. Wir taten beide, als würden wir schlafen, aber in Wahrheit habe ich kein Auge zugetan. Gegen Mittag brachte ich sie zum Bahnhof. Schweigend warteten wir auf ihren Zug. Wir wussten, dass wir uns nie wieder sehen würden.

Ich fand die Bezeichnung *Starrer* für mich angemessen. Starrer verfolgen mit gierigen Augen alles Weibliche. Sie empfinden jede halbwegs attraktive Frau gleichzeitig als Provokation und als Demütigung. Der Starrer erfreut sich nicht am Anblick eines schönen Mädchens, sondern bekommt sofort Depressionen, denn er weiß, dass er sie niemals besitzen wird. Starrer lächeln niemals, sie haben nichts zu lachen. Ihnen fehlt neben Charme auch jede Leichtigkeit, daher sind sie vollkommen unfähig zu flirten. Wenn sie, was sehr selten vorkommt, von einer Frau angeschaut werden, schauen sie sofort weg. Zum einen fühlen sie sich ertappt, da sie die ganze Zeit über nur schweinische Gedanken haben, zum anderen können sie sich überhaupt nicht vorstellen, dass irgendeine Frau sich für sie interessiert. Starrer stehen auf der allerunterste Stufe der sexuellen Hierarchie, sie sind das ausgemusterte Subproletariat. Der Selektionsdruck gerade in urbanen Gegenden wird immer höher. Alternde Starrer hoffen inständig, dass die libidinöse Umklammerung irgendwann ein wenig nachlässt. Doch die Libido ist erbarmungslos. Auch unzählige junge, noch nicht mal besonders hässliche Männer gehören zum sexuellen Bodensatz. Man kann manchmal gar nicht genau sagen, warum der eine Starrer wird, der andere jedoch freie Auswahl hat. Fein herausgeputzt und gut duftend setzen sich die Starrer immer wieder dem unmenschlichen Amüsierdruck des Nachtlebens aus, nur um vollkommen vereinsamt nach Hause zu kommen. Starrer sind verflucht, verdammt zum ewigen Starren.

Ich habe damals ein Gedicht darüber geschrieben. Es trägt den Titel Stupor.

«Dein Blick saugt sich fest
An der nicht enden wollenden Parade der Körperteile.
Stundenlang lädst du dich auf.
Irgendwann schleichst du keuchend davon,
Zurück in deine verklebte, dunkle Wohnung.
Schwitzende Hände fangen sofort an zu pumpen,
Dein Spargel schreit nach Erlösung, stich ihn heraus, stich ihn heraus!
Doch du kannst melken und melken und melken;
Du legst den Sumpf niemals trocken.

Von ranzigem Sud verschmierte Hände zittern vor unstillbarer Gier,
Kochendes, blutendes Verlangen tötet jeden Gedanken.
Wund gelegen blökst du wie ein sterbendes Tier.
Du kannst deinen Blick nicht mehr wenden von deinem zerfetzten Johannes.

Psychotisches Erwachen in ranziger Bettstatt,
Vom sauren Nachtschweiß getränkt.
Fassungslos schaust du herunter
Auf deine blau gekeulten Beutel.
Deine hässlichen Augen brennen,
Du hast dir aus Versehen ins Gesicht gespritzt.

Spastisches Zucken im Stupor, du flehst in höchster Not:
Wenn nur endlich jemand käme, dir die Arme zu brechen!

Ganz am Ende liegst du da,
Mit gebrochenem Becken,
Und versuchst mit letzter Kraft,
Dich am Gips zu reiben.
Festgeklebt am eigenen Schmand
Zuckst du noch ein, zwei Tage,
Bis die Masse endlich hart wird und verkrustet.
Dann kommen bald schon die Männer und hauen die Placken ab mit großen Stöcken.»

Eines schönen Tages hatte ich es bis zum späten Nachmittag bereits auf eine beachtliche Zahl von Entsaftungen gebracht, als das Telefon klingelte. Ich war gerade wieder fertig geworden und ging mit noch offenen Hosen zum Telefonapparat.

«Strunk, guten Tag.»

«Na, hat's Spaß gemacht?»

«Hä, was ist? Wer ist denn da überhaupt?»

«Wenn ich richtig mitgezählt habe, war das heute schon das dritte Mal. Hast du noch gar keine Schwielen an den Händen?»

«Jetzt reicht's aber. Was wollen Sie überhaupt?»

«Den ganzen Tag melken. Du bist vielleicht 'ne arme Sau.»

Ich kannte die Stimme nicht und starrte erschrocken durchs Wohnzimmerfenster. Der Typ konnte überall und nirgends sitzen, wie ein Scharfschütze in Politthrillern. Ich zog mir die Hosen hoch.

«Mann, du bist vielleicht 'ne arme Sau.»

Ich legte auf und zog in panischer Hast die Vorhänge zu. Sie blieben ab sofort und für immer geschlossen.

1993 *Faslam*

Norbert und ich wurden immer älter, doch der Nachschub an neuen, immer noch jüngeren Biestern schien nicht zu versiegen. Mein liebster Kollege arbeitete mittlerweile im unübersichtlichen Hamburg und musste jeden Tag mit dem Nahverkehrszug eine halbe Stunde hin und eine halbe Stunde wieder zurück nach Hause juckeln. Sämtliche Abteile waren mit minderjährigen Sexbomben verseucht, die jede Fahrt zum Höllentrip machten.

Im Februar 1993 stand ein neuer Job ins Haus: der Faslam in Hollenstedt. Faslam ist der norddeutsche Ausdruck für Fasching. Gemeinhin denkt man ja, dass nur die Rheinländer dieses Fest richtig zu feiern wissen. Doch auch in Norddeutschland gibt es zur *fünften Jahreszeit* eine große Zahl von Karnevalsveranstaltungen, bei denen zum Glück meist die lästigen Büttenreden weggelassen werden und es ohne Umwege zur Sache geht. Der Hollenstedter Faslam fand immer am letzten Februarwochenende im *Gasthaus Kroll* statt, das große Ähnlichkeit mit *Hotel Sievers* in Brunsbüttel hatte. Auch dieses Gebäude drohte jeden Moment einzustürzen und war schätzungsweise seit dem Ersten Weltkrieg nicht mehr renoviert worden. Als ich das erste Mal in die Gaststube kam, verstummten sogleich alle Gespräche, wie in Westernfilmen, wenn der unheimliche Fremde den Saloon betritt und einen Whiskey bestellt. Es lag ein stechender Geruch von Salbe in der Luft. Frau Kroll, die Chefin der unwirtlichen Herberge, stand hinter dem Thresen und fixierte mich stumm. Sie entsprach ganz dem Bild, das man sich von einer untergetauchten KZ-Kommandeuse macht, die sich unter falschem Namen unbehelligt eine neue Existenz aufgebaut hat. Erbarmungslos herrschte sie über ihr Wirtshaus, Frau Kroll, die älteste Tochter Satans. Wie konnte man sich in diesem Klima der Angst freiwillig aufhalten? Es war mir ein Rätsel. ICH gehörte jedenfalls nicht hierher. Woher nahm ich überhaupt das Recht, die Gaststube zu betreten? Ich war ein Feind. Eine falsche Bemerkung, und ich würde sofort zum Abschuss freigegeben werden.

«Entschuldigung, ich gehör zur Musik. Wo ist denn bitte der Festsaal?»

«Hier jedenfalls nicht.»

«Ach so.»

Beim Rausgehen löste sich der durch dieses kurze Intermezzo angestaute Hass der Wirtin in einer ihrer berüchtigten Brüllattacken: «VERDAMMT NOCHMAL, VADIM, WIE LANGE BRAUCHST DU DENN NOCH FÜR ZWEIMAL CURRY POMMES. ICH PRÜGEL DICH GLEICH AUS DER KÜCHE!!!»

Vadim war, wie ich später erfahren sollte, der russische Aushilfskellner, Hilfskoch, Mädchen für alles und persönlicher Haussklave von Frau Kroll. Wahrscheinlich hatte sie ihm die Papiere abgenommen, ihn unter Drogen gesetzt und einen Schuldschein unterschreiben lassen. Jetzt musste er die Schulden bis zum Ende seines Lebens abarbeiten. Ich glaube, dass Frau Kroll eine böse Frau war. Menschen wie sie sind dafür verantwortlich, dass kein Friede auf Erden einkehrt. Verängstigt suchte ich nach dem Festsaal, wo ich schweigend meine Instrumente aufbaute. Auch die Kollegen wirkten eingeschüchtert. Aber nichts deutete auf das Martyrium hin, das uns erwartete.

Nach dem Soundcheck gingen wir nach vorn und setzten uns in geduckter Haltung an den Stammtisch, bemüht, nicht sogleich wieder den Hass der Wirtin auf uns zu ziehen. Doch wir hatten es schon vergeigt.

«Das ist der Stammtisch, der ist ab 19 Uhr 30 reserviert.»

Gurki machte daraufhin einen schweren Fehler: «Bis dahin sind wir längst wieder weg.»

«SAG MAL, HABT IHR KARTOFFELN AUF DEN OHREN? DAS IST DER STAMMTISCH, DER IST RESERVIERT. DAS GIBT'S DOCH GAR NICHT. DAS ERSTE MAL HIER UND GLEICH SOWAS!!»

Keiner von uns hatte die Kraft, mit Widerworten zu reagieren. Gegen Frau Kroll war einfach kein Kraut gewachsen. Noch ein falsches Wort, und sie würde uns richtig fertig machen.

Frau Kroll ließ es sich nicht nehmen, uns die Schnitzel Pommes persönlich zu bringen. Laut knallte sie die Teller auf den Tisch und weidete sich an ihrer eigenen Schlechtigkeit. Wir machten, dass wir fertig wurden, und schlichen uns, natürlich ohne Zerhacker, wieder in den Festsaal.

Der Faslamsvorsitzende war schon da, um uns über den Verlauf des Abends zu informieren. Die Veranstaltung hätte zwei Teile, einen offiziellen mit abschließender Wagenprämierung, dann käme der normale Tanzabend bis drei Uhr morgens. Aha. Jetzt trudelten langsam die zum Teil saudoof kostümierten Faslamsbrüder und -schwestern ein. Ich hatte früher immer mit Mutter *Mainz bleibt Mainz* sehen müssen. Ihgittihgitt! Fasching war für mich Nazi-Amüsement. Mir wurde schlecht bei dem Gedanken daran, wie die bescheuerten Hollenstedter Epigonen mich in den nächsten Stunden mit ihren dilettantischen Kasperliaden quälen würden.

Punkt acht Uhr ging es los. Es waren vielleicht 50 Gäste da, die außen an den Tischen saßen, während sich auf der Tanzfläche jeweils Gruppen von vier bis acht Leuten zusammengefunden hatten, um ein bestimmtes Bild oder eine Situation darzustellen. So ein Bild konnte zum Beispiel *Räuber Hotzenplotz* sein oder *Die große Blinddarmoperation*. Einer aus der Mannschaft der *Blinddarmoperation* war dabei als Arzt verkleidet, ein paar

Mädchen standen als OP-Schwestern daneben, und auf einem Krankenbett lag ein eingegipster Patient, an dem sich der Arzt diabolisch grinsend mit einem Skalpellnachbau aus Holz zu schaffen machte. Die Krankenschwestern waren siebzehnjährige Lolitas in Strapsen und extra tiefen Ausschnitten, wie man es aus Pornofilmen kennt. Unter ihrer fast durchsichtigen, weißen Schwesterntracht zeichneten sich die schwarzen Büstenhalter ab, welche nur mühsam die Pracht im Zaum hielten. Die Dörfler hatten in wochenlanger Kleinarbeit jedes noch so kleine Detail des jeweiligen Bildes liebevoll nachgebaut. Sie hatten aufwendige Kostüme geschneidert und holten auch darstellerisch das Letzte aus sich heraus. Diese Prozessionen kreisten nun eineinhalb Stunden zu den heiteren, aber nie banalen Klängen von *Tiffanys* um den Pudding. Die originellste Idee sollte von einer Jury prämiert werden. Wir hatten ausschließlich Augen für die Blinddarmoperation. In Paulchen-Panther-Sakkos standen wir auf den morschen Brettern der Kroll'schen Showbühne und waren dazu verdammt, knapp zwei Stunden die Bumskrankenschwestern anzustarren. *Rote Lippen soll man küssen, denn zum Küssen sind sie da.* Jaja, von wegen! Wir waren schon aufgrund unserer Scheißklamotten sozusagen von Berufs wegen draußen. Ebenso gut hätten es katholische Priester sein können, die da zum Tanz aufspielten. Dabei waren wir in Wahrheit doch *ganz normale junge Männer*. Um zehn beendete die Siegerehrung endlich das grausame Spiel. Das Sexhospital belegte nur Rang drei.

Dann ging das Tanzvergnügen und damit unser eigentliches Martyrium los: Die Biester kamen aus allen Löchern gekrochen und enterten den Saal. Sie waren als Krankenschwestern, Polizistinnen oder Schulmädchen kostümiert, und die allgemeine Absprache schien zu lauten, die armen *Tiffanys* in die Knie zu zwingen. Wir nudelten brav unsere Gebrauchsmusik ab.

«Mach dir das Leben nicht so schwer,
lachend bringt es dir viel mehr.
Auch wenn du mal traurig bist
und dir nicht zum Lachen ist,
lass dir nicht in die Karten schau'n,
sei nach außen wie ein Clown,
zeig stets ein lachendes Gesicht,
denn Tränen lohnen sich doch nicht.»

Die Stimmung war total aufgeheizt. Immer wieder verschwanden Typen mit einem der Biester. Manche kehrten nur wieder zurück, um gleich das nächste Sexabenteuer einzutüten, andere tauchten gar nicht mehr auf. Es wurde ungeniert geleckt, gegrapscht und gefummelt. Einige der Biester ließen sich jetzt sogar schon auf der Tanzfläche zwischen die Beine fassen. Ohnmächtig mussten wir das verdorbene Treiben mit ansehen.

«Manche Mädchen kann man sehn,
die in langen Hosen gehn,
doch Mary Lou hat damit nichts im Sinn.
In ihrem hübschen, bunten Kleid,
ja da ist sie jederzeit
schöner als die schönste Königin.»

Diese Zeiten waren offenbar endgültig vorbei. Statt harmlosen Mary Lous in hübschen Sommerkleidern wurden hier minderjährige Hauptdarstellerinnen für einen Hardcorestreifen gecastet. Vielleicht liefen ja auch schon die Dreharbeiten, und nur wir waren nicht informiert worden. Norbert wurde immer bleicher. «Ich halt das nicht aus, ich halt das bald nicht mehr aus.»

Ich versuchte krampfhaft wegzugucken, aber das ließ sich nicht lange durchhalten. Diese verdammten Biester! Eine nicht enden wollende Parade der Körperteile defilierte vor unserer Nase herum, und wir verloren zunehmend die Haltung. Ich schaute zu Norbert. Er war weiß wie eine Wand. Er sah aus, als ob er gleich von der Bühne springen würde, um sich auf eines der Biester zu stürzen. Wenigstens für einen flüchtigen Moment das geile Fleisch abgreifen! In den Pausen drehte er sich jetzt einfach zur Seite und glotzte an die Wand. *Haha, said the clown.* Die hässliche Fratze der sexuellen Heimsuchung schwebte über dem Bumsgasthaus. Norbert hatte völlig die Fassung verloren: «Das war das erste und das letzte Mal. Nächstes Jahr spiel ich hier nicht mehr. Nie wieder! Guck dir das doch an, ich dreh durch, ich werd verrückt.»

Gurki versuchte sich als Psychologe: «Da kann man nichts machen, da müssen wir jetzt durch.»

«Ich muss gar nichts. Ich lass mich doch hier nicht kaputtmachen.»

Um zwölf hatte wie immer irgendjemand Geburtstag, und wir spielten wie immer *Happy Birthday*, aber nicht etwa den gleichnamigen Titel von Stevie Wonder, nein, *Tiffanys* spielten selbstverständlich eine einheimische Komposition von *Truck Stop*.

«*Happy Birthday,*
Happy Birthday,
alles Gute für dich,
Happy Birthday,
Happy Birthday,
heut dreht sich alles um dich.
Hier sind die Schlüssel und Wagenpapiere,
bewahr sie bis morgen gut auf.
Wir woll'n heut' feiern,
und du fährst uns nachher nach Haus.»
Was für ein Text! Geht es noch besser? Ja!
«*Und wenn wir denn zu Hause sind,*
machst du die Bude klar,
denn wir sind morgen Nachmittag
zum Katerfrühstück da,
jajaja, Happy Birthday ...»

Danke, *Truck Stop*! Wir bekamen überraschend eine Platte mit belegten Broten auf die Bühne. «Ich geh kurz zum Wagen.» Norbert verließ den Saal. Was er da draußen in der Eiseskälte gemacht hat, wird sein Geheimnis bleiben bis in alle Ewigkeit. Im Saal ging das Treiben jetzt noch ungehemmter weiter. *Wohuo, you're in the Army now.* In der Pause setzte sich ein Pärchen direkt an den Bühnenrand und fing an, sich gegenseitig zu befingern. Gurki versuchte, die Angelegenheit in die Hand zu nehmen.

«Ey, geht mal bitte woanders hin.»

«Was ist los? Mach lieber Musik hier!»

Frech waren die minderjährigen Dörfler auch noch! Sie verdrückten sich dann aber doch in eine andere Ecke. Schon kam der nächste Faslamsbruder zur Bühne gewankt, um einen Musikwunsch zu formulieren. Er wollte die vom griechischen Musiker Vangelis komponierte Einmarschhymne des Boxers Henry Maske, *Conquest of Paradise*, hören. Er blieb beim Bühnenrand stehen und versuchte, uns heranzuwinken.

«Ey, Jungs.»

«Was ist denn?»

«Komm doch mal einer her hier.»

Wir blieben sitzen. Ein bisschen Stolz hatten wir schließlich auch noch. Von jedem x-beliebigen Heini ließen wir uns nicht aufscheuchen!

«Nee, wir sind doch nicht deine Clowns.»

«Stellt euch nicht so an.»

«Was willst du denn?»

«Könnt ihr mal was spielen?»

«Was denn?»

«Vangelis von Henry Maske.»

Kleine Begebenheiten, die versöhnlich stimmen. Doch der für solche Gags sonst immer sehr empfängliche Norbert war nicht mehr zu erheitern.

«Um Punkt drei Uhr lass ich den Bass fallen. Ich spiel hier keine Minute länger.»

«Jaja.»

Als Nächstes kam eine eher mäßig attraktive Brünette an den Bühnenrand, wo sie wartete, bis sie von Gurki angesprochen wurde.

«Guten Abend, können wir etwas für Sie tun?»

Das Mädchen sah vielleicht wie zwanzig aus, aber Gurki war so unlocker, dass er selbst eine Zwölfjährige gesiezt hätte.

«Ich wollt mal fragen, habt ihr auch was von Ibo drauf? *Ibiza* oder *Bungalow in Santa Nirgendwo*?»

«Nein, tut uns Leid, von Ibo haben wir leider nichts im Programm.»

Ohne ein weiteres Wort zu sagen, schob sie ab. Meine Güte, wie kaputt kann man eigentlich in dem Alter schon sein. Ibo war so ziemlich das Tristeste, was der Schlager der achtziger Jahre zu bieten hatte. *Ich hab nen Bungalow in Santa Nirgendwo ...* Ich stellte mir vor, wie sie nach der Schule nach Hause kommt, sofort auf ihr Zimmer geht und laut ihren Lieblingsschlager hört:

«*Ich bin gut drauf und trink roten Sekt,*
weiß jetzt erst, wie gut Paella schmeckt.
Die Sonne streichelt mich das ganze Jahr.
Wer braucht dich?
Ich hab Ibiza.»

Jens pfiff unaufhörlich; er erinnerte an einen Dampfkessel, der kurz vorm Explodieren steht. Nur der stumpfe Torsten saß hinter seinem Schlagzeug und las ungerührt die *Bunte*. Er schien geniale Mentalstrategien zu kennen; vielleicht hatte er sich aber auch heimlich kastrieren lassen.

Um halb drei war die Schlacht geschlagen. Die übrig gebliebenen Biester saßen apathisch herum. Manche ließen sich noch teilnahmslos befummeln, aber auch aus den Typen war die Luft raus. Wir standen diese letzte halbe Stunde irgendwie durch und schafften es, um Punkt drei Uhr Feierabend zu machen. Frau Kroll war offenbar schon schlafen gegangen. Bloß weg hier! Im Rekordtempo bauten wir ab. Nach dem Spiegeleierschlachtfest machte ich mich sofort vom Acker, um mich an der nächsten Parkbucht endlich zu erleichtern. Diese verdammten Biester! Schrecklich!

Maxipower

Bei Glawes war ich mittlerweile zum verdienten Stammgast aufgerückt und wurde bei meinem fünfhundertsten Besuch mit verschiedenen Auszeichnungen bedacht: Herr Glawes senior persönlich verlieh mir die Ehrendoktorwürde, außerdem bekam ich in einer feierlichen Zeremonie die Glawes-Platinkarte und ein Spielhallenführungszeugnis mit Bestnoten ausgehändigt. Die Halle wurde zum Jubiläum fein herausgeputzt und für einen Tag exklusiv mir überlassen. Das Beste jedoch war, dass mir die Geschäftsführung an allen zehn Automaten je einhundert Sonderspiele eingestellt hatte.

So hätte nach meinen Vorstellungen die mächtige Glawesdynastie handeln müssen, um ihre Stammspieler für alle Ewigkeiten an sich zu binden. Der Alltag sah anders aus: Wolfgang und ich hatten unsere Feindschaft auf hohem Niveau kultiviert, und die Ausländerclique schien sich auf wundersame Weise ständig zu erneuern. Ab und an verstarb jemand aus der Rentnertagesschicht. Die alten Leute kamen immer in dicken Mänteln in die Halle. Die Mäntel zogen sie *niemals* aus, und Kaffee tranken sie auch keinen. Eine zuverlässige Altersbestimmung: unter siebzig = Mantel aus und Kaffee trinken. Über siebzig = Im Mantel sich totschwitzen und dabei innerlich austrocknen. Das ist nämlich doch kein Quatsch mit den alten Leuten und dem fehlenden Durstgefühl. Durch die Todesfälle verschob sich das soziale Gefüge der Spielhalle aber letztlich nicht, da natürlich auch der eine oder andere Stammspieler irgendwann das Rentenalter erreichte und dann den Mantel nicht mehr auszog.

Der nette Türke vertraute mir an, dass er so etwas wie ein Quartalsspieler sei. Wochen-, ja monatelang blieb er trocken, doch dann überkam es ihn, und er verspielte innerhalb weniger Tage mehrere tausend Mark. Er hatte insgesamt schon um die 400 000 DM verloren, ausschließlich in Automatenkasinos! Auch ich nahm mir regelmäßig vor, nie wieder auch nur eine Mark in die Verbrecherhalle Glawes zu tragen, aber es zog mich immer wieder zurück an diesen Ort des Verderbens. Der Merkur Disc 2 war längst ausgemustert und durch eine neue Generation von Hightech-Automaten ersetzt worden, nachdem der Gesetzgeber das Hochdrücken auf hundert Sonderspiele verboten hatte, angeblich, um das Suchtpotenzial der Gurken zu vermindern. Bescheuert. Außerdem, und das war das Dümmste, schalteten sich die Kisten jetzt immer nach einer Stunde ununterbrochenen Spielens für jeweils drei Minuten aus, um die Spieler wieder zur Besinnung zu bringen. Ich kochte jedes Mal vor Wut, wenn sich die Auszeit durch ein debiles akustisches Signal ankündigte. Dann war noch die Telefonnummer einer Spielerseelsorge angegeben, mit dem Vermerk *Übermäßiges Spielen ist keine Lösung bei persönlichen Problemen.* Ach so, darüber hatte ich noch gar nicht nachgedacht. Den Sesselpuper, der sich diesen Schwachsinn ausgedacht hat, würde ich mir gern mal schnappen. Auf die sich drehenden Scheiben eines übermannshohen Disks gehört er geschnallt und in die Besinnungslosigkeit rotiert! Die kluge Automatenindustrie behalf sich jedoch, indem sie *Spezialsonderspiele* einführte. Die hießen *Jumbo-, Money-Jumbo-, Gold-, Super-* oder *Multispiele*, und 50 dieser Spiele hatten mindestens die Gewinnerwartung von hundert normalen Sonderspielen, da man bei nahezu jedem Feld gewann. Aber das Beste waren *Action-* und *Gigaspiele!* Hier gewann man auf einen Schlag 25 Sonderspiele. Was für eine Spannung! Dann riskieren, und weiter ging's, erst auf 25 *Multi-*, dann 25 *Maxipower-* bis zum absoluten Gipfelpunkt, 50 *Maxipowerspiele*. Nichts auf der Welt ist mit dem Erreichen von 50 *Maxipowerspielen* vergleichbar! Da kann Reinhold Messner gleich zweimal nacheinander den Mount Everest hochkrabbeln, ohne Sauerstoffgerät und im Handstand.

Peter Black

Peter Black hieß eigentlich Horst Krause und konnte nicht besonders gut Englisch. Wahrscheinlich hat er sich ja deshalb diesen eher einfältigen Künstlernamen ausgesucht. Vielleicht war es aber auch die Idee seiner Frau gewesen, die ihn zu jedem seiner Auftritte begleitete und dort als Erstes immer eine Riesenkanne Kaffee orderte. Peter war trockener Alkoholiker. Er trank in einem fort Kaffee, rauchte Kette und hatte große Ähnlichkeit mit dem sympathischen Attentäter Günter Parche, der im Mai unsere Steffi Graf mit Waffengewalt gegen die jugoslawische Kampfmaschine Monica Seles verteidigt hatte. Peters Liebe gehörte neben starkem Bohnenkaffee der Countrymusik. Trotz fortgeschrittenen Alters träumte er von einer Karriere in diesem Anfang der Neunziger schwer angesagten Segment, vielleicht sogar davon, wie Musikschul-Tobias einmal in *Kilometer 330* aufzutreten. Peter Black war schätzungsweise zwischen 45 und 65 Jahre alt und nahm jede *Chance* wahr, auch Kurzauftritte bei *Tiffanys*. Ich weiß gar nicht, wo Gurki ihn aufgegabelt hat, aber irgendwann hatte Peter bei uns sein erstes Engagement als *Stargast*. Ohne Gage natürlich. Er durfte hinterher lediglich seine CDs verkaufen. Seine CDs erwähnte Peter häufig. Er fand es wohl sehr fortschrittlich, dass er jetzt, Anfang des neuen Jahrzehnts, seine rustikalen Klänge vermittels des neuen Mediums unter das Publikum brachte. Mir war es peinlich, dass er, seine extrem kurzatmige Frau immer im Schlepptau, jetzt ständig mit auf Tour ging. Gurki sah das anders. Er glaubte, dass es *Tiffanys* aufwertete, wenn ein Stargast mit dabei war, der aber ein kleinerer Star war als die eigentlichen Stars. Und die eigentlichen Stars waren immer noch *wir*.

Das zentrale Gesprächsthema von Familie Black war Peters chronisches Augenleiden. Er hatte schon eine ganze Reihe schwerer Operationen hinter sich und war auf dem linken Auge fast blind. Eigentlich hatte er die Hoffnung schon aufgegeben, als Dr. Kaiser in sein Leben trat und ihm die noch verbliebene Sehkraft auf dem rechten Auge rettete, was den armen Peter mit tiefer Dankbarkeit erfüllte. Dr. Kaiser war der größte noch lebende Mediziner! Fortwährend sprach der Countrybarde in den höchsten Tönen von diesem begnadeten Wunderheiler. Peter hatte seine jahrzehntelange Augenodyssee in einem Lied verarbeitet, das er immer als Höhepunkt seines Showblocks spielte. Es war so etwas wie seine Botschaft an die Menschen: *Das Wichtigste auf der Welt sind die Augen, nicht das Geld.* Voller Inbrunst stand der ältere Herr auf irgendeiner schimmeligen Bühne und missionierte eine gelangweilte Horde mit seinem Augenlied.

Nach ein paar Monaten bekam Peter Black dann plötzlich Starallüren. Er benahm sich wie eine Berühmtheit, seine Frau tippelte unentwegt um ihren Meister herum, bestellte Kaffee, zog neue Zigaretten, und Peter erzählte pausenlos von sich, dem günstigen Verlauf seiner Karriere, Plattenvertrag und so, und natürlich von Dr. Kaiser, dem besten Arzt der Welt. *Ich, ich, ich!* Sein letzter Gastauftritt war bei einer Hochzeit. Peter hielt sich nicht an die verabredeten drei Stücke, sondern spielte gleich fünf Lieder, obwohl die Hochzeitsgesellschaft bereits nach dem zweiten sehr genervt wirkte. Er hatte dann sogar noch die Stirn, am Schluss die beleidigte Leberwurst zu markieren: «Vielen Dank, mein Name ist Peter Black. Auch wenn Sie mein Auftritt nicht interessiert hat, möchte ich Ihnen sagen, dass ich gleich noch nebenan ein paar meiner eigenen CDs verkaufen werde. Bitte seien Sie doch so *anständig* und nehmen mir welche ab. Danke schön.»

Das war zu viel des Guten, und wir haben den Peter nicht mehr mitgenommen. Er war unglaublich sauer über uns undankbare Gesellen und hat danach auch nicht sehr gut über uns geredet. Gut geredet hat er immer nur über Dr. Kaiser, den König der Augenärzte.

1994 Geisterstadt

Im Januar erfuhr ich, dass wir doch wieder beim Hollenstedter Faslam spielen würden.

«Hä, ich dachte, dass wir uns das nicht nochmal antun?»

Norbert winkte nur resigniert ab. Er musste, denn im Sommer wollte er bauen und brauchte jede Mark. Ein Haus wollte er bauen und sich darin einschließen! Sofort nach der Arbeit ins Haus, Jalousien runter und fertig. Biesterfreie Zone. Nie würde ein verdammtes Biest die Schwelle seines schönen Hauses übertreten. Es wäre auch kein Haus im üblichen Sinne, sondern ein Bunker, Norberts persönliche Wolfsschanze. Und wenn er endlich pensioniert wäre, würde er sich dort für immer einschließen! Einkäufe erledigt ein ausschließlich aus Männern bestehender Bringdienst. Also ab nach Hollenstedt, denn der Bunker musste so schnell wie möglich fertig werden. Für die Kollegen wäre es auch nicht ernsthaft infrage gekommen, den Job wegen des zu erwartenden Sexbombardements abzusagen. «Wir sind schließlich Profis.» Das betonte ausgerechnet Gurki immer gern. Es war dann tatsächlich nicht mehr ganz so schlimm wie im Vorjahr, irgendwie schienen die Biester Ladehemmung zu haben.

Es kam in diesem Jahr noch eine weitere Karnevalsveranstaltung hinzu, der Todtglüsinger Faslam. Todtglüsingen war ein im Laufe weniger Jahre völlig verarmtes Dorf. Viele der Bewohner wurden arbeitslos, Höfe mussten zwangsversteigert werden, dann machte auch noch der einzige Edeka-Laden dicht, und irgendwie ging alles den Bach hinunter. Die Todtglüsinger hockten entweder den ganzen Tag zu Hause vor dem Fernseher, oder sie saßen im einzigen Gasthof, dem *Gasthof Bruhn*, und soffen. Gesoffen haben sie natürlich auch zu Hause. Die jungen Leute sahen zu, dass sie Land gewannen, und zurück blieben die Alten, Kranken, Kraft- und Mutlosen. Selbst Schützenverein und Freiwillige Feuerwehr hatten sich aufgelöst. Der Ort war dem Untergang geweiht. Das letzte gesellschaftliche Ereignis war der Faslam, der natürlich im *Gasthof Bruhn* gefeiert wurde. Der Bruhn'sche Festsaal verfügte über keine Bühne, sodass wir mitsamt unserer Anlage quasi auf der Tanzfläche standen. Bereits gegen neun war schätzungsweise ein Drittel der Männer schwer betrunken.

Über dem *Gasthof Bruhn* schwebte eine Wolke aus Verzweiflung, Hysterie, Bierdunst und Aggression. Schnell kamen mir ernsthafte Bedenken, ob es uns gelingen würde, diese Abschlussfeier der Untoten unbeschadet wieder zu verlassen. Brandstiftung, Amoklauf, Kannibalismus, alles schien denkbar. Als besonders verhängnisvoll entpuppte sich der Umstand, dass es wegen der fehlenden Bühne zwischen uns und dem Publikum keine Knautschzone gab. Je betrunkener die Leute waren, desto hemmungsloser tanzten sie bedrohlich nahe an uns vorbei und guckten dabei so böse, wie sie nur konnten. Sie wollten uns unmissverständlich klarmachen, wer hier Herr im Haus war. Musikwünsche wurden nicht höflich vorgetragen, sondern drohend eingefordert. Ich überlegte, wie lange es wohl dauerte, bis die Polizei vor Ort sein könnte. Bis dahin wären wir alle tot.

Auch in Todtglüsingen gab es einen Umzug mit abschließender Wagenprämierung. Gegen halb neun betrat eine Sabine oder Susanne oder Silke die Bühne, um über Mikrophon die Ergebnisse bekannt zu geben. Wir benutzten seinerzeit das Effektgerät SPX 90, welches über den so genannten Pitch-shift die Tonhöhe des Eingangssignals veränderte. Man konnte diesen Effekt so anwenden, dass sich ein ausgewachsener Mann anhörte wie eine Mickymaus oder eine zierliche Frau wie ein uralter Greis, der bald an einer schweren Lungenkrankheit stirbt. Das SPX 90 war eines der ersten digitalen Geräte mit dieser Funktion und von besonders schlechter Qualität: Es klang nicht einen Hauch natürlich. Mir war zu diesem Zeitpunkt bereits alles egal, und ich drehte einfach so den Effekt voll auf. Susanne oder Sabine oder Silke klang wie ein sterbendes Alien. Ihre Stimme war so tief und schnarrend, dass man kaum noch etwas verstand. Die Kollegen guckten mich entgeistert an. Sie gingen wahrscheinlich davon aus, dass wir jetzt gelyncht würden. Es gab jedoch nicht die geringste Reaktion. Susanne oder Sabine oder Silke las völlig ungerührt die Ergebnisse vor. Ein kaputter, alter Roboter stand auf der Bühne, predigte in einer unbekannten Sprache, und die betrunkenen Todtglüsinger lauschten mit glasigen Augen. Ich schwöre, niemand hat sich beschwert. Mit stierem Blick gab Susanne oder Sabine oder Silke schließlich das Mikro zurück und ging zum Tresen, einen Korn trinken. Und wir spielten zum wiederholten Mal das Faslamslied:

«Alle Faslamsbrüder leben so wie ich und du,
alle Faslamsbrüder leben so wie wir.
Sie legen sich besoffen nieder,
stehen auf und saufen wieder.
Alle Faslamsbrüder leben so wie wir.
Hoch das Bein, das Vaterland soll leben,
hoch das Bein, die Schweinepreise steigen.
Solang de Buuk in de West noch passt,
wird keine Arbeit angefasst,
und passt de Buuk in de West nicht mehr,
lang mal die Arbeit her.»

Irgendwann waren die Leute zu betrunken, um zu tanzen. Diejenigen, die sich gegenseitig totschlagen wollten, sind dazu freundlicherweise nach draußen gegangen. Mehrmals wurde gedroht, uns mitsamt unserer Anlage kaputtzumachen, und wir hatten es nur dem beherzten Eingreifen des noch halbwegs nüchternen Vorsitzenden zu verdanken, dass wir heil davonkamen.

In Todtglüsingen haben wir nie wieder gespielt, obwohl sie uns im nächsten Jahr unbedingt wiederhaben wollten und sogar bereit waren, noch dreihundert Mark Gage draufzulegen. Wie es den Todtglüsingern heute wohl geht? Steht die Ortschaft überhaupt noch? Was macht Susanne oder Sabine oder Silke? Vielleicht hat es ja auch einen überraschenden Aufschwung gegeben. Ich drücke dem gebeutelten Dorf jedenfalls fest die Daumen.

Aussichten

Nachdem auch mein giftgrüner Datsun Sunny schlappgemacht hatte (Durchrostung), war ich auf einen roten Polo mit gefühlten zwölf PS umgestiegen. Der Wagen war noch lahmer als das japanische Porsche-Imitat und auch nicht geeignet, meinen Status zu verbessern. Dafür bekam ich überraschenderweise doch noch meine Akne in den Griff, denn die Pickelforschung hatte in der Zwischenzeit große Fortschritte gemacht. Das erste Mal seit Jahren war ich mal wieder zum Hautarzt gegangen, der mir ein Medikament für ganz aussichtslose Fälle verschrieb: Roaccutan 10. Für alle, die auch unter ganz hartnäckiger Acne Conglobata leiden: Roaccutan 10 hilft tatsächlich. Man bekommt zwar Nasenbluten, Haarausfall und muss zwei Wochen sterbenselend im Bett liegen, aber die Pickel gehen weg und kommen nicht wieder. Männer sehen nach überstandener Akne oft markig aus. Krater und Einkerbungen durchziehen ihre Lederhaut, aber das ist nicht schlimm. Im Gegenteil, es gibt ihnen eine raue, virile Note, das gewisse Extra eben. Ich hatte zwar auch Krater, sah aber eher irgendwie verquollen aus, so als ob ich tagelang durchgesoffen und dann noch mein Gesicht mit Schmalz eingerieben hätte. Es hatte überhaupt keine Konturen, mein Gesicht, es war eine breiige, gallertige Masse. Ich habe Kinderbilder von mir angeschaut: ein dünner, hübscher Junge, mit klarem Gesicht und sanften Augen. Und nun das: Im Spiegel blickte mir höhnisch das feiste Gesicht eines tablettensüchtigen Trinkers entgegen, der sich ausschließlich in geschlossenen Räumen aufhält und sich von brauner Soße ernährt. Wenn ich durch verspiegelte Einkaufspassagen ging und zufällig meinen aufgedunsenen Acidhead in einem der Schaufenster sah, bekam ich immer einen furchtbaren Schreck.

Mutter lebte seit nun fast sechs Jahren im *Hotel Deutsches Haus*. Sie hatte den gleichförmigsten Tagesablauf, den ein Mensch überhaupt haben kann: Morgens gegen fünf wachte sie auf und blieb noch eine Stunde liegen, bevor sie sich für den Tag fertig machte. Dann setzte sie sich auf den einzigen Stuhl ihres winzigen Zimmers, bis sie um Punkt acht zum Frühstück ging. Dann zurück ins Zimmer auf den heißen Stuhl. Um Punkt dreizehn Uhr Mittagessen, danach wieder Stuhl. Abends aß sie nichts mehr, weil sie unsinnigerweise überzeugt war, sie würde immer fetter werden. Um acht schaltete sie für eine Viertelstunde den Fernseher an, um die Tagesschau zu gucken. Natürlich vom Stuhl aus. Alle zwei Wochen gab es am Freitagabend außerdem *Derrick*. Nach dem Abendprogramm machte sie sich für die Nacht fertig und lag, außer an den *Derrick*-Abenden, spätestens um Viertel vor neun im Bett, auch Silvester. Auf dem Weg vom Schlaf- zum Badezimmer beschritt sie mit ihrem Gehwagen immer millimetergenau den gleichen Weg, sodass sich im Laufe der Jahre eine tiefe Furche in den Teppichboden gegraben hatte. Ich wunderte mich, dass ihr Zustand jetzt schon so lange stabil geblieben war. Aber vielleicht wirkte das *Deutsche Haus* auf sie ja wie Benzodiazepin, sedierend und angstlösend. Wie in den fünf Jahren zuvor holte ich sie einmal die Woche in ihrem winzigen Zimmer ab, und wir begaben uns geradewegs in die ausschließlich vom muffligen Personal bevölkerte Gaststube. Es gab immer kartoffellastiges Stammessen. Danach rauchte ich wie ein Schlot, trank einen halben Liter deutschen Wein und nahm irgendwann die fünfzehnminütige Auszeit am Disc. Am Ende der Besuchszeit das immer gleiche Gespräch:

«Meinst du, dass wir nochmal eine Wohnung für mich finden?»

«Wenn du aber auch an jeder was zu mäkeln hast, dann bestimmt nicht.»

«Aber die waren auch alle nichts.»

«Das ist doch nicht wahr. Ich hab manchmal das Gefühl, du willst hier gar nicht weg.»

«Ach, erzähl doch keinen solchen Quatsch. Natürlich will ich aus dem Scheißhotel weg» (sie sagte tatsächlich *Scheißhotel*, obwohl sie sonst niemals Schimpfwörter benutzte). «Aber da musst du mir mal eine wirklich schöne Wohnung suchen.»

Wir drehten uns im Kreis.

Neben Mutters ungewissem Schicksal war meine zweite große Sorge, endgültig bei *Tiffanys* kleben zu bleiben. Die Tanzmusik würde mir das Rückgrat brechen. Schweinchenrosadickglänzend und wie Jens fortwährend vor mich hin pfeifend würde ich noch mit sechzig auf der Bühne stehen, aufgedunsen und mit meinem trostlosen Dasein ausgesöhnt. Ich würde sehr gern essen, fast nur Fleisch und Eier, und mir ein ruhiges Hobby zulegen, Gartenarbeit, ein Aquarium oder Modelleisenbahn. Verreisen würde ich, wenn überhaupt, nur noch innerhalb Deutschlands. Aber nicht mehr richtig verreisen, sondern eher Ausflüge. Ein typischer Ausflugstyp würde ich sein, der abends *auf jeden Fall* wieder zu Hause ist, denn im eigenen Bett schläft man eben doch am besten. Mein Leben würde sehr gemütlich sein und von Ritualen geprägt. Bereits im Juni würde ich einen Rumtopf ansetzen: erst Erdbeeren, dann Kirschen, Heidelbeeren, Himbeeren und schließlich Pflaumen. Aber nicht mit normalem Rum ansetzen, sondern mit 54-prozentigem, sonst kippt die Leckerei um! Und ein paar Stangen Zimt zusetzen oder Vanille, ist aber kein Muss. Je nach Geschmack eben. Alle paar Tage würde ich sehnsüchtig den Deckel ein wenig lupfen und mich schon auf den ersten Advent freuen, wenn die Köstlichkeit endlich reif zum Verzehr wäre. Über mein mächtiges Bäuchlein würde ich mir streichen und genießerisch brummen. Am ersten Advent, aber keinen Tag vorher! Das allererste Glas würde ich immer mit Norbert genießen, der seinerseits auch einen Rumtopf angesetzt hätte. Vor dem Genuss gäbe es in alter Tradition natürlich Spiegeleier. Als Grundlage. Ich hätte die Jahre über fleißig trainiert und würde nun, wie der selige Jens, zehn von den weißgelben Leckerbissen verticken können, ohne mit der Wimper zu zucken. Jedes Jahr entspönne sich erneut die Frage, wessen Komposition gelungener sei. Mal hätte ich die Nase vorn, mal Norbert. Doch wir würden es so oder so sportlich nehmen: Kompliment, mein Lieber, dieses Jahr hast du die Nase vorn, aber warte mal das nächste Jahr ab!

Auch der unselige Geschlechtstrieb würde immer mehr nachlassen, um schließlich ganz zu versiegen. Endlich frei und dick. Mutter hätte mir das Zwergenhaus hinterlassen, mein Jugendzimmer sähe noch immer aus wie früher. Bücher über den Zweiten Weltkrieg, Airfix-Kriegsspielzeug, meine erste Flöte und ein paar zerschlissene Stofftiere. Da, auf dem schmalen Bett, ich mal mit Frauke Dausel ... Aber das ist lange her, schmunzel, schmunzel. In die Stube ginge ich nur sonntagmittags und abends zum Fernsehen! Meine Lieblingssendung wäre immer noch *Wer wird Millionär*. Günter Jauch wäre natürlich schon längst tot, aber der neue Moderator gefiele mir auch sehr gut. Außerdem ginge es mir in erster Linie um die Fragen; Stichwort Gehirnjogging. Der Tisch wäre immer sorgfältig gedeckt, nur für mich allein, denn ich wäre mir der liebste Gast, und Wein aus den guten Gläsern gäbe es auch. Mit dem Luftgewehr würde ich aus dem Klofenster auf die elenden Stare schießen, die es auf meine Kirschen abgesehen hätten. Ganz zum Schluss wäre das winzige Häuschen dann wieder so groß wie damals, als ich noch ein Kind war. In den Keller ginge ich nur noch in Notfällen, und im Sommer würde ich, mittlerweile weit über achtzig, mit dem Brennglas vor einer Ameisenstraße hocken und hochkonzentriert ein Insekt nach dem anderen verkohlen.

Alter musste die Hölle sein. Ich malte mir die Apokalypse immer wieder in den buntesten Farben aus. Ein Tag im Leben des greisen Heinz Strunk: Ich wache morgens auf, oh Gott, ich bin immer noch nicht gestorben. Nur mit Mühe gelingt es mir, Leben in die tauben Beine zu bekommen. Wahnsinn, wie viel Ohrenschmalz so ein alter Körper in nur einer Nacht immer noch produziert! Das Zwergenhaus stinkt nach angebrannten Spiegeleiern und Fleischresten. Eigentlich sollte ich Tabletten nehmen, doch die Zuzahlung ist viel zu teuer, die Schmerzen müssen wohl oder übel ausgehalten werden. Im Bad die rituelle Katzenwäsche, dann tippel ich mit winzigen Schritten in die spackige Küche. Der Wasserkocher ist wie fast alle Elektrogeräte schon lange hinüber. Ist das Brot eigentlich verschimmelt, oder kann man es noch essen? Misstrauisch schneide ich den stahlharten Knust ab und weiche ihn in einer Pfütze H-Milch auf. Das korrekte Einspeicheln nicht vergessen, sonst renke ich mir den Kiefer aus. Immer wieder sortiere ich vergilbte *Tiffanys*-Quittungen von 1988, glätte Eselsohren, um schließlich, der Höhepunkt des verregneten Vormittags, den letzten Teebeutel zum bestimmt zehnten Mal aufzubrühen. Was nun? Vielleicht zum Arzt, den maroden Körper begutachten lassen? Ach nein, der über hundert Kilo schwere Allgemeinmediziner wird mir sowieso nur wieder mit äußerster Brutalität Blut abnehmen, um mich schließlich mit der Diagnose *kein Befund* wieder aus der Praxis zu scheuchen wie einen räudigen Straßenköter. *Kein Befund, kein Befund*, mein Gott, wenn der wüsste! Ich reiße mich zusammen und gehe einkaufen. Nicht im billigen, aber leider kilometerweit entfernten Aldi oder Lidl, sondern im völlig übertreuerten Supermarkt um die Ecke. Meine dünnen, gelben Haare flattern im Wind. Vollkommen verunsichert betrete ich die schon wieder umgerüstete Hightechfiliale und versuche kraftlos, die riesigen Einkaufswagen, bei denen wie immer die Rollen klemmen, auseinander zu zerren. Station Nummer eins ist die Tiefkühltruhe, doch das Suppengemüse liegt so weit hinten versteckt, dass ich mit meinen verschrumpelten Ärmchen nicht herankomme. Der Vitaminsaft steht wie alles Billige in der Bückzone und ist damit auch off limits. Als Schmankerl fürs Weekend würde ich so gern Zwieback kaufen, doch ich habe meine Lesebrille vergessen und kann die Preise nicht entziffern. Wahrscheinlich viel zu teuer. Auch das Verfallsdatum für den Quark lässt sich mit bloßem Auge nicht erkennen, wie immer längst abgelaufen. Den Weg zum Obststand versperren riesige Paletten, und meine Lieblingsartikel, wie Salz oder Bohnen, bekommen dauernd einen neuen Platz. Ich trau mich aus Angst vor Hausverbot auch nicht, den Filialleiter anzusprechen. So entwickelt sich diese einzige Unternehmung des Tages zu einem Spalier der Demütigungen, und vollkommen erschöpft kehre ich ins ausgekühlte Zwergenhaus zurück. Ich setze mich mit dem letzten Stück Blockschokolade in den Wohnzimmersessel. Eingehüllt in Heizdecken und eine fleckige Strickjacke, starre ich abwechselnd aus den blinden, einfach verglasten Fenstern und in den Nordmende-Schwarzweißfernseher, bei dem lediglich das erste Programm empfangen werden kann, und auch das nur sehr schlecht. Ich blättere in einem Fotoalbum mit Schnappschüssen von *Tiffanys*. Haha, guck ma, Jens, wie schmal der mit seinen damals 95 Kilo doch war. Und Gurki!

Nie wird herauskommen, ob es ein Unfall war oder ob er sich das Leben genommen hat. Grund genug hätte er ja gehabt mit über 200 000 Euro Schulden.

Das Schicksal der Deutschen hieß Helmut Kohl. Er thronte über allem, eine übermenschliche Wesenheit. Der mittlerweile unendlich schwere Patriarch aus Oggersheim war zum Monolithen geworden und hatte alle um sich herum zu willfährigen Schranzen degradiert. Seine Vorzimmerdame Juliane Weber besaß mehr Macht als das ganze Kabinett, VW und die Bundeswehr zusammen. Dr. Kohl hatte seine Widersacher zu Staub zermalmt, ein Monument von Willen und Physis! Zehntausend Tonnen Demütigung, Schmerz und gescheiterte Angriffe hatte er in den geheimnisvollen Tiefen seines mächtigen Leibes für immer eingelagert. Ewig würde er Kanzler bleiben, der erste *Erbkanzler* der Bundesrepublik. Er würde sich tatsächlich das Recht erwerben, die Kanzlerschaft zu vererben, und an wen wohl? An seine Buben natürlich! Walter würde Kanzler werden und Peter seine Frau. Mit einem Paukenschlag würden sie auf der politischen Bühne auftauchen. Aber erst, wenn die Zeit reif ist. Und das entscheidet ausschließlich einer: *der Kanzler der Bundesrepublik Deutschland, Dr. Helmut Kohl!*

Frisches Blut

Unser Schlagzeuger Torsten verachtete die Tanzmusik. Er verachtete die Veranstalter, die Wirte, das Publikum und uns, seine Kollegen, elende Versager, die ewig bei *Tiffanys* kleben bleiben würden. Immerhin hängte er das nicht an die große Glocke. Er war zu allen freundlich und erledigte zuverlässig die ihm zugewiesenen Arbeiten. Ohne zu murren, schleppte er schwere Boxen und sogar freiwillig den Sarg. Sein Anzug war stets tipptopp, er trank kaum Alkohol und spielte zuverlässig seinen Striemel runter. Torsten hatte noch was vor im Leben. Er war durch seine Ausbildung bei Möbel-Neumann abgehärtet, denn bei Möbel-Neumann wurden so traurige Dinge wie Riesensitzlandschaften, Eicheneinbauküchen im Landhausdesign oder TV-Möbel in der Modefarbe Schwarz verkauft. Um nicht depressiv zu werden, musste man entweder enorm dickfellig oder ein unverbesserlicher Optimist sein. Torsten war beides. Nach der Lehre wechselte er die Branche und stieg unaufhaltsam zum Bezirksvertreter einer Computerfirma auf. Mit seinen reichen Landpopperfreunden flog er gern mal für ein verlängertes Wochenende nach New York, und sie gingen ständig sehr teuer essen, wobei es ihr beliebtestes Amüsement war, die armen Kellner herumzuhetzen. Eines Tages kam Torsten mit einem 320er BMW-Cabriolet in Diamantschwarz-Metallic angebraust. Mit E-Verdeck, Sitzheizung, vierfach elektrischen Scheiben, Vollederaustattung und CD-Wechsler! Ein Träumchen! Auch seine Kleidung war mehrere Klassen besser als unsere: italienische Lederslipper, Diesel-Karottenjeans (wegen der dicken Oberschenkel), Lacoste-Pulli und Sakko von Boss. Er nahm das Styling vorweg, das Jahre später als *Hans-Meiser-Look* die Republik erobern sollte. Überhaupt war Torsten der erste richtige Markenträger, den ich kannte. Bei jeder Promiparty wäre er problemlos reingelassen worden, während wir verzweifelt versuchten, unsere No-Name-Schrottklamotten irgendwie human miteinander zu kombinieren. Doch egal, wie wir es anstellten, Schrott kombiniert mit Schrott ergibt Vollschrott. Egal, ob wir zur Polyesterthermohose das Eiersweatshirt trugen, die bulgarische Karottenbundfaltenhose mit Drogeriesocken akzentuierten oder den elektrostatisch stark aufgeladenen Vollacrylunterziehrolli mit der aufgerubbelten Trainingshose zu komplettieren versuchten: Wir blieben *Lumpenproletariat*. Zeltartige Großraumjeans und essbare Einwegkleidung schlugen die letzte Luke zur Sonnenseite des Lebens endgültig und für immer zu.

Irgendwie passten *Tiffanys* und Torsten nicht mehr zusammen. Zwei Monate später gab er auf dem Scharmbecker Erntefest seinen Rücktritt bekannt:

«Jungs, ich muss euch mal was sagen. Ich steig zum Jahresende aus. Ihr habt jetzt noch vier Monate Zeit, jemand Neuen zu finden, aber für mich ist Silvester Schicht im Schacht.»

Betretenes Schweigen. So eine Scheiße. Jetzt war er mir zuvorgekommen. Ich wollte doch der Erste sein! Und was würde jetzt aus *Tiffanys* werden? Würden wir personell ausgeblutet auseinander brechen? Und die Bandmoral? Vielleicht war ja gerade die einzigartige Personalstruktur das Geheimnis unseres Erfolges gewesen und Torstens Ausstieg der Anfang vom Ende. Es wurde ein trauriges Erntefest.

Vier Monate blieben uns nur! Wir mussten dringend einen Nachfolger finden und fragten als Erstes im Kollegenkreis herum. Doch niemand kannte einen Schlagzeuger, der frei war. So blieb uns nichts anderes übrig, als Anzeigen zu schalten. In den kommenden Wochen wurden Scharen von Alkoholikern, gescheiterten Existenzen und Dilettanten (*Ich hab gerade kein Schlagzeug, aber ich würd mir eins leihen*) durch den Holzhauer'schen Übungsraum geschleust. Die Suche gestaltete sich viel schwieriger als erwartet. Weihnachten stand schon vor der Tür, als Maik Voss in unseren Proberaum spazierte. Der Blickfang in seinem naturfröhlichen Mondgesicht waren die auffallend schlechten Zähne. Außerdem war er schon zweiundvierzig. Meine Herren, zweiundvierzig, der Methusalem würde aus uns eine Seniorenkapelle machen. Rumpelrumpelklöterklöter. Man konnte zwar erahnen, dass er mal ganz passabel getrommelt haben mochte, aber das war lange her: Er spielte völlig verwahrlost und schien dennoch felsenfest überzeugt, damit durchzukommen. Aber er hatte nicht mit den spitzen Öhrchen von Heinz «Heinzer» Strunk gerechnet. Na warte, mir kannst du kein X für ein U vormachen! So einfach würde das nicht werden. Meiner Meinung nach genügte seine Vorstellung auf gar keinen Fall. Und die Kollegen?

«So schlecht war das doch gar nicht.»

«Also, von denen, die bisher hier waren, war er ja wohl eindeutig der Beste.»

«Kinder, wir können nicht noch monatelang weitersuchen, die Zeit wird langsam knapp.»

Nein, nein, nein. Ich musste mich schließlich dem Mehrheitsbeschluss beugen, drückte aber immerhin eine halbjährige Probezeit durch. Denn das wäre ja wohl das Letzte gewesen, auch noch die Katze im Sack zu kaufen. Wenn es schief geht, sind wir Arbeitgeber doch die Angeschmierten! Erst viel später gestand er uns, dass wir so etwas wie seine letzte Chance gewesen waren. Maik Voss war fertig. Am Ende. Keine Krankenversicherung, trockener Alkoholiker und außerdem hoch verschuldet! Jahrelang hatte er bei der Schlagersängerin Mary Roos als *musikalischer Direktor* (sprich: Fahrer, Schlagzeuger, persönlicher Sekretär, Diener, Hausbursch, Sklave, Lustgrotte) gearbeitet, von der er dann aber von einem Tag auf den anderen gefeuert wurde. Er war schon seit Monaten verzweifelt auf der Suche nach einem neuen Job und hoffte, nun eine vermeintlich leicht zu täuschende Dorfbumsband wie *Tiffanys* im Handstreich nehmen zu können. Doch nicht zu früh freuen, Bürschchen. Ich würde schon dafür sorgen, dass ein Herr Maik Voss nicht das erntete, was ich jahrelang gesät hatte! Jetzt hieß es für ihn erst einmal, sich ganz hinten in der Reihe anstellen! Lehrjahre sind schließlich keine Herrenjahre, und während der Probezeit will ich keinen Mucks hören. Von wegen hier einfach so hereinspazieren, hoppla, jetzt komm ich. Bescheiden wie ein Mäuschen hatte der Saufkopf zu sein, und geredet werden durfte nur nach Aufforderung. Wenn Publikum in der Nähe ist, bleibt der Mund sowieso geschlossen, wegen der schlechten Zähne.

Die erste gemeinsame Mucke wurde dann auch die befürchtete, beziehungsweise von mir erhoffte Katastrophe. Maik war *sehr* schlecht vorbereitet, und er hatte ein Gedächtnis wie ein Sieb. Trotzdem schien er sich immer noch erstaunlich sicher zu sein, den Job bereits in der Tasche zu haben. Obwohl sich die Mucke immer mehr zu einer Hinrichtung unter meinem Kommando entwickelte, nervte er in den ersten Stunden mit plakativ zur Schau getragener guter Laune und kecken Sprüchen. Außerdem soff er wie alle trockenen Alkoholiker in einem fort Kaffee. Ich hätte ihm am liebsten seinen beschissenen Becher aus der Hand getreten und ihn mitsamt seinem Schlagzeug von der Bühne geprügelt. Langsam verging dem Pfannkuchengesicht sein dämliches Mondkuchengrinsen. Auch der Rest der Band war über seine Vorstellung enttäuscht.

«Hast du dir die Stücke denn überhaupt nicht angeguckt?»

«Doch, doch, aber es sind so viele.»

«Aber die kennt man doch. Das sind Standards!»

«Ja, ich weiß auch nicht. Nächstes Mal hab ich sie besser drauf.»

Nächstes Mal? Na warte. In jeder Pause beklagte ich mich bei Jens oder Norbert.

«Das darf doch nicht wahr sein.»

«Tja, doll ist das nicht.»

«Doll ist das nicht? Das ist eine absolute Katastrophe! Der Mann ist eine Null. Nix vor dem Komma und nix dahinter.»

«Vielleicht entwickelt er sich ja noch.»

«Entwickeln, entwickeln. Und die Kinder macht der Papst, oder wie? Wir müssen den sofort wieder feuern.»

«Lass mal nachher drüber reden.»

Ich guckte während meiner Hasstiraden immer zu Maik hinüber, damit der auch ja sah, dass es hier um seinen Kopf ging. Da man die sachlich veranlagten Kollegen immer gut mit Fakten beeindrucken konnte, versuchte ich mir die Zahl seiner verpatzten Einsätze zu merken. Mittlerweile waren Maik die frechen Sprüche vergangen. In den Pausen blieb er in höchster Anspannung hinter seinem Schlagzeug sitzen und versuchte sich mental auf den nächsten Set vorzubereiten. Half auch nix mehr. Nachdem ihn um drei Uhr morgens endlich der Feierabend erlöste, schob er sofort kreidebleich ab zum Umziehen, während die Kollegen noch auf ein Getränk im Saal blieben. Ich ging ihm hinterher, um mich an seiner Niederlage zu weiden. In der Garderobe packte Maik stumm seinen Kleidersack. Obwohl er mir da fast schon wieder Leid tat, änderte das an der *Sache* natürlich nichts.

«So, jetzt sag mal, wie fandest du es selber.»

«Noch nicht so. Ich hab dauernd die Tempi verwechselt.»

«Das hat man gehört. Mann, kennst du die Stücke denn alle nicht? Ich denke, du bist Mucker. Du musst dich doch wenigstens vorbereiten, wenn du das Repertoire schon nicht kennst.»

«Ja, ich weiß doch.»

«So überstehst du die Probezeit jedenfalls nicht.»

Verzweifelt blickte er mich an und hängte seinen Anzug in den Kleidersack. Ich ging wieder zu den anderen. Die Wahnsinnigen waren zu dem Entschluss gekommen, ihm noch eine zweite Chance zu geben. Ich konnte es nicht fassen.

«Wie bitte? Das ist doch wohl nicht euer Ernst! Habt ihr denn nicht gehört, was der sich zusammengetrommelt hat? Das kann man dem Publikum doch nicht zumuten. Die Leute konnten gar nicht vernünftig tanzen, weil er mit den Tempi so rumgeeiert hat.»

«Du hast ja Recht. Aber in zwei Wochen ist die nächste Mucke, und bis dahin finden wir niemand anderen.»

«O nein, scheiße.»

«Komm, gib ihm noch 'ne Chance.»

Er muss Tag und Nacht geübt haben, denn bei der nächsten Mucke spielte er mindestens doppelt so gut. Außerdem kam er von da an immer absolut korrekt gekleidet und stets eine halbe Stunde zu früh. Das kecke Auftreten und die dummen Sprüche ließ er auch sein, nur mit der Konzentration hatte er nach wie vor Probleme, denn durch die Sauferei war sein Gehirn offenbar schon ganz porös geworden. Maik hatte wirklich das schlechteste Gedächtnis der Welt. Aber er steigerte sich von Job zu Job, und als die Probezeit schließlich vorbei war, konnten wir ihm beim Spiegeleieressen die frohe Botschaft verkünden, er wäre jetzt Vollmitglied bei *Tiffanys*. Ein Ehrentitel erster Güte! Meinen Vernichtungskrieg auf der ersten Mucke hat er mir allerdings nie verziehen.

95 *Swingtime is good time*

1995 feierte Gundolf seinen fünfundvierzigsten Geburtstag. Wir waren davon überzeugt, dass es nun langsam mit ihm zu Ende gehen würde. Miete für Laden, Musikschule und Reihenhaus, Unterhaltszahlungen, Garten, Auto, Essen, Trinken, Neuanschaffungen, Friseur, Reparaturen, Kleidung, Urlaub, Versicherungen, Krankenkasse, Zuzahlungen, private Altersvorsorge, Diverses! Das konnte unmöglich länger zu schaffen sein. In der Band wurde der Ton zunehmend schärfer. Norbert und Jens hatten das Kommando übernommen. Auch bei *Tiffanys* hatte der Sequenzer Einzug gehalten, und Gurki wurde Stück für Stück ersetzt, denn sein Gitarrespiel spottete mittlerweile jeder Beschreibung. Selbst seine wenigen verbliebenen Soli kamen längst aus der Maschine. Auch singen durfte er, der nach außen hin immer noch der Chef war, immer weniger. Neue Stücke wurden wie selbstverständlich von Jens oder Norbert intoniert, die alten Gurkilieder hingegen immer weniger eingesetzt, sodass irgendwann nur noch *It's a real good feeling*, *Aber dich gibt's nur einmal für mich* und *Wenn i mit dir doanz* von Nicki übrig blieben, bei dem er auf rührende Art versuchte, die Mundart des *bayrischen Cowgirls* nachzuahmen. Was ist überhaupt aus Nicki geworden? Ich habe den Verdacht, dass sie von den mächtigen Strippenziehern des Schlagerbusiness still und heimlich durch die steindumme Zicke Michelle ersetzt worden ist. Ganz zuletzt stand Gurki nur noch wippend auf der Bühne und ruderte hilflos mit seinen dünnen Ärmchen. Traurig, traurig.

Schließlich wurde ihm auch noch seine letzte Bastion, die

Ansagen, entzogen («Swingtime is good time, good time is better time»). Er hatte zwar immer noch die Standardsprüche drauf, aber der ganze, große Rest war zu einer eigenständigen Irrensprache mutiert. Zu *Der Junge mit der Mundharmonika* von Bernd Clüver fiel ihm Folgendes ein:

«Als Nächstes ein heißer Song für alle Cola-Rum-Trinker, die noch auf einem Bein stehen können. Er stammt von einem Schlagermann, der einst als Schlagerjunge einen anderen Schlagerjungen mit silbernem Beißschutz besungen hat. Er ist niemand Geringeres als der Juniorchef der Clüver Reifenwerke, und ihr könnt mir glauben, er ist nicht nur ein Fuchs, er riecht auch wie einer.»

Oder zu *Stumblin' in* von Suzi Quatro:

«Und jetzt, liebe Freunde, Schmusimusi für alle, die noch können, und die allerschönste Schmusimusi kommt immer noch aus den Siebzigern von unserer allerliebsten Schmusimutti Suzi Quatro. Und was hat sie noch immer gesagt? Genau, liebe Freunde! *Stumblin' in, stopf ihn rein.*»

Dieser Irre musste gestoppt werden! Norbert und Jens entmachteten den durch unablässiges Sturmfeuer schrottreif geschossenen Bandleader jetzt ganz ungeniert, Gurki kämpfte sein letztes Gefecht. Obwohl er körperlich dazu eigentlich nicht mehr in der Lage war, ließ er sich beim Schleppen nichts anmerken und wuchtete unter Mobilisierung der letzten Reserven sogar den Sarg. Die Mucken wurden für ihn zu einem einzigen, demütigenden Spießrutenlauf. Aus lauter Verzweiflung schrumpfte sein Wortschatz noch mehr zusammen. *Ja, das ist ja auch wieder schön hier!; Schön, schön; Schöne Mucke heute wieder; Das ist ja auch ganz schön; Schönes Wetter, schöne Mucke, schöne Kohle. Schön* entwickelte sich zu seiner zentralen Vokabel. Den Niedergang Gurkis illustriert am besten eine Szene, die sich einmal bei den Vorbereitungen zu einer Hochzeit ereignete. Wir saßen nach dem Soundcheck Kaffee trinkend am Stammtisch, als raschen Schrittes der Brautvater auf uns zusteuerte, ein energischer Herr um die sechzig, dem man sofort ansah, dass er Widerspruch nicht gewohnt war. Gurki stand auf und hielt ihm seine ausgestreckte Hand entgegen. «Einen wunderschönen guten Abend, mein Name ist Beckmann, wie geht es Ihnen?»

Der Brautvater durchschaute ihn im Bruchteil einer Tausendstelsekunde. Er ignorierte die ausgestreckte Hand des Bandleaders und wandte sich stattdessen mit barscher Stimme an uns übrige Verbrecher: «Die Tischmusik beginnt um achtzehn Uhr dreißig. Als Ehrentanz spielen Sie bitte den *Schneewalzer*, ein ausdrücklicher Wunsch des Brautpaares.»

Dann stiefelte er wieder ab, ohne den Bandleader a. D. auch nur eines Blickes zu würdigen. Für einen winzigen Moment entgleiste Gurkis Gesicht, und es stand die Wahrheit darin geschrieben: Hass. Hass auf Typen, die ihn sein ganzes Leben so behandelt hatten, Hass auf uns, die wir keine Gelegenheit ausließen, ihn zu piesacken, Hass auf die ganze Tanzmusik, auf seinen defizitären Musikladen, die elenden Unterhaltszahlungen und seinen eigenen verschrumpelten Muckerkörper. Doch hatte er mittlerweile so viel überstanden, dass er nicht mehr aufgeben würde, niemals.

Übrigens habe auch ich eine Zeit lang ein Stück gesungen beziehungsweise gesprochen, nämlich den Titel *Keine Sterne in Athen*:

«Komm, Heinzer, du musst auch mal einen singen. *Keine Sterne in Athen*, das wär doch was für dich!»

Es half alles nichts, ich musste ran. War das schrecklich! Teilnahmslos stand ich vor dem Mikrophon und sagte den Text auf:

«Keine Sterne in Athen,
stattdessen Schnaps in Sankt Kathrein,
er hat den Urlaub nicht gewollt,
sie hat gesagt, es müsste sein.»

Im Publikum hat niemand registriert, dass jetzt auch mal der Saxophonist ein Stück singt. Von wegen: «Ach guck mal, der Saxophonist singt auch mal ein Stück. Das ist ja eine interessante Abwechslung. Lass mal hören.» Nix. Ewige Nichtbeachtung. Ich war mir anfangs nicht sicher, ob die Kollegen mich mit dem Gesangspart demütigen oder mir eine Freude bereiten wollten. Rückschauend glaube ich, dass keine böse Absicht dahinter steckte. Wenn sie mich den Protestsong *Karl der Käfer* hätten singen lassen, wäre ich wahrscheinlich misstrauisch geworden (*Karl der Käfer wurde nicht gefragt, man hat ihn einfach fortgejagt*). Oder *Mein Freund, der Baum*. Oder *Aufstehen* von den heiligen *Bots*. Na ja, die Halbwertszeit des Titels war begrenzt und ich nach einem Jahr endlich erlöst.

Mama

Die Situation im *Deutschen Haus* drohte aus dem Ruder zu laufen. Mutter weigerte sich nach wie vor kategorisch, einen Arzt aufzusuchen. Dabei wäre das dringend nötig gewesen, denn irgendetwas Beunruhigendes war mit ihrer linken Hüfte im Gange. Ich musste ihr ständig Taschentücher mitbringen, da sie eine offene Stelle hatte, aus der Eiter oder sonst etwas Ekliges austrat.

«Das kann doch nicht sein, dass du wegen deiner Stelle jede Woche fünf Pakete Tempos verbrauchst. Du warst seit Jahren nicht beim Arzt. Komm, wir machen einen Termin, und ich fahr dich hin.»

«Ich gehe unter keinen Umständen zu einem Arzt, da kannst du dich auf den Kopf stellen.»

«Dann erklär mir wenigstens, warum.»

«Weil der mich ja doch nur wieder ins Krankenhaus steckt. Ich geh nicht mehr in die Psychiatrie.»

«Wieso soll der dich denn in die Psychiatrie stecken? Doch wohl nicht wegen deiner Stelle!»

«Ich lass mich nicht mehr in die Psychiatrie stecken. Ich bin genug gefoltert worden.»

Ende der Debatte. Bei meinem nächsten Besuch nahm mich Frau Scholz zur Seite und sagte, dass Mutter oft grundlos wütend wäre und sich ständig über irgendetwas beschwerte. Manchmal würde sie in der Gaststube richtiggehend *herumpöbeln*, und das ginge ja nun wirklich zu weit, auch wegen der anderen Gäste. Andere Gäste? Welche anderen Gäste denn? Die Bezüge auf den Stühlen waren wie neu, denn niemals setzte sich irgendein Fremder in die Gaststube. Es gab Familie Scholz, den muffeligen Kellner und einen Koch, den man aber nicht zu Gesicht bekam, weil er die Küche nie verließ. Und dann der Gast. Und der hieß Mutter. Das würde nicht mehr lange gut gehen.

Ging es auch nicht, doch anders, als ich gedacht hatte. Sie stürzte auf dem Weg in die Gaststube und brach sich dabei den Oberschenkelhals, da ihre Knochen ganz und gar spröde geworden waren, weit fortgeschrittene Osteoporose, so genannte Glasknochen. Außerdem hatte sich ihr linker Hüftknochen nahezu aufgelöst. Meine arme Vogelmutter würde nie wieder laufen können, nicht einmal mehr mit dem doofen Deltarad. Daraufhin brach die Höllenpsychose wieder voll durch, und sie wurde erneut in die Geriatrie verlegt. Sie lag bewegungsunfähig in ihrem Bett und wurde von furchtbaren Schimären geplagt, etwa, dass sie von Wasser umgeben wäre, in dem blutrünstige Haie nach ihr schnappten, oder dass nichts sie davor retten könnte, in der nächsten halben Stunde abgeholt und bei lebendigem Leibe verbrannt zu werden. Zudem war sie davon überzeugt, dass *sie allein* die Schuld für *alles* Leid und Elend auf dieser Welt trüge. Ich konnte mir nicht vorstellen, dass es irgendjemandem auf der Welt schlechter gehen könnte als meiner Mutter.

Aber irgendwann hatten sie selbst diese Psychose halbwegs in den Griff bekommen, und es stellte sich abermals die Frage nach ihrem Verbleib. Herrje, was sollte ich nur machen? Ich brachte es einfach nicht fertig, sie in ein Pflegeheim zu stecken, und so entschloss ich mich dazu, sie zu mir ins Zwergenhaus zu nehmen. Zumindest versuchen wollte ich es. Na, das würde eine schöne Wohngemeinschaft werden.

Es wurde lediglich Pflegestufe zwei bewilligt, aber zusammen mit ihrer Rente reichte es gerade eben so, die Kosten für einen ambulanten Pflegedienst zu decken. Sie wollte wieder in der Stube wohnen, die mit einem Spezialbett gegen Wundliegen ausgestattet wurde. Dann organisierte ich einen Pflegedienst, und so zog Mutter schließlich im November 1995 bei mir ein. Die Pflege übernahm Schwester Renate vom Pflegedienst Ringelblume. Sie war eine burschikose Person Mitte dreißig mit einem erstaunlich dicken Po. In ihrer Freizeit fuhr sie viel mit dem Motorrad spazieren; eine richtige Bikerbraut war die Krankenschwester. Einmal erzählte sie mir, sie sei am Wochenende beim Motorradgottesdienst gewesen und es habe ihr sehr gut gefallen. Bei dieser Großveranstaltung versammeln sich jedes Jahr im Juni Tausende von Bikern aus ganz Deutschland vor der Hamburger Hauptkirche *Michel*, um vom so genannten *Motorradpfarrer* den Segen zu empfangen.

MOTORRADGOTTESDIENST

«*Ein tiefes, schweres Brummen,*
Stetig schwillt es an.
Tausende von Bikern
Kommen heute an.

Sie sind aus Gelsenkirchen,
Aus Freiburg und aus Kiel.
Sie tragen schwarzes Leder,
Und Hamburg ist ihr Ziel.

Empfangen Gottes Segen
Aus beruf'ner Hand.
Auch der Pastor ist ein Biker
Mit Herz, Hirn und Verstand.

Sie sind stark, doch sie wissen,
Es gibt noch eine Macht,
Viel tougher als 'ne Harley,
Die schützt dich, wenn es kracht.

Heulende Motoren
Sind kein Engelschor.
Doch Bikern, die auch beten,
Leiht Gott stets gern sein Ohr.

Auch bei Tempo 190
Fährt jetzt Jesus hinten mit.
Er gibt dir Mut und Kraft
Auf deinem Höllenritt.

Der Helm in ihren Händen,
Die Köpfe sind gesenkt.
Ab jetzt ist es der Glaube,
Der ihre Harley lenkt.

Die stolzen deutschen Biker
Suchen Schutz an diesem Ort.
Als einzige Knautschzone
gilt ihnen jetzt Gottes Wort.»

Das hab ich mir mal so ausgedacht. Vielleicht liest ja zufällig der Motorradpfarrer diesen Text, erklärt ihn zur offiziellen Hymne und macht mich zum Paten der Veranstaltung. Der heilige Heinz, Schutzpatron der deutschen Biker. Meine Meinung zum Motorradgottesdienst habe ich Schwester Renate gegenüber für mich behalten. Ich hatte mir ein schönes Bild zusammengeschraubt: Irgendwo am Ende der Welt gibt es einen tiefen, dunklen Brunnen, an dessen Grund giftiges Schwermetall, Klärschlamm und ätzende Säuren vor sich hin blubbern. Kein Leben kann in diesem hoch toxischen Gebräu existieren, noch nicht einmal Bakterien, die gezüchtet wurden, um radioaktiven Abfall zu fressen. Doch darunter, in der alleruntersten aller Schichten, dort, wo das Vakuum in sich selbst implodiert, dort steht eine Kirche. Von weitem schon hört man schwere Motorräder im Leerlauf und vernimmt Fetzen einer Predigt. Hier also, am lebensfeindlichsten Ort des Universums, ist der Humus, in dem der Motorradgottesdienst gedeiht. Ein schönes Bild. Ich glaube nicht, dass Schwester Renate das verstanden hätte. Und jetzt Schluss mit dem ganzen Motorradgottesdienst!

Einen Fernseher lehnte Mutter strikt ab, und lesen mochte sie auch nicht. So lag sie regungslos in ihrem brummenden Antidekubitusbett und schaute an die Decke. Alles, aber auch wirklich alles musste im Bett gemacht werden, essen, trinken, waschen und einmal die Woche sogar abführen. Auf dem Nachttisch stand eine kleine Glocke, die früher fürs Kinderkasperltheater benutzt wurde. Oma und Opa hatten mir oft kleine Stücke vorgespielt. Bevor das Kasperl kam, wurde immer geklingelt, und die Vorstellung fing an. Jetzt wurde geklingelt, und ich kam angewackelt.

Klingelingeling.

«Ja, was ist denn?»

«Komm doch mal.»

«Ja, gleich.»

Ich eilte ins Zimmer, um ihren Wünschen nachzukommen. Die Szenerie erinnerte an amerikanische Psychoschocker aus den sechziger Jahren, insbesondere an meinen Lieblingsfilm, das von Robert Aldrich inszenierte Kammerspiel *Was geschah wirklich mit Baby Jane?* mit den anbetungswürdigen Diven Joan Crawford und Bette Davis in den Hauptrollen. Ein Meilenstein der Kinogeschichte! Warum wird so etwas heutzutage eigentlich nicht mehr gedreht? Ich glaube fast, dass keiner das mehr kann. Mutter deutete, wenn ich ihr Zimmer betrat, meist aufgeregt auf ihre mit Blasen-Nierentee gefüllten Schnabeltassen. Auf dem Nachttisch standen immer zwei große und zwei kleine dieser unförmigen Gefäße.

«Guck mal, was ich hier wieder saufen muss. Ich schaff das einfach nicht. Schwester Renate ist ein Biest.»

«Aber du weißt doch, dass Trinken wichtig ist, damit du nicht austrocknest. Du musst trinken, auch wenn du kein Durstgefühl hast.»

«Ach was, das stimmt doch gar nicht. Oma ist auch fast neunzig geworden, und sie hat so gut wie nichts getrunken.»

«Ja, die liebe Oma.»

«Ach Heinz, ich vermiss sie so. Schwester Renate ist ein Teufel. Ich werde mit Essen und Trinken gefoltert.»

«Nun mach mal halblang. Folter ist ja wohl nochmal was ganz anderes.»

«Natürlich ist das Folter. Guck mich doch mal an, wie fett ich geworden bin.»

Mutter war durchsichtig wie ein Gespenst und wog vielleicht noch vierzig Kilo.

«Quatsch, du bist doch nicht dick. Du wiegst kaum noch etwas.»

«Ach Heinz, nun lüg doch nicht so, ich bin eine ganz ekelhafte, fette Tonne.»

Ich war ratlos.

«Außerdem wird alles immer heißer und heller.»

«Ich mach uns mal einen Kaffee.» Kaffee war das Einzige, was ihr noch Vergnügen bereitete.

«Das ist gut. Mach das mal. Und Schwester Renate ist ein Teufel.»

«Nein.»

«Doch.»

«Nein.»

Ich verließ das Zimmer. Hinter mir hörte ich sie noch einmal «Doch» rufen. Ich durchquerte den Flur.

«Nein.»

«Doch.»

Mittlerweile war ich in der Küche angekommen und begann mit der Kaffeezubereitung.

«Nein.»

Mutter hatte Ohren wie ein Luchs.

«Doch.»

Manchmal machten wir bis zu einer halben Minute Pause, dann ging's mit frischen Kräften weiter.

«Nein.»

«Doch.»

Schließlich kehrte ich mit dem frisch gebrühten Bohnenkaffee zurück. «Nein.»

«Doch.» Erschöpft nahm Mutter einen Schluck zu sich. «Der schmeckt aber wieder gut.»

«Ja, findest du? Das freut mich. Finde ich aber auch.»

«Du bist lieb.»

«Du auch.»

«Ach, ich bin gar nicht lieb. Ich war nie eine gute Mutter.»

«Quatsch, natürlich bist du eine gute Mutter.»

Manchmal, wenn sie glaubte, ich sei nicht da, rief sie in höchster Not laut nach ihrer eigenen Mutter.

«Mutti, Mutti, Mutti.»

Und: «Mutti, Mutti, komm doch.»

Nach ein paar Minuten verstummte sie wieder und starrte an die Decke.

96 Marek

Dass Torsten vor mir den Absprung geschafft hatte, wurmte mich. Ich wollte doch auch aufhören! So eine elende Scheiße. Was sollte nur aus mir werden? Studieren, dafür war es längst zu spät. Eine späte Lehre vielleicht, haha. Oder Umschüler. Grauenhafte Vorstellung. Umschüler Strunk lässt sich zum EDV-Wirt oder Kältetechniker umschulen. Oder zu etwas anderem. Hauptsache umschulen. Umschulen, umschulen, umschulen. Und immer dran denken: Lehrjahre sind keine Herrenjahre. Danach ABM. Oder wieder zu Dr. Vogel. Ob die wohl noch praktizierte?

«Hallo, da bin ich wieder, bei mir ist viel schief gelaufen, auf Therapie hab ich keinen Bock mehr, aber kannst du mir vielleicht was für die Stimmung verschreiben? Ich hab gehört, dass es da was Neues aus Amerika gibt, was schön gleichgültig macht, Prozac, kannst du mir das verschreiben? Bitte, bitte!»

Ich konnte ja auch wieder zum Sozialamt gehen, zu meinem Herrn Sommer, der mich sicher mit offenen Armen empfangen würde. Sollen *Tiffanys* mich doch rausschmeißen, die Arschgeigen.

Ich ließ mich so richtig hängen, ging fast nie mehr zu den Proben und brachte meinen Anzug nur so oft in die Reinigung wie gerade eben nötig. Es ging so weit, dass ich ständig meine Schuhe vergaß; und die braven Kollegen waren sich nicht zu schade, sie mir hinterherzutragen. Bei den Mucken stand ich gelangweilt auf der Bühne und blies meinen Kram runter. Mir war alles egal. Ich gähnte laut, popelte oder kratzte mich, gern auch mal *beidhändig*, am Sack. Dabei stand ich nicht gerade auf zwei Beinen wie alle anderen auch, sondern schief und krumm. Dauernd verrenkte ich mich oder verlagerte grotesk mein Gewicht, um so meinem allgemeinen Unwohlsein Ausdruck zu verleihen. In den Pausen ließ ich mich sofort erschöpft auf einen Stuhl fallen und pulte mir in den Zähnen herum. Gurki hat das über Monate geschluckt, doch irgendwann platzte ihm der Kragen, und er imitierte mich mit einer Präzision, dass ich noch heute den Hut vor ihm ziehe ob dieser schauspielerischen Meisterleistung. Er ging im Schnelldurchlauf mein Repertoire an schlechtem Benehmen durch: Popeln, Verrenkungen, Arschjucken, Gähnen, Ins-Leere-Stieren, Nase-Hochziehen, Im-Ohr-Pulen, Furzen und was es sonst noch alles gibt. In diesen zwei wunderbaren Minuten brachte er seine ganze Wut auf mich verkommenes Miststück zum Ausdruck. Die Performance stimmte bis ins kleinste Detail. Der kleine Mann wuchs über sich hinaus. Alle haben Tränen gelacht, dabei war es bitterernst.

Trotzdem glaubte ich, bei *Tiffanys* eine Arbeitsplatzgarantie auf Lebenszeit zu haben, und auch die Kollegen schienen seltsamerweise nach wie vor davon überzeugt, dass ich trotz meiner vielen Mängel unersetzbar war. Es gelang mir sogar noch, eine Reihe von Privilegien herauszuhandeln. Ich wurde vom Aufbau befreit und kam jetzt immer erst direkt zum Soundcheck. Wenn ich bei einer anderen Mucke mehr verdienen konnte, spielte ich den besser dotierten Job, und *Tiffanys* arbeitete in der Viermannbesetzung. Den Veranstaltern wurde gesagt, ich wäre krank geworden. Eine elende Lügerei. Nachdem ich wieder einmal kurzfristig abgesagt hatte, kam es, wie es kommen musste: Ein Veranstalter bestand auf Saxophon. Gurki fragte den verschlagenen Marek, der wahrscheinlich schon lange in den Startlöchern gewartet hatte. Endlich war es so weit. Er hatte sich als Lehrer bei *Da Capo* hervorragend eingeführt und würde auch diese Chance nützen: Er wollte meinen Job! Der Ungar war ein Routinier und fügte sich auch menschlich hervorragend ein. Schleimschleimschleim. Jaja. Die Kollegen rieben mir von da an oft unter die Nase, wie professionell Marek doch sei. Pünktlich, fleißig, zuverlässig, sauber, ordentlich und immer gut gelaunt, fast wie ein Deutscher! Außerdem war er stets einwandfrei rasiert, hatte blank geputzte Schuhe, immer ein frisches Hemd an, und er aß sehr gern Spiegeleier.

Das weiße Hemd

Das Ehepaar Schlüter gehörte zu den wohlhabendsten Bürgern Lüneburgs und gedachte seine Silberhochzeit in entsprechend großem Stil zu feiern. Das Fest fand selbstverständlich im ersten Haus am Platze statt; alles, was in Lüneburg Rang und Namen hatte, war eingeladen. Gurki hatte immer noch keinen Rang und Namen und durfte daher lediglich zum Tanz aufspielen. Natürlich wurden von der Band absolut untadeliges Verhalten, Spielfreude und perfektes Aussehen erwartet. Ich wurde von meinen Kollegen – nicht zum ersten Mal – aufgefordert, doch zur Abwechslung mal mit einer sich in einwandfreiem Zustand befindenden Garderobe zu erscheinen. Sie meinten es diesmal offenbar wirklich ernst, und ich ließ den weißen Smoking spezialreinigen. Als ich dann am Samstag meinen Kleidersack packte, stellte ich fest, dass ich vergessen hatte, meine Hemden mit aus der Reinigung abzuholen. *Ohneinohneinohnein!* Im Kleiderschrank hing nichts, noch nicht einmal ein normales weißes Hemd ohne Vatermörderkragen. In meiner Verzweiflung durchwühlte ich die Schmutzwäsche und fand dort ein Hemd, das als solches allerdings kaum noch erkennbar war. Völlig zerknittert, der Kragen innen fettig-schwarz und außen nikotingelb. Zwei Knöpfe fehlten, doch das Schlimmste war ein riesiger Blutfleck auf der linken Manschette. Ich hielt den Putzlappen gegen das Licht und bekam einen Schweißausbruch. Eine Katastrophe. Die Kollegen würden mich wie eine Katze ersäufen. 300 geladene Gäste! Fips Asmussen als Stargast! Verzweifelt versuchte ich, wenigstens den Kragen notdürftig zu säubern, doch der Schmutz hatte sich bereits derart tief in den Stoff gefressen, dass alle Mühe vergebens war. Mir blieb schließlich nichts anderes übrig, als es auf einen Bügel zu hängen und sorgfältig hinter dem zum Glück strahlend weißen Anzug zu verstecken. Als ich ankam, rückten die Kollegen gerade die bescheuerte Paulchen-Panther-Jalousie zurecht. Das Bühnenbild sollte heute perfekt sein!

«Moin Heinzer, wo geihts?»

«Och, ganz gut so weit.»

«Nun guck sich einer Heinzer an. Er hat sich tatsächlich rasiert. Noch ist Deutschland nicht verloren!»

Nach dem Soundcheck kam der entscheidende Moment.

«So, meine Herren, um achtzehn Uhr ist Spielbeginn, umziehen.»

Ich hatte mir auf der Fahrt eine feine Taktik zurechtgelegt, wie ich eventuell doch noch heil davonkommen konnte. Mein Plan war, unter dem Vorwand, etwas vergessen zu haben, auf die Bühne zu gehen. Ich würde mich irgendwo verstecken und so lange warten, bis die Kollegen in voller Montur die Garderobe verließen. Dann huschhusch zurück und mich unbeobachtet umziehen. Den blutverschmierten Ärmel würde ich einfach in das Sakko stopfen, scheiß auf die Manschettenknöpfe, und in den Pausen müsste ich mich eben sofort in einen schlecht ausgeleuchteten Winkel der Bühne verziehen. Das Sakko dürfte ich natürlich keinesfalls ausziehen! Später, wenn die Feier dann in Gang wäre und die Leute alle einen im Tee hätten, würde eh keiner mehr so genau hingucken.

Als ich dann jedoch die Garderobe betrat, fiel mir das Herz in die Hose. Die Umkleidekabine war mit gleißendem Neonlicht ausgeleuchtet und voll verspiegelt. Das würde schwierig werden. So frickelte ich erst mal endlos an meinen Schuhen herum. Immer wieder öffnete ich die Schleife, um sie erneut zuzubinden.

«Na, Heinzer, weißt nicht mehr, wie Schuheschnüren geht?»

Ich reagierte nicht auf so dumme Bemerkungen. Sorgsam zog ich den Gürtel enger. Das Hemd hing perfekt versteckt hinter dem Sakko.

«Ach, Scheiße.»

«Was ist denn?»

«Ich hab noch was auf der Bühne vergessen. Komm gleich wieder.»

Versteckt in der Toilette rechts neben der Garderobe, wartete ich darauf, dass die Kollegen endlich zur Bühne gingen. Sie kamen aber nicht. Eine endlose Zeit verging. Sie kamen einfach nicht. Dann ging plötzlich die Tür auf, und Norberts großer, viereckiger Kopf erschien. Er sagte mit Grabesstimme ins Nichts hinein: «Heinz, kommst du mal bitte!»

Was sollte denn das? Ich war doch gar nicht da. Außerdem hatte er Heinz gesagt. Nicht Heinzer. Au weia. Benommen taperte ich in die Garderobe zurück. Gurki hielt das Hemd gegen das Neonlicht, die anderen standen um ihn herum. In der grellen Beleuchtung wirkte der Lappen noch schwärzer als zu Hause. Außerdem roch er schlecht, was mir noch gar nicht aufgefallen war.

«Unfassbar.»

«Ich glaub das jetzt nicht.»

«So was hab ich ja überhaupt noch nicht gesehen.»

Gurki, die Drecksau, hatte tatsächlich Lunte gerochen und meinen Kleidersack durchwühlt. Triumphierend blickte er mich an: «Das müsste mal *gebügelt* werden.»

Ich hielt lieber den Mund. Jeder Versuch, mich rauszureden, hätte sie nur noch rasender gemacht. Norbert und Jens übten sich in Schadensbegrenzung. Sie eilten auf die Bühne und stellten mein Mikro in eine dunkle Ecke. Ich war der Affenmensch, den niemand zu Gesicht bekommen durfte.

Die ersten beiden Stunden liefen dennoch wie geschmiert. Ich blieb brav in meiner Ecke stehen und trank nichts, um nicht aufs Klo zu müssen. 22 Uhr, Tatatata, großer Tusch, Ansage Gurki: «Jaaaaaa, liebe Freunde ...» Der Auftritt von Stargast Fips Asmussen stand bevor. Das norddeutsche Humorurgestein war wie immer im nigelnagelneuen Jaguar vorgefahren und würde eine grandiose halbe Stunde abliefern. Ich glaube, dass es schwer ist, einen souveräneren Menschen zu finden als Fips Asmussen. Ihn kann gar nichts mehr erschüttern. Fips ist Witzeerzähler, und das seit dreißig Jahren. Keine Standup-Comedy, kein Kabarett, keine Politsatire, nein, Witze, und zwar *einen nach dem anderen*! Wie jeder Amerikaner einmal Elvis gesehen haben sollte, müsste eigentlich jeder Deutsche einmal Fips Asmussen live erlebt haben. Wir räumten die Bühne für den Auftritt des Giganten, der mittlerweile ungefähr zwanzig Millionen Witzekassetten verkauft hat. Und da kam er schon, Fips Asmussen. Das war Timing! Ich huschte, so schnell ich konnte, an ihm vorbei, doch plötzlich griff er nach meinem Arm! Ich wäre fast gestorben, denn was jetzt kommen würde, ahnte ich:

«Ach, guck an, der Herr Musikus, nicht so eilig. Bist du auf der Arbeit oder bist du auf der Flucht? Was sehen meine entzündeten Augen denn da: Kann es sein, dass dein Hemd nicht ganz sauber ist? Zieh doch mal das Sakko aus!»

Ich ziehe wie hypnotisiert das Sakko aus.

«O là là, bitte einmal das Saallicht an, und ich darf das Ehepaar Schlüter zu mir bitten. Das dürfte Sie interessieren ...»

Ehepaar Schlüter kommt gespannt auf uns zu. Herr Schlüter trägt einen tiefschwarzen Smoking und unglaublich blank gewienerte Schuhe. Der Scheitel ist wie mit dem Messer gezogen, alles einfach *perfekt*. Frau Schlüter ist aufwendig frisiert. Sie hat sich extra für diesen Tag ein Modellkleid schneidern lassen und trägt dazu passenden, edlen Schmuck. Beide duften extrem gut, und Herr Schlüter hat sich sogar unter den Achseln rasiert, obwohl er ein Mann ist. Sie kommen näher und riechen bereits aus fünf Metern Entfernung das Dreckshemd. Fips Asmussen deutet triumphierend auf den blutverschmierten Ärmel und tritt einen halben Schritt zurück. Er freut sich schon. Das Ehepaar Schlüter schaut fassungslos abwechselnd in mein Gesicht und auf das Hemd. Frau Schlüter beginnt leise zu weinen, dann sackt sie mit einem Mal ohnmächtig in sich zusammen. *Herr Schlüter holt mit aller Kraft aus und streckt mich mit einem einzigen Faustschlag nieder.*

Es kam natürlich ganz anders. Fips Asmussen zu mir: «Sag mal, warst du gerade beim Friseur?»

«Äh, wieso, ja, so lange ist es noch nicht her.»

Der große Fips Asmussen: «Den Prozess gewinnst du!»

Ein Einstand nach Maß. Da hatte er die Lacher natürlich gleich auf seiner Seite. Na ja, dann entließ der Witzegott auch mich in die Gaststube. Gurki war immer noch auf 180.

«Das war knapp. Jetzt kannst du nur noch beten, dass niemandem das auffällt. Aber so einfach kommst du diesmal nicht davon.»

Ich hatte den Bogen eindeutig überspannt.

Die Stimmung blieb in der nächsten Zeit merklich kühl, und die Zahl der Viermannjobs nahm deutlich zu.

«Wie, nur zwei Jobs im Dezember? Letztes Jahr hatten wir doch sechs!»

«Tja, Heinzer, die Leute haben nicht mehr so viel Geld. Du weißt doch, wo zuerst gespart wird: am Essen und an der Musik. Da nehmen die lieber nur vier. *Vor allen Dingen*, wenn sich herumspricht, dass der fünfte Mann keinen Bock hat und immer mit den letzten Pennerklamotten aufläuft.»

Fertig machen wollte Gurki mich! Beim nächsten Bandabend ging meine Demontage weiter: Auf Vorschlag von Jens wurde beschlossen, die Fünfmannjobs zwischen Marek und mir aufzuteilen. Ich sollte die rustikalen Mucken machen und Marek die gediegenen. Das war der Anfang vom Ende.

Jens im Glück

Um Jens war immer ein großes Geheimnis gewesen: das Pfeifen. Warum pfiff der Mann nur ununterbrochen? Lebensfreude? Harmlose Marotte? Zwangshandlung? In den Jahren zwischen zwanzig und dreißig hatte er sich unter enormen Druck gesetzt: Frau, Haus, Beruf, Mucke und was weiß ich noch. Mucken, mucken, mucken, sparen, sparen sparen, Frau suchen, suchen, suchen, und der Beruf war schließlich auch nicht ohne. Jens wurde zum Oberinspektor befördert, und er zutzelte sich im Kreisamt Lüneburg richtiggehend fest. Nie im Leben würde er sich aus diesem Paradies wieder vertreiben lassen! Das Kreisamt war das Größte.

«Wo arbeitest du denn?»

«Natürlich beim Kreis!»

Das geheime Zeichen der Zugehörigkeit zum Kreisamt war, dass die Mitarbeiter mit Daumen und Zeigefinger einen Kreis bildeten und sich dabei wissend zuzwinkerten. Von Karnickelzüchtern bis Satanisten haben schließlich alle ihre geheimen Erkennungsmerkmale, warum nicht auch die Mitarbeiter des Kreisamtes Lüneburg? Möglicherweise müssen sich die höherrangigen Mitarbeiter (Amtmann aufwärts) auch einen Kreis auf den Rücken oder die Oberarme tätowieren lassen. Das wäre dann natürlich schon nicht mehr so harmlos!

Doch die Uhr tickte weiter. Geld fürs Haus war mittlerweile angespart, aber die passende Frau immer noch nicht in Sicht. Jens ließ sich jedoch durch nichts beirren. Als ich ihn kennen lernte, war er Anfang zwanzig und irgendwie schon erwachsen, so fest in seinem Koordinatensystem verankert, dass es für ihn nie eine wirkliche Irritation gegeben hatte. Drogenexperimente, Schlägereien, abenteuerliche Reisen in heiße Länder mit riesigen Insekten, in den Bus kacken oder schmutziger Sex in verdreckten Discotoiletten: Das war für ihn nicht drin! Beneidenswert. Nur die Daddelei in der Spielhalle hatte er sich gegönnt, aber mit der war ja schon lange Schluss. Auch im Winsener Dorfleben hatte er seinen Platz gefunden. In Tippgemeinschaft, Fußballverein und THW war er beliebt als ebenso zuverlässiges wie geselliges Mitglied. Fleiß, Ausdauer und der unerschütterliche Glaube an sich selbst wurden schließlich belohnt. Ein Jahr vor seinem dreißigsten Geburtstag lernte er Marion kennen. Wie er beim O (Kreis) beschäftigt, jedoch im mittleren Dienst. Das passte! Und Jens schaffte es sogar, noch vor seinem dreißigsten Geburtstag unter der Haube zu sein. Er hatte es sich ja so fest vorgenommen. Aber knapp wurde es! Nur wenige Wochen vor seinem Wiegenfest wurde in einem edlen Landgasthof in großem Stil geheiratet. Die Hochzeitsfeier fiel in den heißen Teil der Bauphase. Als fast genau neun Monate später der kleine Sebastian zur Welt kam, lebte das Ehepaar schon längst in den eigenen vier Wänden. Der Stammhalter entwickelte sich genau so, wie der Vater es sich gewünscht hatte. Jens wurde unaufhaltsam dicker und nahm, vielleicht auch durch die blonden Haare und den nahezu unsichtbaren Schnauzbart, der an die Fühler einer Biene erinnerte, etwas sympathisch Insektenhaftes an. Ein liebes Honigbienchen, das emsig Nektar sammelt. Jetzt, wo alles in trockenen Tüchern ist, pfeift er nur noch selten. Ein richtiger Party- und Gelegenheitspfeifer ist er geworden! Allenfalls, wenn ein freudiges Ereignis ansteht oder ihm etwas besonders gut gelungen ist, schürzt er noch hin und wieder die Lippen.

Taubenplage

Auf den Mucken passierte so gut wie nie etwas Außergewöhnliches. Diese Gleichförmigkeit beruhigte mich, denn Aufregung konnte ich gar nicht vertragen. Wenn mir nach Nervenkitzel zumute war, schaute ich mir im Fernsehen einen Psychothriller an. Die einzigen Überraschungen nach meinem Geschmack waren Auftritte von Gaststars, die zu einer unerwarteten Pause führten. Ah, herrlich, eine halbe Stunde Fips Asmussen! Sofort an den Tresen und einen schönen Jubi bestellen. Ansonsten konnte von mir aus immer alles gleich sein. Das Klein Eilstorfer Zigeunerschnitzel war in dieser Hinsicht vorbildlich: zwölf Jahre 1a-Qualität, exzellentes Fleisch und eine interessante Soße.

Die Sommermonate waren für Tanzbands immer mau. Urlaubszeit. Der einzige Job im August 1996 war die Hochzeitsfeier der Eheleute Meenck in Sprötze. Sprötze ist ein winzig kleiner Ort und scheint nur aus einem einzigen Gebäude zu bestehen: dem *Landgasthof Coburger*. In den achtziger Jahren war ich mit Kadett und Nissan nach Sprötze gejuckelt und jetzt mit dem roten Polo, der mittlerweile nur noch auf drei Zylindern lief und seine Leistung auf ungefähr sechs PS reduziert hatte. Meine Kollegen fanden das sehr lustig. «Haha, guck mal, Heinzers Polo fährt nur noch auf drei Töppen, haha.»

Sie dichteten *Marina, Marina, Marina* von Rocko Granata um und sangen den letzten Refrain mit einem auf mich gemünzten Text. Statt «*Wunderbares Mädchen, bald sind wir ein Pärchen, drum lass mich nicht alleine, oh nonononono*» hieß es nun «*Wunderbarer Bube, wir fahr'n nach Buxtehude, in deinem alten Polo, oh nonononono*». Das letzte bisschen Menschlichkeit, das sie mir entgegenbrachten.

An diesem Tag in Sprötze ging es mir fast so schlecht wie in alten Zeiten. Ich war schwer verkatert, hatte zu wenig geschlafen und war total aufgeladen. Während der Fahrt erwog ich, rechts ranzufahren und mich noch schnell abzumelken, fand das dann aber doch zu demütigend. Ich hatte schließlich schon so viel ausgehalten! Es war unerträglich schwül. Bestimmt würde es schwere Gewitter geben.

Ich ging erst mal in den Saal und begrüßte alle mit Handschlag. Das war bei *Tiffanys* so üblich. Genau wie im Kabinett des deutschen Bundeskanzlers Dr. Helmut Kohl. Seit mindestens hundert Jahren begrüßte der Erbkanzler jeden einzelnen seiner Minister per Handschlag. Das sollte ihm mal einer nachmachen. Moderne Menschenführung nach bewährtem Rezept. Den Handschlag tauschte ich selbst mit meinem Intimfeind Maik aus.

«Tag, Maik.»

«Hallo, Heinzer.»

Das war's dann allerdings für den Abend meist auch an Konversation. Ich schritt gerade die Runde ab, als ich von draußen ein hässliches Geräusch vernahm, begleitet von lautem Fluchen in einer mir nicht geläufigen Sprache. Intuitiv wusste ich, was Sache war, und stürzte hinaus. Tatsächlich: Eine Saisonhilfskraft war mit dem Rasenmähertrecker rückwärts über mein schönes Sopransaxophon gefahren, das ich leichtsinnigerweise in der Nähe meines Autos liegen gelassen hatte. Ich machte den Koffer auf. Schrecklich, schrecklich, schrecklich, furchtbar, furchtbar, furchtbar. Die goldene Klarinette! Das filigrane Instrument war zermalmt, die Mechanik verbogen und der Korpus grotesk zerquetscht. Man musste kein großer Fachmann sein, um zu erkennen, dass es sich um einen Totalschaden handelte. Zitternd glotzte ich abwechselnd auf das deformierte Instrument und in das grobe Gesicht der offenbar osteuropäischen Hilfskraft.

«Hab nicht gesehen. Tut mir Leid», stammelte der Verbrecher.

Lern erst mal vernünftig Deutsch, dachte ich. Der Kerl war bestimmt nicht ordentlich versichert. Keinen Pfennig würde ich sehen. Ich rechnete aus, wie viel mal ich spielen musste, um mir ein neues Instrument zu verdienen. Er blieb auf seinem beknackten Vehikel sitzen und guckte mich mit traurigen Augen an. Wieso musste das jetzt passieren? Ich hatte die pathologische Sensibilität eines Trinkers, der sich gerade eben noch so im Leben zurechtfindet. Bedingung: Es darf auf keinen Fall etwas schief gehen. Mein Dasein glich einem Eiertanz. Selbst Kleinigkeiten wie unverhältnismäßig lange Rotphasen konnten das fragile Gleichgewicht durcheinander bringen und mich an den Rand einer Panikattacke katapultieren. Obwohl ich schon seit Jahren keine Tabletten mehr nahm, hatte ich immer noch ein Röhrchen mit längst abgelaufenen Lexotaniltabletten dabei, für den Notfall. Ich ging ins Gasthaus zurück und wandte mich an den Wirt:

«Äh, Entschuldigung, ein Arbeiter von Ihnen hat wohl aus Versehen mein Saxophon kaputtgefahren, jetzt wollte ich mal fragen, wie wir das machen, ich meine, mit der Versicherung und so.»

Er hatte kein Verständnis für meine Probleme: «Was ist das denn für Scheiß? Ich hab jetzt keine Zeit. Das müssen wir nachher besprechen.»

Und weg war er.

Um achtzehn Uhr marschierte das Brautpaar zu den Klängen von *Auf der Lüneburger Heide* ein. Die Braut war eine unförmige Trulla mit dicken Haxen, während der Bräutigam mit seinen ausgefransten Rhabarberohren und den schiefen Zähnen im Pferdegesicht eine in diesem Landstrich weit verbreitete Physiognomie aufwies. Vor dem Suppenmarsch stand der Brautvater auf. Gläserklingeln, *klingelingeling*.

Eine Rede, laber laber, hoch die Tassen.

Danach gab sich das Brautpaar ein Küsschen. Plötzlich setzte der Brautvater ein verschmitztes Lächeln auf. «Ach ja, da fällt mir noch einer ein!»

Ich habe den ersten einer langen Reihe ähnlicher Witze noch genau im Gedächtnis.

«Kommt ein Neger zum Friseur und sagt: ‹Guten Tag, einmal Fasson bitte!› Der Friseur fängt an zu schneiden. Schnippelschnippelschnippel.»

Das *Schnippelschnippelschnippel* sprach er mit. Bereits jetzt hörte man die Hochzeitsgesellschaft in leiser Vorfreude kichern. Ein Neger! Beim Friseur! Schnippelschnippelschnippel! Wir schauten uns an. So etwas hatten wir auch noch nicht erlebt, dass während des Hochzeitsessens Negerwitze gerissen wurden.

«Plötzlich rutscht ihm die Klinge aus, und er schneidet dem Neger versehentlich in die Stirn. Das Blut läuft nur so herunter, aber der Neger verzieht keine Miene. Der Friseur tupft dem Neger das Blut weg, ohne etwas zu sagen. Dann geht es weiter. *Schnippelschnippelschnippel.*»

Der Brautvater machte sich bereits jetzt vor Lachen fast in die Hose.

«Er schneidet einige Minuten so weiter, bis ihm die Schere erneut ausrutscht und er dem Neger diesmal in die Backe schneidet. Wiederum fließt Blut, doch der Neger bleibt immer noch regungslos. Der Friseur tupft erneut das Blut weg und setzt ungerührt den Schnitt fort. Beide sagen kein Wort. Schnippelschnippelschnippel.»

Immer wieder *Neger* und *Schnippelschnippelschnippel*. Der Brautvater konnte vor Prusten den Witz kaum noch weitererzählen.

«Der Friseur schneidet einige Minuten weiter, als ihm erneut die Schere ausrutscht. Diesmal schneidet er dem Neger das halbe Ohr ab. Endlich beginnt der Neger zu weinen. Da fragt ihn der Friseur: *Na, Heimweh?*»

Ein unfassbares Gejohle brach aus, und ich bin mir sicher, dass sich nicht wenige nass gemacht haben. Angefeuert durch diese enthusiastische Reaktion, hat der Brautvater im Laufe des Abends sein gesamtes Witzerepertoire abgearbeitet.

Ich hatte schon den ganzen Tag Magenprobleme gehabt. Wahrscheinlich psychosomatisch. Jaja, bei Typen wie mir ist immer alles psychosomatisch. Vielleicht hatte ich aber auch nur *etwas Falsches* gegessen oder das Falsche zu schnell oder Luft geschluckt oder weiß der Henker. Jedenfalls stellten sich ausgesprochen übel riechende Blähungen ein. Das Hochzeitsmahl zog sich endlos hin, weil es neben den Witzen von Reden und selbst getexteten Liedern unterbrochen wurde. Außerdem wurde die komplette Hochzeitszeitung verlesen, was bei dem Konglomerat an Rumpelreimen wirklich kein Spaß war. Ich erleichterte mich im Minutentakt. Es roch erbärmlich. Nach dem Hauptgang war zur Auflockerung ein Zauberer engagiert worden. Ein ganz alter Zauberer, den man offenbar aus seinem verdienten Ruhestand aufgeschreckt hatte, denn er war sichtlich aus der Übung. Der große Klassiker mit den Tauben stand auch auf dem Programm. Tuch, Hut, Tauben weg, Tauben wieder da, oh là là! Leider wollten die Vögel nicht so wie er. Sie flogen davon und blieben einfach im Saalgebälk sitzen. Bräsig hockten die Viecher dort oben und ließen sich durch nichts dazu bewegen, wieder herunterzukommen. Den Leuten kam das nach den ganzen langweiligen Beiträgen natürlich gerade recht, sie bogen sich vor Schadenfreude. Der Zaubergreis versuchte die renitenten Biester doch noch zur Vernunft zu bringen, jedoch vergebens. Er war zu alt und zu schwach. Niemand machte Anstalten, ihm zu helfen. Je verzweifelter seine Versuche wurden, desto mehr amüsierten sich die Leute. Der Illusionist war kurz davor, in Tränen auszubrechen, als er schließlich ohne seine Vögel abziehen musste.

Klingelingeling.

«Ich hab da noch einen ... Mutti, Mutti, ich kann keine Pickel mehr kriegen! Warum das denn nicht? Kein Platz mehr.»

Die Leute wieherten vor Vergnügen. Ich fuhr unablässig fort, die Bühne einzunebeln. Den Kollegen reichte es langsam: «Hör mal auf jetzt, du Sau.»

Halb zehn, und noch nicht einmal das Dessert war serviert. Ich hatte mich in eine regelrechte Pupshysterie hineingesteigert.

Klingelingeling.

«Da fällt mir noch einer ein ...»

Der Saal tobte, und der großkalibrige Amateurscherzbold lief zur Form seines Lebens auf. Er hatte alle Hemmungen abgelegt und riss mit der Wucht seines Vortrages die ganze Gesellschaft mit. Endlich kam die Eistorte mit Früchten der Saison.

Klingelingeling.

«Ach übrigens, kennt ihr den schon ...?»

Die Leute kannten ihn noch nicht, fanden ihn aber gut. Schon wieder zündete ich einen leisen Kriecher. Mir war die Kontrolle über meinen Unterleib nun gänzlich entglitten. Angeekelt sahen mich die Kollegen an. Die Bühne roch wie ein gerade benutztes Klo. Dann geschah das, was nicht hätte geschehen dürfen. Der Vater des Bräutigams erhob sich. Er hatte sich seine Rede bis ganz zum Schluss aufgespart. *Klingelingeling.* Pssst, leise, der Bräutigamsvater will seine Rede halten! Aber so groß und stattlich der Mann war, er verfügte nur über ein heiseres, fisteliges Stimmchen ohne jegliche Durchschlagskraft.

«Liebe Susanne, lieber Thomas, liebe Hochzeitsgäste ...»

Gleich wurden Rufe laut. «Mikro, er braucht ein Mikro.»

«Bin ich zu verstehen? Also nochmal, liebe Susanne, lieber Thomas.»

Wieder blökten die Leute los: «Man versteht nix. Mikro! Band, gib mal ein Mikro.»

Da entschloss sich der Fistelmann zu einem verhängnisvollen Schritt. Er machte sich auf den Weg zur Bühne, um von dort aus über Mikrophon seine Rede zu halten. Gurki versuchte das noch in letzter Sekunde zu verhindern.

«Sie können Ihre Rede auch vom Platz aus halten, wir reichen Ihnen ein Mikrophon herunter.»

Zu spät. Verzweifelt bemühte ich mich, die Kloake durch beidarmiges Wedeln etwas zu entschärfen. Der Vater des Bräutigams betrat die Bühne durch den Seitenaufgang und blieb stehen, als hätte ihm jemand eine reingehauen. Fassungslos schaute er uns an.

«Sagt mal, was macht ihr hier oben eigentlich die ganze Zeit?»

Es war unfassbar peinlich. Auch die Leute im Saal begannen zu ahnen, was sich in den vergangenen Stunden auf der Bühne abgespielt haben musste. Fistelmann hielt sichtlich angeekelt eine kurze Rede. Als er die Treppe hinunterging, drehte er sich nochmal um und zischte voller Verachtung:

«Wisst ihr, was ihr seid? Schweine seid ihr, Schweine.»

Die Stimmung war jetzt gegen mich wie nie zuvor.

«Das hat Konsequenzen, Heinzer. Wir können froh sein, wenn wir heute überhaupt unsere Gage kriegen. Aber so einfach kommst du diesmal nicht davon.»

«Ja, aber das konnte doch keiner ahnen, dass der hier auf die Bühne kommt.»

«Darüber brauchen wir überhaupt nicht zu diskutieren. Dir ist klar, dass wir hier nie wieder einen Job kriegen.»

«Meinst du wirklich?»

Die Tafel wurde aufgelöst, und die Gäste gingen zum Kaffee nach draußen, während der Saal für das Tanzvergnügen umgebaut wurde. Wie immer bekam jetzt auch die Band ihr Hapsepapse. Stumm saugte ich am Schweinefilet. Es schien mir ratsam, den Mund zu halten.

Jens glotzte ins Leere und rührte das Essen nicht an. Das

war ungewöhnlich, denn für den passionierten Fleischliebhaber hätte es eigentlich ein Fest sein müssen: zwei große Platten mit Schweine- und Kalbsfilet!

«Was ist denn los mit dir? Das Fleisch ist doch gut.»

«Ich kann nicht, mir ist schlecht.»

«Wieso, hast du was gegessen?»

«Ich weiß auch nicht. Eigentlich nicht.»

Jens war weiß wie eine Wand; es schien ihn schlimm erwischt zu haben.

«Trink doch mal 'nen Schnaps.»

«Nee, um Gottes willen, das hilft jetzt auch nichts mehr.»

Stumm aßen wir weiter, während Jens auf die Tischdecke starrte. Ein trauriges Mahl.

«Heinz?»

Ich schaute mich um, und da stand eine strahlend schöne Susanne Born. Susanne war eine meiner unerfüllten Jugendlieben gewesen, die ich wie Frauke auf einer christlichen Freizeit kennen gelernt hatte. Ich war unsterblich verliebt gewesen in sie. Ein einziges Mal haben wir besoffen rumgeknutscht, und ich durfte ihr sogar unter die Bluse fassen. Kurze Zeit später kam sie allerdings mit Dieter Stindt zusammen, der bereits neunzehn war und sowohl eine eigene Wohnung als auch ein eigenes Auto hatte, einen astreinen Manta A mit Fuchsschwanz. Da hatte ich natürlich endgültig keine Chance mehr. Nun traf ich sie fünfzehn Jahre später hier wieder, sie war fast noch schöner, als ich sie in Erinnerung hatte.

«Und, spielst du schon lange bei den *Tiffanys*?»

«Einfach nur *Tiffanys*, ohne Artikel. Ja, unter anderem, aber ich mach auch noch was anderes.»

Das wollte sie aber schon gar nicht mehr so genau wissen.

«Ich muss mal wieder. Vielleicht sehen wir uns ja nachher noch.»

«Ja, das wär ja schön.» Achje, achje, nichts hatte sich verändert. Sehnsüchtig schaute ich ihr hinterher. Jens war schon ganz grün im Gesicht. Der Arme. Aber es half nichts, wir mussten langsam wieder. Das Tanzvergnügen wurde, wie es sich gehörte, mit dem Ehrentanz für das Brautpaar eröffnet. *Tanzen möcht ich.* Nach dem ersten Refrain wurden die Eltern des Brautpaares auf die Tanzfläche geholt. Sie guckten böse zu uns herüber. Wahrscheinlich waren wir in der letzten halben Stunde das einzige Gesprächsthema gewesen. Die Schweine. Die Säue. Keinen Pfennig Gage sollten die elenden Stinker bekommen. Gage? Haha. Konventionalstrafe werden die zahlen, bluten bis ans Lebensende. Der Abend entwickelte sich zu dem, was wir intern einen *lahmen Zock* nannten. Das Essen hatte mit den ganzen Reden und Darbietungen viel zu lange gedauert, und außerdem war es immer noch entsetzlich schwül. Wir spielten unseren Striemel runter. Ich hatte immer noch Blähungen, doch ich traute mich nicht weiterzupupsen. Eine Qual. Ewig würde ich das nicht aushalten können. Jens hielt sich nur noch mühsam hinter seiner Keyboardburg aufrecht. Irgendwann gab er den Kampf auf. Mit letzter Kraft brachte er *Bad moon rising* zu Ende und stürzte nach draußen. Die Bühne verfügte zum Glück über einen separaten Hinterausgang zum Garten. Er übergab sich mehrmals hintereinander, kam aber pünktlich zum nächsten Set an seinen Arbeitsplatz zurückgekrochen. Leichenblass stand er da, von dauerndem Würgereiz gepeinigt, und warf seinen Riemen auf die Orgel, wie man so schön sagt. Ein Wundermensch! Manch anderer wäre schon längst jammernd nach Hause geschlichen; der Mann mit dem kaum erkennbaren Bart, das Honigbienchen, schwankte, aber fiel nicht. Dabei war er noch nicht mal bei der Bundeswehr gewesen, sondern nur beim THW.

«Wir machen durch bis morgen früh und singen bumsfallera.»

Nach zwei Sets trat Jens erneut zum Brechen ab. Ich ging hinterher, um eine Ladung heiße Luft abzulassen. Ein herrliches Bild muss das abgegeben haben: Jens, Schwall auf Schwall in die Hecke speiend, und ich, wie ich mich mit verkrampftem Gesicht zusammenkrümme, um endlich meinen bedenklich geschwollenen Bauch zu entlasten.

24 Uhr, Zeit für den Schleiertanz. Wie immer *Ganz in Weiß* vom unvergessenen Roy Black. Sinn und Zweck des Schleiertanzes ist, dass möglichst alle Hochzeitsgäste ein kleines Stück des Brautschleiers erhaschen.

«Ganz in Weiß, so stehst du neben mir,
und die Liebe lacht aus jedem Blick von dir.
Und dann reichst du mir die Hand, und du siehst so glücklich aus,
ganz in Weiß, mit einem Blumenstrauß.»

An dieser Stelle stoppten wir abrupt, und die Gäste stürzten sich auf die dicke Matrone, um ihr den Vorhang vom wächsernen Gesicht zu reißen. Ein Küsschen vom pferdegesichtigen Ehegatten, und weiter ging's. Die lange Visage des Bräutigams schien noch länger als zu Beginn der Feierlichkeiten, und die dicke Trulla gab sich auch keine Mühe, ihren Unmut über den schleppenden Verlauf ihrer Hochzeitsfeier zu verbergen. Das Fest kam einfach nicht in die Gänge. Als es um ein Uhr schon wieder ein kalt-warmes Buffet gab, hatte keiner Appetit. Egal. Topansage Gurki:

«Und jetzt fassen sich alle an den Schultern und machen eine Polonaise zum kalten Buffet!»

«Wir ziehen los mit ganz großen Schritten.
und Erwin fasst der Heidi von hinten an die Schulter,
das hebt die Stimmung, ja da kommt Freude auf.»

Obwohl ich keinen Hunger hatte, lud ich mir den Teller voll, setzte mich etwas abseits und mampfte vor mich hin. Eigentlich hätte sich Susanne Born ja mal zu mir gesellen können. Sie guckte zwar ein paar Mal verstohlen herüber, beschäftigte sich aber lieber mit ihren zahlreichen Verehrern. Jens hatte sich erneut zum Göbeln in den Garten zurückgezogen. Um halb zwei ging es weiter.

«Wir müssen noch einmal Stimmung auf den Saal kriegen», meinte Norbert unzufrieden.

I'm her Yesterday man. Nach einigen Minuten stellte sich ein ungefähr sechzigjähriger, sehr dicker Mann direkt vor der Bühne auf und fing an, die Band zu dirigieren. *Sweets for my sweet, sugar for my Honey*.

Es kommt öfter mal vor, dass Betrunkene sich für ein paar Minuten vor die Bühne stellen und Kapellmeister spielen. Das ist lästig, aber nicht weiter schlimm. Dieser hier ging aber einfach nicht wieder weg. *Obladi Oblada*. Wie angewurzelt stand der Koloss da und fuchtelte mit seinen wuchtigen Armen. *Nananana, heyheyhey, goodbye*.

Pause. Endlich. Spitzenansage Gurki: «Und jetzt alle an den Tresen, saufi saufi machen.»

Unser Dirigent setzte sich wieder. Als Nächstes das *Carolin-Reiber-Medley*. «*Der alte Herr von Liechtenstein, Ja ja ja, der wollte nicht alleine sein, Nein nein nein.*» Kaum hatten wir wieder angefangen, begab sich der Dicke erneut auf seinen Stammplatz direkt vor der Bühne und bewegte wieder mechanisch seine Arme, wobei er durch uns hindurchzusehen schien. Es wurde immer beklemmender. *Tief drin im Böhmerwald, wo meine Wiege stand*. Ich bekam feuchte Hände. Einfach ignorieren, dachte ich mir, der ist doch harmlos. Wir beendeten den Set, doch das Monster blieb stehen.

«Hallo, wollen Sie nicht mal woanders hingehen?» Gurki sprach ihn freundlich an. Keine Reaktion, das Vieh stand da wie angewurzelt. Wir versuchten ihn jetzt mit den ungewohnten Klängen von *Mooaarius* zu vertreiben. *Mit Pfefferminz bin ich dein Prinz*. Nix. Er blieb stehen und dirigierte weiter. Die übrigen Gäste beobachteten amüsiert das unwirkliche Schauspiel. Hatte der denn keine Frau, die ihn irgendwann mal an den Tisch zurückholte? Die Situation würde aus den Fugen geraten. «*Take it easy, altes Haus, mach dir nichts draus und schlaf dich erst mal richtig* aus.» Da halfen selbst Truck Stop nicht mehr. Der Koloss war immer näher an den Bühnenrand gerückt, und es sah so aus, als würde er jeden Moment in meine Saxophone krachen. Norbert war kurz vorm Explodieren: «Hallo, könnten Sie mal etwas zurücktreten. Hier ist Sperrgebiet.»

Sperrgebiet, sehr gut! Doch der Mann reagierte nicht. Norbert versuchte es ein letztes Mal mit Diplomatie: «Verstehen Sie mich nicht? Gehen Sie bitte ein Stück zurück.»

Nix. Stoisch dirigierte er weiter. Da hielt es mein Kollege nicht mehr aus und schubste ihn weg. Nicht besonders doll, aber der Mann fiel wie ein Stein nach hinten, krachte auf den Tanzboden und blieb regungslos liegen. Bestimmt war er tot! Schlaganfall, Schädelbasisbruch, Herzinfarkt, irgendwas. In dieser einen Sekunde war Norberts Leben zerstört. Er war doch noch Beamter auf Probe! Als Totschläger würde man ihn sofort unehrenhaft aus dem Staatsdienst entlassen. Aus dem Dorf würde er geprügelt werden. Und enteignet. Und Hausmeister müsste er werden, in einem Mädcheninternat. So etwas muss Norbert in diesem Moment durch den Kopf geschossen sein, denn mit einem Mal sackte er ebenfalls zusammen und blieb ohnmächtig liegen. Sein Opfer und er wurden von einigen Gästen mit Erste-Hilfe-Kenntnissen in die Gaststube geschafft.

«Einen Krankenwagen, schnell, ruf mal einer einen Krankenwagen!»

Plötzlich wachte das Monster wieder auf und erinnerte sich offenbar an gar nichts mehr. Er ging einfach zu seinem Platz zurück und blieb bis zum Ende der Veranstaltung dort hocken. Sternhagelvoll, wie er war, hatte er offenbar den legendären Schutzengel an seiner Seite gehabt, der ausschließlich für Kinder und Betrunkene zuständig ist. Auch Norbert kam ein paar Minuten später wieder zu Bewusstsein, stand aber unter Schock. Wir versuchten, ihn zu beruhigen, aber selbst, als er begriff, dass nichts passiert war und er seine Beamtenstellung behalten durfte, blieb er für den Rest des Abends unansprechbar. Wir brachten den Rest der Veranstaltung ohne Bassist zu Ende. Jens, der sich mittlerweile ausgegöbelt hatte, stand mit kalkweißem Gesicht hinter seinen Keyboards und bediente mit letzter Kraft die Tasten. Ein Gigant.

Die Mucke ging überraschenderweise doch noch bis halb fünf, und unser Geld haben wir auch bekommen. Eieressen ist allerdings ausgefallen. Ich habe mich später noch oft gefragt, wer wohl die Tauben aus dem Gebälk geholt hat und vor allen Dingen, wie.

97 Sag zum Abschied leise Servus

Im Zwergenhaus herrschte offener Kampf; die Gefechte zwischen Schwester Renate und Mutter wurden immer unerbittlicher ausgetragen. Fast täglich duellierten sich die beiden Kampfhennen mit dem *Nein/Doch*-Spiel. Ich schlug mich je nach Laune mal auf die Seite der motorradbegeisterten Pflegekraft, mal auf die meiner armen Vogelmama, indem ich den einfachen Dialog laut mitsprach.

«Nein.»
«Doch.»
«Nein.»
«Doch.»
«Nein.»
«Doch.»
«Nein.»
«Doch.»

Zwei große Feldherrinnen lieferten sich ein ums andere Mal historische Schlachten. Mutters schlagkräftigste Waffe war die Verweigerung von Essen und Trinken.

«Wer soll denn das alles saufen! Ich bin doch kein Kamel! Und fressen, fressen, fressen soll ich auch den ganzen Tag. Schwester Renate, schauen Sie sich doch mal an, wie fett ich geworden bin, ich habe schon wieder zugenommen. Sie foltern mich so lange mit Essen und Trinken, bis ich tatsächlich noch platze.»

«Jetzt reicht's aber. Hier wird niemand gefoltert. Sie essen morgens eine Scheibe Toast mit Frischkäse, mittags ein Würstchen und abends wieder eine Scheibe Toast, das ist doch nicht viel. Das müssen Sie doch einsehen.»

«Ach Quatsch, das ist in Wahrheit *wahrscheinlich* viel mehr. Und saufen muss ich auch. Immer machen Sie mir die Becher so quatschvoll. Das kann kein Mensch trinken, ich bin selber schon ganz verdünnt. Hören Sie endlich auf, mich zu foltern! Sie sind ein Biest, Schwester Renate!»

«Das ist eine ganz große Unverschämtheit. Das mit dem Biest nehmen Sie sofort zurück!»

«Nein.»

«Doch.»

«Nein.»

«Doch.»

«Nein.»

«Doch.»

Usw.

Schwester Renate operierte in solchen Situationen gern mit dem schlimmen Wort *Zwangsernährung*, worauf Mutter irgendwann einmal erwiderte, sie würde bereits zwangsernährt. Auf meine Frage, wie sie denn darauf käme, äußerte sie den Verdacht, dass man ihr nachts wahrscheinlich Kanülen anlege, um sie dann mit einer fetthaltigen Nährlösung voll zu pumpen. Es war sehr schwierig, Gegenargumente zu finden. Außerdem mochte sie es überhaupt nicht, wenn ich zur Toilette musste. Jeden Gang dorthin kommentierte sie mit den immer gleichen Worten: «Schon wieder aufs Klo.» Dabei ging ich schon so selten wie möglich. Seltsamerweise war sie auch felsenfest davon überzeugt, dass ihr Essen auf dem Klo zubereitet werde.

«Ich hab heute genau darauf geachtet. Schwester Renate war ganz unnatürlich lange auf dem Klo. Da hat sie sicher wieder mein Essen gemacht.»

«Ach Quatsch, wie soll das denn gehen?»

«Ich weiß auch nicht, wie das geht, ich weiß nur, dass es so ist.»

«Da macht niemand Essen auf dem Klo.»

«Sag mal, Heinz, jetzt sei mal ehrlich! Steckst du eigentlich mit Schwester Renate unter einer Decke?»

«Du bist ja verrückt geworden!»

«Jaja, das wollt ihr wohl, mich vollständig verrückt machen.»

Manchmal, ohne ersichtlichen Grund, wurde sie für ein paar Tage ganz zart und weich. So viel Liebe war noch in ihr und hatte niemals rausgedurft. Ein kleiner, verschrumpelter Engel. Ich saß an ihrem Bett, sie hielt meine Hand, wir tranken zusammen Kaffee und dachten an Oma.

«Ach, wenn doch Oma noch leben würde. Ich vermiss sie so.»

«Ja, ich auch.»

«Ich würde so gern körperlich und seelisch gesund sein. Meinst du, dass es mir irgendwann nochmal besser geht?»

«Ja, ganz bestimmt.»

«Ich schaff die Becher nicht mehr. Kannst du heute nicht ausnahmsweise mal einen wegschütten?»

«Na gut, ausnahmsweise. Aber immer geht das nicht, sonst merkt Renate das am Urinbeutel.»

«Du bist lieb, du bist ein guter Sohn.»

Ab und an habe ich eine der kleineren Schnabeltassen mit Blasen-Nierentee weggeschüttet. Langsam ging es zu Ende. Ein winziges Häuflein Mensch lag im gigantischen Antidekubitusbett und löste sich langsam auf.

Bei *Tiffanys* war ich nach meiner Pupsentgleisung endgültig unten durch. Marek war der Mann der Zukunft. Zumindest *ich* lief also doch Gefahr, ein Opfer der Ostmuckeroffensive zu werden! Verzweifelt wehrte ich mich gegen die drohende Vernichtung, aber mein Schicksal war besiegelt. Wahrscheinlich warteten sie nur noch auf den richtigen Moment, um mir den Todesstoß zu versetzen. Aber ich brauchte doch *Geld, Geld, Geld!* Ich wollte auch noch nicht aufgeben, wenigstens jetzt noch nicht. Ich wollte noch nicht bei Dr. Vogel oder Herrn Sommer zu Kreuze kriechen, ich wollte mich nicht umschulen lassen, unter gar keinen Umständen Pizza ausfahren, und den Suizid wollte ich auch so lange hinauszögern, wie es ging.

Meine letzte Mucke mit *Tiffanys* war im August 1997, fast auf den Tag genau zwölf Jahre nach dem Schützenfest in Moorwerder, und ich hatte keine Ahnung, dass es mein unwiderruflicher Abschied sein sollte. Wenn ich das mal vorher gewusst hätte; minutiös würde ich den Ablauf hier auf vielen Seiten referieren. Es war irgendein runder Geburtstag, der unter die Kategorie *keine besonderen Vorkommnisse* fiel. Das Einzige, woran ich mich noch erinnern kann, ist ein kurzer Dialog zwischen Gurki und mir während der Gagenauszahlung.

«Mist, mir fehlt ein Hunni.»

«Das kann doch nicht sein. Guck doch nochmal nach.»

«Nee, ich hab schon ein paarmal durchgezählt. Ich muss den hier irgendwo verloren haben.»

Suchend blickte er auf den Boden. «Na ja, egal, hier, deine Kohle.»

«Gedankt. Sag mal, wann ist eigentlich der nächste Job?»

«Das weiß ich im Moment auch noch nicht. Ich ruf dich an.»

Er rief nie wieder an.

Der Herr hat's gegeben, der Herr hat's genommen. (Leo Kirch)

Wie sich erst viel später zufällig herausstellte, hatte mich Gurki eigenmächtig aus der Band entfernt, indem er, ohne sich mit den anderen darüber abzustimmen, mich einfach nicht wieder anrief. Jens und Norbert erkundigten sich anfangs noch öfter nach mir, aber irgendwann hat niemand mehr gefragt, und wahrscheinlich waren alle insgeheim erleichtert darüber, dass nun der pflegeleichte Ungar den Job übernommen hatte. Am meisten natürlich mein Intimfeind Maik. *Tiffanys* haben noch drei Jahre in der gleichen Besetzung weitergespielt, bevor die Band im November 2000 auseinander brach. Vorangegangen war ein Eklat. Jens und Norbert waren Gurki auf die Schliche gekommen, der bei regulären *Tiffany*-Jobs die Position von Keyboards und Bass mit anderen Muckern besetzte, weiß der Deibel, warum. Ich vermute, dass er die jahrelangen Demütigungen nicht mehr ertragen konnte und sich auf diesem Wege an Jens und Norbert rächen wollte. Vielleicht hat er den Ersatzmuckern auch weniger bezahlt und sich die Differenz in die eigene Tasche gesteckt. Es kam natürlich heraus, ein klassisches Eigentor. Jens und Norbert stiegen sofort aus und gründeten das Duo *Al Dente*, mit dem sie bis heute gut im Geschäft sind. Endlich haben sie ihren Frieden und können sich als zwei gleichberechtigte Chefs aufeinander verlassen. Keine Wackelkandidaten mehr wie ich, keine Opportunisten, Lügenbarone und sonstiges Kroppzeug, mit dem man sich nur rumärgert.

Mutter ist ein Jahr darauf gestorben. Ihre Konturen waren immer schemenhafter geworden, und sie schien kurz vor ihrem Tod noch einmal kleiner zu werden. Ich hatte das Gefühl, sie ohne Mühe mit einer Hand aus dem Bett heben zu können. Als sie spürte, dass sie gehen muss, hat sie noch ungläubig versucht, am Leben festzuhalten; sie wollte doch noch gar nicht sterben. Das sollte wirklich alles gewesen sein? Doch da kam tatsächlich nichts mehr, nicht einmal etwas Kleines, Gutes, das sie wenigstens symbolisch mit ihrem elenden Dasein versöhnt hätte. Alles war umsonst gewesen.

«Du bist so ein guter Sohn, und ich war keine gute Mutter, verzeihst du mir?»

«Ach Quatsch, natürlich bist du eine gute Mutter. Du kannst doch für deine Depressionen nichts.»

«Doch, das ist die Strafe. Und jetzt muss ich bald sterben und kann nichts Gutes mehr tun.»

«Wie kommst du denn darauf! Hier stirbt niemand. Red dir doch nicht wieder so einen Quatsch ein.»

«Du weißt doch auch, dass ich sterben muss. Und ich hab dich doch so lieb.»

«Ich dich auch.»

Sie hat eine Lungenentzündung gekriegt, und die bescheuerte Schwester Renate ließ sie gleich ins Krankenhaus einliefern. In der ersten Nacht ist Mutter gestorben, und der einzige Mensch, der ihr noch etwas bedeutet hat, war nicht da. Am nächsten Tag habe ich ihre paar Sachen abgeholt. Einen Ring, ein Portemonnaie mit 25 Mark, ihren Personalausweis und eine Nagelschere. Das war also, was übrig bleibt. Das Schicksal ist eben doch nicht gerecht. Und der liebe Gott? War auch nicht da. Grund genug, sich einmal bei ihm zu beschweren.

Das Zwergenhaus habe ich verkauft. Dann habe ich auf die andere Seite der Elbe *rübergemacht* und mir als Erstes eine neue Spielhalle gesucht. Natürlich eine Halle aus der Glawes-Dynastie. Beim neuen Glawes ist es fast so schön wie beim Alten. Dehydrierte Rentner mit Pennytüten und Billigpelzen, Wolfgangs aller Couleur, düster blickende Ausländerbanden, Mittagspausenhandwerkerspieler, der Mix macht's. Vielleicht höre ich ja irgendwann auf mit dem Quatsch. Aber jetzt eben noch nicht! Wenigstens zweimal im Monat muss ich einfach Hallenluft schnuppern.

Peter und Walter habe ich das erste Mal nach vielen Jahren im Fernsehen wieder gesehen, bei der Beerdigung von Mutter Hannelore. Herrje. Monster, es waren Monster geworden, tonnenschwere Zyklopen aus einer dunklen Schattenwelt! Unternehmensberater? Iwo, richtige Freaks waren die beiden! Es wird eben doch viel mehr vererbt, als man in den Siebzigern wahrhaben wollte. Ihre Harburger Imitate wohnen bestimmt immer noch in der Zwergensiedlung. Ich fahre mindestens einmal im Jahr dorthin und mache einen kleinen Spaziergang, doch keiner der beiden ist mir je über den Weg gelaufen. Wäre ja auch ein Zufall! Nachtprogramm höre ich gar nicht mehr. Ich schätze, dass Erwin Lehn mitsamt dem feinen Südfunk-Tanzorchester Stuttgart längst im verdienten Ruhestand ist. Ich bedanke mich nochmal für die schönen Stunden und wünsche von dieser Stelle aus alles Gute.

Auf Wiedersehen, bleib nicht zu lange fort!

Mit Tanzmusik habe ich nichts mehr zu tun. Einerseits bin ich froh, nicht mehr siebzigmal im Jahr auf irgendwelchen morschen Bühnen stehen zu müssen, andererseits hätte ich auch nichts dagegen, ab und an zu mucken, besonders zu Silvester. Ich war die ganzen Jahre froh, dieses schrecklichste aller Feste nicht selbst gestalten zu müssen.

Manchmal gucke ich im Internet nach den alten Bands: *Günters Band*, *Celebration*, *Die Cheery Band*, *Partytime*, *Memories*. Es gibt sie fast alle noch, zum größten Teil in neuen Besetzungen, aber die hervorragenden Namen haben eben Bestand für die Ewigkeit. Und der technische Fortschritt macht den Beruf für die Herren Musiker zu einem richtigen Vergnügen! Vom Industrie- ins Informationszeitalter, und das in weniger als einer Generation, da wird einem schon vom Zuhören schwindlig. Von der schweißtreibenden Sklavenarbeit vergangener Tage ist nichts übrig geblieben, jetzt geht der Hightech. Als ich 1985 bei *Tiffanys* anfing, musste noch jede gottverdammte Note einzeln gespielt werden, sinnlos verrann kostbare Lebenszeit beim Kabelrollen, schmutzig und in peinlichen Anzügen mühten sich die Musiker mit blutig gespielten Händen an einer viel zu anspruchsvollen Aufgabe ab. Der heutige Profimucker hingegen versteht sich als kleines, aber feines Dienstleistungsunternehmen. Wer schwitzt, ist selber schuld. Lächelnd stehen die Mucker endlose Stunden auf der Bühne und verrichten ihren Job, ohne dass jemals auch nur ein falscher Ton erklingt. Die Leute: begeistert! Die letzte bedeutende Innovation war ein Monitor, der direkt am Keyboard angebracht ist und wie eine Karaokebox funktioniert: Endlich müssen die Texte nicht mehr mühsam herausgesucht werden, brechen keine fragilen Notenständer mehr unter der Last einer mehrere tausend Titel umfassenden Songmappe zusammen. Nein, wenn das Midifile eingelegt wird, erscheint automatisch der Text auf dem Monitor. So bleiben Zeit und Kraft, sich auf das Wesentliche zu konzentrieren und peinliche Fehler zu vermeiden. *In Nikita it is cold, in your little carnon in the word* – das gibt es nicht mehr. Wer wie gut englisch spricht, ist schließlich Privatsache und gehört nicht auf öffentliche Bühnen gezerrt. Ich vermute, die nächste, die finale Innovation wird eine Art Voice Converter sein, in den man den Text nur irgendwie hineinsprechen muss. Der Converter wandelt dann das verranzteste Alkoholikerorgan in eine akkurat intonierte Baritonstimme. Geht bestimmt.

Rock- und Popmusiker haben ein aufregendes Leben, so liest man es zumindest allenthalben. In den einschlägigen Biographien geht es um Energie und Rebellion, um Drogenpartys, sexuelle Grenzsituationen, historische Momente von Aufbruch und Veränderung und unnötige Geldausgaben im großen Stil. Wen das interessiert, dem sei die hervorragende Bandbiographie *The Dirt* der Glamrockband *Motley Crue* ans Herz gelegt.

Tanzmusik hat mit alldem nichts zu tun, es ist der große Gegenentwurf: Es passierte in all den Jahren so wenig, dass ich oft das Gefühl hatte, die Zeit würde stillstehen. Knut, spiel doch nochmal den Hamburger! Knut mit seinen dicken Eiern war der einzige Mensch auf der Welt, der die Zeit anhalten kann.

Die Welt der Tanzmusik ist eine Art Paralleluniversum zur Welt der populären Musik, wie sie in Radio, Fernsehen und in den Printmedien stattfindet. Sie ist die Dritte Welt der Musik. Ihre Musiker in den immer gleichen Glitzersakkos haben neben ihrer Armseligkeit auch etwas Rührendes.

Tanzmusik ist weder cool noch sexy. Tanzmusik hat nichts mit Kunst zu tun, sie hat noch nicht einmal besonders viel mit Musik zu tun. Viele Mucker sind nicht nur unmusikalisch, sondern interessieren sich in Wahrheit auch überhaupt nicht für Musik. Ihre oft nicht mehr als ein, zwei Dutzend Exemplare umfassenden CD-Sammlungen bestehen meist aus Samplern wie *Die Superhits von 2003*, *Best of Smokie* oder *Cats – Der Soundtrack*. Tanzmusik ist harte Arbeit und wahnsinnig langweilig. Ich wüsste keinen Musiker, der einen Tanzjob jemals als Auftritt bezeichnet hätte. Und noch nicht einmal bei meinem allerersten Job mit *Holunder* habe ich so etwas wie Lampenfieber verspürt. Wenn ich als Würstchenverkäufer mehr verdient hätte, wäre ich eben Würstchenverkäufer geworden. Oder Clown. Oder junger Mann zum Mitreisen. Die weit überwiegende Zahl der deutschen Tanzbands sind Amateurkapellen wie *Tiffanys*, die weder ihre Instrumente beherrschen noch gut singen können. Vom Aussehen ganz zu schweigen. Wie oft habe ich mich geschämt für das unförmige Paulchen-Panther-Sakko, die miesen Stücke, den miesen Sound, das Unvermögen meiner Kollegen und vor allen Dingen wohl dafür, dass ich aus meinem Leben nicht mehr habe machen können. Ich war oft so verzweifelt und habe so sehr mit meinem Schicksal gehadert, dass ich einfach nicht fröhlich aussehen konnte.

Dabei wär ich's gern gewesen! «Guckt mich an, ich gebe mir Mühe, ich spiel doch für euch. Hört das denn keiner, verdammte Scheiße?» Das Publikum auf Tanzveranstaltungen interessiert sich aber nun mal nicht für Saxophonsoli und schon gar nicht für die persönlichen Probleme der Musiker. Warum auch? Die Leute können schließlich nichts für das Schicksal des miesepetrigen Bläsers.

Oft habe ich darüber nachgedacht, ob ich das, was ich in zwölf Jahren Tanzmusik erlebt habe, nicht auch in einem halben Jahr hätte durchziehen können. Die vielen Stunden sinnlosen Rumhockens in unwirtlichen Festsälen, Einspielen in zugigen Toiletten, die langen Fahrten, die immer gleichen, endlosen Mucken, das mühsame Aufundabbauen, die ewigen Spiegeleier. Doch jeder Mensch hat sein eigenes Tempo, und rückblickend glaube ich, dass ich ebendiese Zeit gebraucht habe. Außerdem hätte ich sonst sicher kein Buch darüber geschrieben. Tanzmusik war Teil meines Lebens. Dass dieser Abschnitt so trist ausfiel, dafür kann die Tanzmusik nichts, sie hat nur hervorragend dazu gepasst.

Heute habe ich außer zu Norbert keinen Kontakt mehr zu meinen Kollegen. Mit Norbert verbindet mich immer noch ein warmes, freundschaftliches Gefühl, obwohl wir uns nur selten sehen und komplett unterschiedliche Leben führen. Er wohnt schon längst in seinem wunderschönen, biesterfreien Bunker auf 5000 Quadratmetern Naturgrundstück. Jens ist immer noch im Glück, ich habe jedenfalls nichts Gegenteiliges gehört. Torsten habe ich zufällig mal auf dem Hamburger Hauptbahnhof getroffen. Er machte einen aufgeräumten Eindruck, und ich hätte mich gern etwas länger mit ihm unterhalten, aber er war in Eile. Maik hat in den gemeinsamen Jahren viele Kontakte geknüpft und sein Schlagzeugspiel weiter verbessert. Er ist heute ein richtiger Vollblutmucker, der in verschiedenen Bands spielt und gut von der Musik leben kann. Gurki dagegen hat es geschafft, den guten, in fünfzehn Jahren sorgfältiger Aufbauarbeit etablierten Namen innerhalb kurzer Zeit gründlich zu ruinieren, indem er irgendwelche Jubelperser auf die Bühne stellte, die dann so getan haben als ob. Im Gegensatz zum Hamburger Tanzmusikpapst Günter Petersen hatte er jedoch von Keyboards und Sequenzern keine Ahnung, und das muss dann alles ziemlich furchtbar geklungen haben. Trotzdem scheint es *Tiffanys* noch zu geben, wenn man dem Internet glauben darf. Ich habe auf dem Foto allerdings keinen mir bekannten Musiker identifizieren können. Das Motto der Band lautet immer noch: *Vorhang auf, Ihr Fest beginnt!*, und das Repertoire reicht nach wie vor *von festlich bis fetzig*. Und denken Sie daran: *Auch Taxis sind Autos*.

Wir haben in fünfzehn Jahren schätzungsweise 25 000 Eier verdrückt und etwa 800 Mucken gespielt. Und fast immer haben wir uns Mühe gegeben. Hopp hopp hopp, auf geht's, meine Herren, die Leute wollen tanzen! Wenn ich mich recht erinnere, waren die Veranstalter nur zweimal unzufrieden. Das soll uns erst mal jemand nachmachen! Und rührend war es manchmal doch, wenn wir ganz am Ende einer langen Hochzeitsfeier mit dem Brautpaar und den paar übrig gebliebenen Gästen gemeinsam auf der Tanzfläche noch akustisch *Kein schöner Land in dieser Zeit* oder *Morgen früh, wenn Gott will, wirst du wieder geweckt* spielten. Norbert und Jens mit ihren klobigen Hohner-Akkordeons, Gurki auf der Ovation-Gitarre und ich am Sopransaxophon. Es gibt nämlich auch sehr schöne Volkslieder, und einige davon hätte ich ohne die Tanzmusik sicher nicht kennen gelernt. Oft haben wir den Saal richtig zum Toben gebracht. Oder einfach nur solide abgeliefert. «Jungs, ich muss euch mal was sagen: Ihr habt echt geil abgeliefert!» Die Leute jedenfalls fast immer: begeistert! Und bestimmt, da bin ich mir sicher, erinnert sich das eine oder andere Ehepaar am Hochzeitstag regelmäßig und wohlwollend an die fleißigen fünf Männer mit den beiden verschiedenen Garderoben, die den schönsten Tag im Leben erst so richtig zu einem Erlebnis werden ließen.

Heinz Strunk:
Fleisch ist mein Gemüse

Jetzt auch als Hörbuch!
Ungekürzte Lesung

5 CDs, 6 Std. 10 Min.
ISBN 3-936186-96-0
Indigo Nr. 59372

www.roofmusic.de

Vertrieb Buchhandel: Eichborn, CD-Fachhandel: Indigo

tacheles! – Das Wort-Label der ROOF Music GmbH
Prinz-Regent-Str. 50-60 · 44795 Bochum